CB138473

FERENCZI

Blucher

FERENCZI

A arte da psicanálise

Organizadores

Rita Hentz
Denise Salomão Goldfajn
Bartholomeu de Aguiar Vieira
Diane Viana
Renata Mello

Ferenczi: a arte da psicanálise

Publisher Edgard Blücher
Editores Eduardo Blücher e Jonatas Eliakim
Coordenação editorial Andressa Lira
Produção editorial Jonatas Eliakim
Preparação de texto Amanda Fabbro
Revisão de texto Bonie Santos
Capa Leandro Cunha
Imagem da capa iStockphoto

Blucher

Rua Pedroso Alvarenga, 1245, 4º andar
04531-934 – São Paulo – SP – Brasil
Tel.: 55 11 3078-5366
contato@blucher.com.br
www.blucher.com.br

Segundo o Novo Acordo Ortográfico, conforme 5. ed. do *Vocabulário Ortográfico da Língua Portuguesa*, Academia Brasileira de Letras, março de 2009.

Dados Internacionais de Catalogação na Publicação (CIP)
Angélica Ilacqua CRB-8/7057

Ferenczi : a arte da psicanálise / organizado por Rita Hentz...[et al] – São Paulo : Blucher, 2023.

346 p.

Bibliografia
ISBN 978-65-5506-668-5

1. Psicanálise 2. Ferenczi, Sándor, 1873-1933 I. Hentz, Rita

23-3396 CDD 150.195

Índice para catálogo sistemático:
1. Psicanálise

Apresentação

O ano era 2020. Adiávamos nossas atividades e congressos, incertos de quando esses projetos poderiam ser retomados e, ao mesmo tempo, nos empenhávamos em pensar formas possíveis de mantermos o GBPSF (Grupo Brasileiro de Pesquisas Sándor Ferenczi) vitalizado em meio a uma pandemia. Inicialmente, realizamos uma série de transmissões ao vivo, contribuindo para a "onda de *lives*". Fomos bem-sucedidos, sabíamos disso pelo aumento significativo da procura por informações sobre o grupo e, principalmente, de interessados em estudar o pensamento de Sándor Ferenczi, autor genial e em pleno processo de difusão no Brasil. Esse pedido bastante expressivo precisava ser levado em consideração, até porque tratava-se de um desejo provocado pelo próprio grupo na medida em que ganhava destaque e visibilidade. Além disso, unir interessados em estudar o pensamento desse pioneiro da psicanálise sempre fora um dos objetivos do GBPSF, fundado em 2018 pelos colegas Daniel Kupermann, Jô Gondar e Eugênio Canesin Dal Molin.

Apesar do isolamento, nosso desejo era viabilizar a continuidade de um movimento crescente marcado pela difusão das ideias de

Ferenczi no Brasil e pela união de estudiosos, acadêmicos, psicanalistas atuantes e interessados no autor. Assim, em 2020, sobretudo pela facilidade do modo de vida *online*, nossas atividades alcançaram colegas de diversas gerações e regiões brasileiras. A receptividade que encontramos, bem como a enorme adesão de novos membros, foram gratas surpresas em tempos escassos de alegrias. Só que em março de 2021, passado o primeiro ano da pandemia, a ideia de mais uma série de *lives* já não era muito animadora, pelo contrário, nos parecia desgastante. Seguíamos fisicamente distantes e éramos tomados pela notícia da chegada da segunda e pior onda de covid19 no Brasil. O cenário catastrófico anunciava que, embora exaustos, era preciso juntar forças e continuar se reinventando.

Aprendemos com Sándor Ferenczi, pensador inquieto que constantemente buscava inventar, que a capacidade de tentar já implica certo grau de esperança. O que nos restava se a "febre das *lives*" já havia passado, os atendimentos *online* já eram nossa rotina e a exaustão das telas era uma reclamação geral? Foi assim que a ideia do podcast nasceu, como uma possibilidade de contemplar duas demandas: apresentação dos textos de Sándor Ferenczi e um descanso das telas. Hesitamos, mas arriscamos, com base na confiança, na parceria e na criatividade que já conhecíamos entre os nossos membros.

Assim, desenvolvemos o programa de podcast "Escutando Ferenczi: a arte da psicanálise" com 30 episódios apresentados por membros do GBPSF. A repercussão do programa recompensou o trabalho, e logo na primeira semana chegamos à posição de sétimo podcast mais escutado do Spotify na categoria arte. Hoje – julho de 2023 – somamos mais de 67 mil acessos. Mais do que os números, nossa principal gratificação foi poder acompanhar de perto a construção de um valioso acervo, transmitido com rigor por cada colega. Também foi gratificante encontrarmos em cada episódio uma voz distinta, um pensamento original, uma possibilidade de um novo encontro com os textos de Ferenczi. Este livro é composto, portanto, por apresentações oriundas dos episódios do podcast, com eventuais modificações pertinentes para melhor fluência do texto. Trata-se de transformar em letra o que foi disseminado em ondas sonoras.

Nestas páginas, o leitor encontrará apresentações heterogêneas dos textos mais citados da obra de Ferenczi, assim como outros ensaios menos conhecidos, mas certamente merecedores de leitura. Apresentações distintas, atravessadas por singulares percursos e identificações, multiplicidade de visões que vai ao encontro do que o pensamento de Ferenczi inspira: aberturas, diálogos, elasticidade.

Como organizadores do podcast e deste livro que agora apresentamos, desejamos que sua leitura possa inspirar, instigar e fazer sonhar, estimulando profissionais a aperfeiçoarem suas práticas e contribuindo para a consolidação de Sándor Ferenczi no Brasil. Esperamos também que esta publicação registre o enorme prazer que tivemos em ver nascer e acompanhar esse projeto em tempos antes inacreditáveis de forma espontânea, criativa e fraterna.

Foi mais ou menos assim que a história aconteceu, resultando no terceiro livro que tem a honra de carregar o nome do Grupo Brasileiro de Pesquisas Sándor Ferenczi. Que esse material possa guiar o leitor como uma introdução ao pensamento de Ferenczi, contribuindo para o movimento que este grupo vem dedicando-se desde 2018.

Boa leitura!

Rita Hentz, Denise Salomão Goldfajn,
Bartholomeu de Aguiar Vieira, Diane Viana e Renata Mello

Agradecimentos

Registramos nosso agradecimento aos colegas Daniel Kupermann, Jô Gondar e Eugênio Canesin Dal Molin, pela iniciativa de fundar o GBPSF, espaço tão caro para todos nós, e pela contribuição na construção do podcast e na publicação deste livro;

A todos os membros, pela receptividade, entusiasmo, força coletiva que potencializou esse projeto. Um grupo de trabalho identificado com valores presentes no pensamento ferencziano: integração das partes, colaboração mútua, horizontalidade;

A cada ouvinte – e agora leitor – que, ao prestigiar os episódios, contribui para a vivificação de Ferenczi no Brasil;

Ao Arthur Chagas, profissional de audiovisual que cuidou do podcast com dedicação ímpar;

E à editora Blucher, por aceitar publicar este livro.

Conteúdo

1. Quem foi Ferenczi?

Daniel Kupermann
Jô Gondar
Eugênio Canesin Dal Molin
Episódio de estreia transmitido em 13 de maio 2021

Daniel Kupermann: Estamos aqui para falar do psicanalista Sándor Ferenczi, Jô Gondar, que é psicanalista e vice-presidente do Grupo Brasileiro de Pesquisas Sándor Ferenczi, Eugênio Canesin Dal Molin, psicanalista e membro do conselho executivo do grupo, e eu mesmo, Daniel Kupermann, psicanalista e presidente do Grupo Brasileiro de Pesquisas Sándor Ferenczi. Jô, você poderia falar para os nossos ouvintes sobre quem foi Ferenczi?

Jô Gondar: Vamos lá, Daniel! Ferenczi nasceu em 1873, em Budapeste, e morreu em 1933. Ele era filho de uma família de judeus poloneses que foram para a Hungria. Foi um psicanalista de primeira geração, quer dizer, ele conviveu muito com Freud, e foi, durante muitos anos, o discípulo mais próximo de Freud. Mas eles eram muito diferentes, porque, apesar de serem contemporâneos, o contexto dos dois era muito diferente. Freud vivia em Viena, Ferenczi em Budapeste, sob o mesmo império, o império austro-húngaro. Mas esse império, na prática, era mais austro do que húngaro. Quer dizer, Budapeste e toda a Hungria estava subordinada ao poder da Áustria, ao poder econômico, ao idioma alemão, à cultura alemã. Isso não era muita questão para Freud, porque ele vivia em Viena, mas para Ferenczi era um problema, porque ele vivia em Budapeste. Sua família era de ativistas políticos e, como a maior parte dos intelectuais húngaros, ele participava das lutas pela libertação da Hungria, o que dá um caráter muito particular inclusive para a entrada da psicanálise no país. Até a Primeira Guerra Mundial, os húngaros tinham que falar alemão: na rua, no comércio, nas universidades, nos contratos. Mas na intimidade, quando eles brigavam, quando eles amavam, quando eles se emocionavam, eles falavam em húngaro. O magyar era a língua da intimidade. Quando a psicanálise entra na Hungria, as sessões se fazem em húngaro, não em alemão. O húngaro era, nesse momento – e a psicanálise feita em húngaro era também alguma coisa muito afetiva –, alguma coisa da intimidade e, ao mesmo tempo, uma forma de uma resistência política. Acredito que é por isso que na Hungria a resistência política e os afetos são uma parte muito importante da psicanálise, e são muito importantes para Ferenczi, como se fossem dimensões inseparáveis nele. Freud e Ferenczi tem desejos diferentes também em relação à psicanálise. Porque Freud era um pesquisador genial, que estava construindo um campo de saber, ele queria reconhecimento científico para seu trabalho, mas Ferenczi era um ativista político e era também um terapeuta muito sensível para os jogos de poder, para o sofrimento das pessoas. Ele era, sobretudo, um clínico, mais do que um pesquisador e tinha sempre uma afinidade com esse lado mais frágil da corda, em qualquer relação em que esse lado mais frágil estivesse – nas relações políticas, entre crianças e adultos, entre pacientes e analistas, entre heterossexuais e homossexuais. Sempre foi alguém afinado com as minorias, podemos dizer que ele fazia uma clínica minoritária desde o início. Talvez por isso, e por todas as modificações que fez, como os questionamentos à psicanálise por conta das relações de poder, Ferenczi foi considerado o *enfant terrible* da psicanálise. Mas ele já era um *enfant terrible*, mesmo antes, quando ainda era psiquiatra, antes do encontro com Freud, antes de entrar na psicanálise – já era alguém que se interessava em ouvir as prostitutas, em ouvir os dissidentes de todo tipo. Em 1905, Ferenczi propôs a criação de um comitê de defesa dos homossexuais e se tornou correspondente, na Hungria, desse comitê de defesa. Quer dizer, sempre foi alguém que esteve muito atento a todos minoritários, tanto que seu primeiro texto, sua entrada na psicanálise, seu cartão de visitas, é um texto sobre a ejaculação precoce, mas do ponto de vista da mulher, discutindo como as mulheres sofriam com a ejaculação precoce dos homens nessa época. Então, Ferenczi e Freud, apesar de terem esse convívio muito forte, tinham diferenças importantes, marcantes, e eu acho que a diferença, talvez a principal e a que deu margem a uma dissidência entre eles, foi relativa a uma concepção de trauma. E aí eu acho que o Eugênio pode falar melhor.

Eugênio Canesin Dal Molin: Obrigado, Jô. Bom, alguns pontos fundamentais para entender essa diferença ou, melhor dizendo, o ponto fundamental para entender essa diferença diz respeito à observação sobre como a experiência clínica confronta o psicanalista com uma série de narrativas de situações que podem (ou poderão) ser avaliadas como sendo da ordem da realidade material ou da fantasia. Isso fica muito evidente quando Ferenczi vai trabalhar um paradigma para o desenvolvimento da teoria dele sobre o trauma, que é a questão do abuso sexual infantil. Freud, em determinado momento, deu importância etiológica central para as situações reais de violência contra as crianças. Pouco depois, em um movimento, a meu ver, necessário para desenvolvimento da teoria psicanalítica no início, ele sopesou essa centralidade e terminou por dar um peso etiológico maior à fantasia na causação das neuroses. Parte da mudança de cálculo etiológico era efeito de uma "resistência": as experiências sexuais precoces, em sua grande maioria, haviam acontecido no seio da família, eram de caráter incestuoso. Ouvindo pacientes que tinham experimentado situações dessa natureza, no final dos anos 1920, Ferenczi não estava completamente convencido de que nessa balança a fantasia tinha, de fato, um peso tão maior do que as experiências reais de violência. Ao contrário, ele vai colocar, paulatinamente, um peso cada vez maior nas experiências de natureza real que aconteceram no encontro entre adultos e crianças. O resultado disso é uma concepção que valoriza sobremaneira – e me parece de uma forma correta –, a noção de trauma em seus últimos trabalhos. A ideia de trauma ocupa-o durante toda a sua obra, mas, no final, é um tema onipresente.

Ainda pensando no paradigma do abuso sexual infantil, Ferenczi se dá conta de que o que constitui o trauma nessa experiência não é só o encontro violento, a confusão, a situação de violência em si. Essa situação, é verdade, gera, na opinião dele, choque, comoção. Mas a característica traumática do episódio não se fecha aí. Ferenczi nota, a partir do que dizem os pacientes, naquilo que experimenta no encontro com os pacientes, que, após a experiência de choque inicial, existe uma outra tão central quanto a primeira. No paradigma das situações de violência sexual, essa outra experiência ocorre no momento que a criança busca uma outra figura de confiança, um segundo adulto, e tenta contar, comunicar o sofrimento que experimentou, o desprazer, a aflição, a experiência que teve. Mas esse segundo adulto – uma figura, até então, de confiança – invalida a experiência, a desacredita, ou ainda, para usar a expressão que a certa altura Ferenczi usa para falar sobre o assunto, diz que "não foi nada, que soldados aguentam", que o sofrimento é "mimimi", como se diz hoje, ou ainda, que o experimentado não teve importância. Resultado: ao primeiro choque se soma um segundo, que é invalidante e que diz respeito a uma experiência radical de abandono. Essa experiência e a constatação de sua repetição na transferência mudam, em boa medida, o tom da clínica de Ferenczi, e, consequentemente, dos analistas que se inspiram no estilo de clínica que ele desenvolve a partir dessa centralização da noção de trauma. Acho que o Daniel pode nos falar um pouco sobre o estilo clínico do Ferenczi.

Daniel Kupermann: Falo sim, Eugênio, porque essa questão do trauma é muito central para o que Ferenczi irá desenvolver como um estilo clínico bastante inédito e criativo. Na verdade, podemos até dizer que essa é uma das grandes contribuições de Ferenczi para a psicanálise pós-freudiana e para psicanálise contemporânea: uma clínica que leva em consideração o evento traumático. Porque, a partir disso que o Eugênio destacou, uma vez que o trauma não é simplesmente uma experiência de violação, de violência, mas também uma experiência de desmentido, de não encontrar a quem dirigir o testemunho da dor provocada pela violação, Ferenczi percebeu que a clínica psicanalítica tem um potencial traumático se não for exercida de uma maneira sensível. Ou seja, o analista, mesmo que não seja a sua intenção, caso se refugie, caso se proteja demais do encontro clínico – por um apego muito rígido à técnica, à neutralidade, à abstinência, alguns dos princípios que regiam a técnica freudiana –, será um traumatizador. À revelia, mas será. Essa reflexão ocupa um espaço muito central no pensamento de Ferenczi e – na verdade, é muito bonito acompanhar isso – a partir de 1919, ele desenvolve alguma coisa que já estava presente em Freud, no campo psicanalítico, que ficou conhecida como técnica ativa. Era uma maneira de tentar solucionar impasses da clínica psicanalítica da primeira tópica, impasses dos quais Freud já se dava conta em 1914, com todos os problemas que o Freud encontrou acerca da transferência. A técnica ativa pressupunha que o analista pudesse dar algumas ordens, ou proibições, de modo que o *setting* ficasse mais atravessado pela tensão, por uma excitação psíquica, que fizesse a associação livre, voltar a ser produtiva para o paciente. O que Ferenczi percebeu após alguns anos é que esse tipo de procedimento, que a gente pode considerar um procedimento um tanto intrusivo do psicanalista, de um psicanalista excessivamente presente de um modo ativo, acabou reproduzindo muito fielmente a relação entre adultos e crianças, a relação entre professores e alunos, entre pais e filhos, e, consequentemente, as relações potencialmente traumáticas. Isso fez, então, com que o Ferenczi promovesse uma virada espetacular em 1928, quando ele publica dois textos, um chamado "Adaptação da família à criança", onde volta a dar destaque para a questão ambiental, para questão desse ambiente no qual a criança chega e do modo como ela é recebida, do modo como ela é acolhida e, consequentemente, para as falhas ambientais como causadoras de traumas. E depois, ele pensa que a própria clínica psicanalítica deveria se adaptar às necessidades dos pacientes, sobretudo dos pacientes mais comprometidos, os que apresentavam uma modalidade de sofrimento diferente da neurose.

O segundo texto célebre na história da psicanálise é *Elasticidade da técnica psicanalítica*, onde ele propõe o que a gente pode chamar de um estilo empático na psicanálise. Esse estilo empático influenciou uma série de autores; podemos lembrar principalmente de Winnicott, que é bastante conhecido no Brasil e que se inspirou muito nisso que Ferenczi apresenta como o trabalho de um analista que possa não apenas escutar o recalcado no seu analisante e interpretar esse recalcado, mas estar presente com a sua sensibilidade no *setting*.

Isso faz com que a psicanálise seja aproximada de uma ética do cuidado, que inspirou tantos psicanalistas depois de Ferenczi. Para concluir esse comentário sobre o estilo clínico de Ferenczi, existem duas figuras que marcaram muito o pensamento dele e que também foram muito inspiradoras para os psicanalistas pós-Ferenczi. A primeira figura é a da regressão na clínica; e a segunda figura é a do jogo compartilhado, ou mesmo do que Winnicott chamou de "brincar". Acho que a partir daí a gente poderia falar um pouco sobre a influência de Ferenczi nos psicanalistas contemporâneos e da atualidade do seu pensamento.

Jô Gondar: Pois é, Daniel, por que um analista que morreu em 1933 é tão atual e tem sido tão lido atualmente? Ferenczi tinha um tipo de sensibilidade e um modo de pensar que estão sendo muito requeridos na psicanálise atualmente. Ele tinha uma atualidade tanto epistemológica quanto política, e quanto clínica. Uma atualidade epistemológica porque a maneira dele pensar era sempre uma maneira de transpor fronteiras. Ferenczi não gostava dos purismos, gostava das misturas, então, é como se praticasse, muito antes dessa ideia ser divulgada, dessa ideia aparecer, a transdisciplinaridade. Ele propôs, por exemplo, em *Thalassa*, uma conjunção entre psicanálise e biologia. Propôs conceitos como utraquismo, anfimixia, símbolo orgânico, materialização histérica. Na clínica, propôs o "sentir com", que não deixa de ser uma possibilidade, também de mistura. E seu modo de encarar a clínica tem uma atualidade política se pensarmos a questão do desmentido não restrita à indivíduos, a personagens, porque o desmentido como ele propõe é, sobretudo, um desmentido no plano das relações, são relações de poder; é sempre uma instância de poder que vai desmentir, que vai desautorizar alguém que é mais vulnerável. Nesse sentido, podemos usar o desmentido para pensar o plano social, o plano político, e isso dá uma atualidade muito grande às ideias de Ferenczi; e também o plano psicanalítico, a questão do analista desmentindo os afetos, o modo de sofrimento de um paciente. Tem uma atualidade clínica também, não é Eugênio, do Ferenczi?

Eugênio Canesin Dal Molin: Sim, Jô. E acho que isso acontece por alguns dos motivos que o Daniel elencou, ou seja, uma certa percepção de que determinado tipo de paciente, para falar nesses termos, precisa e demanda não só uma adaptação clínica maior, mas também recursos teóricos de outra ordem que aqueles que compareciam até então na clínica. Já no final dos anos 1920, no começo da década de 1930, também a preocupação de Ferenczi se volta aos pacientes em que o recalque talvez não seja o principal mecanismo de defesa, em que, sem dúvida, não é o único mecanismo de defesa utilizado; pacientes em cuja formação psíquica incidiram situações muito precoces de traumatização, de abandono, de falha no encontro com o meio em que estavam. O desenvolvimento de uma teoria que permita pensar em como melhor atender esses casos graves, difíceis, acaba trazendo consequências teóricas bastante importantes, atuais. Boa parte da psicanálise contemporânea se concentra no atendimento e na tentativa de compreender esses tipos de caso, que demandam muito do analista – não demandam mais, mas fazem uma exigência em termos transferenciais – contratransferenciais bastante intensa, de convocação de afetos, de movimentação e mudança da posição analítica. Nesses casos, que serão chamados por outros autores de "não neurose", Ferenczi identifica a presença de um mecanismo específico, que é a clivagem.

Jô Gondar: Isso, Eugênio, a clivagem é um mecanismo diferente do recalque, mecanismo próprio da neurose. Na clivagem, a questão não é enviar uma ideia inconciliável para o inconsciente, porque ela não combina com a imagem que você tem de si mesmo. Na clivagem, é o Eu que se divide, e às vezes até se pulveriza, porque é um choque tão grande, que é como se o seu Eu ficasse, como se ele se transformasse num saco de farinha. Não é possível recalcar porque não se tem uma representação do trauma, aquilo fica impresso no seu corpo, e é por isso que o corpo é tão importante nesses casos. Percebemos o brilho no olho, os gestos, a atmosfera, percebemos os movimentos, porque o trauma nunca vai aparecer pela palavra, quer dizer, quando o sujeito tem mais clivagem do que recalque, você deve estar muito atento às manifestações corporais. Ferenczi prestava muita atenção nisso.

Eugênio Canesin Dal Molin: Também há contribuições, me parece, para pensar o Brasil hoje, trazendo isso um pouco para o nosso quintal, não é, Daniel?

Daniel Kupermann: Eugênio, isso que você falou fez com que o André Green dissesse que o Ferenczi é o pai da psicanálise moderna, no que se refere à presença da contratransferência na clínica, porque o analista tem que participar desse trabalho de transformação do sofrimento psíquico em potência expansiva. No que concerne a traumas sociais e políticos, podemos dizer que Ferenczi é uma espécie de precursor da psicanálise contemporânea, porque, justamente essa teoria do trauma tão sofisticada, aponta não apenas um agressor, quer dizer, aquele que comete a violência, mas dois, no sentido daquele que se recusa a testemunhar a dor de alguém que se encontra em estado de vulnerabilidade, que se encontra vítima de violências sociais e políticas. Isso nos ajuda a pensar uma série de questões que dizem respeito ao mundo contemporâneo, mas ao Brasil em particular. O Brasil é um país com uma enorme desigualdade e onde nós tradicionalmente assistimos ao fato de que algumas vidas parecem valer mais do que outras, um país de muita segregação. Só para citar três problemas extremamente importantes, nós temos uma violência institucional policial enorme, que atinge principalmente jovens pretos; nós temos, evidentemente, um racismo que mais recentemente vem sendo discutido e vem ganhando a justa apreciação, um racismo que divide o país junto com uma desigualdade econômica e cultural; e nós temos, para citar o nosso momento de pandemia, um discurso negacionista por parte do Estado. A teoria do trauma nos ajuda a entender que esse discurso negacionista deixa as pessoas extremamente desorientadas, elas vivem uma espécie de confusão de línguas; o discurso da ciência de um lado, o discurso religioso de outro, o discurso governamental de outro, e nós acabamos vivendo uma situação em que fica cada um por si. Isso produz muito desamparo e, mais que desamparo, produz um verdadeiro abandono traumático. A partir do que Jô Gondar, Eugênio Canesin Dal Molin e eu mesmo conversamos hoje, espero que tenhamos dado, de alguma maneira, um retrato inicial, uma espécie de introdução para o nosso ouvinte/leitor acerca de quem foi Ferenczi e quais foram as suas principais contribuições à psicanálise. Nos últimos três anos, no Brasil, nós tivemos a formação do Grupo Brasileiro de Pesquisas Sándor Ferenczi, que vem se dedicando justamente a isso: transmitir uma psicanálise que não seja psicanálise de uma única língua ou um único pensamento, mas justamente, resgatando as inspirações de Ferenczi, uma psicanálise mais afinada com os desafios que nós encontramos hoje para praticar a clínica, e também para pensar a nossa atualidade.

2. *O desenvolvimento do sentido de realidade e seus estágios*: sugestões para um percurso de leitura

Bartholomeu de Aguiar Vieira
Episódio transmitido em 20 de maio de 2021

O conteúdo a seguir é a transcrição, com leves modificações, de uma fala minha a respeito do texto *O desenvolvimento do sentido de realidade e seus estágios* (Ferenczi, 1913/2011).

Há diversas considerações que a gente pode fazer sobre esse texto e talvez uma primeira e fundamental seja a respeito de um dos seus motes. Nele, cada vez que damos um passo em direção à realidade, alguma coisa do ambiente realiza uma espécie de cuidado que garante a manutenção de um tipo de onipotência que pode ser vivida como uma ilusão e que garante esse movimento progrediente da vida. Ao mesmo tempo em que temos movimentos que progridem em direção à realidade, temos também um movimento regressivo, que nos leva a estados anteriores.

Então, numa primeira concepção, para a gente entender o que é esse texto de Ferenczi, vamos pensar em forças que progridem e em forças que regridem. Forças que progridem em direção à realidade e forças que regridem em direção à onipotência. Basicamente, o texto argumenta com esses dois polos, e, certamente, a escolha deles não é à toa. O autor trabalha em diálogo com Freud, que já havia pensado os princípios de funcionamento do psiquismo enquanto princípio de prazer e princípio de realidade. A questão que Ferenczi acrescenta aqui é o fato de existirem etapas nesse desenvolvimento – Freud havia apenas considerado dois momentos, enquanto Ferenczi coloca questões no intermédio dos dois, e é nisso que esse texto vai se pautar.

Logicamente, existem outros elementos que estão em jogo quando a gente pensa esse texto. Por exemplo: ele é brevemente anterior à publicação que Freud faz do texto sobre narcisismo – narcisismo que, nessa época, ainda era um elemento bastante selvagem. E isso quer dizer o quê? Que não era claro como diante das interpretações de um psicanalista (muitas vezes acertadas e precisas), um paciente regredia e voltava a momentos anteriores, enquanto a expectativa, na análise, é de que o paciente, após uma interpretação, desconstrua os seus mecanismos de defesa, passe a fazer novas associações e, enfim, progredir com o seu tratamento.

Agora, retomando o que seriam essas etapas do desenvolvimento, Ferenczi vai categorizar quatro momentos. Primeiro, nós temos um momento de onipotência *incondicional*, depois, um momento de onipotência *alucinatória*, seguido de um movimento de onipotência com ajuda de *gestos mágicos*, e, finalmente, o uso das *palavras mágicas*. Percebam que os quatro momentos envolvem alguma relação com a onipotência. Nos três primeiros, a palavra "onipotência" está explícita; no quarto, a gente observa, quando ele fala "palavras mágicas", que também estamos diante de alguma relação com o que é a ideia de onipotência. Isso é importante para pensarmos que Ferenczi não abandona, não deixa para lá ou ignora a importância que tem a onipotência, os estados de onipotência e o que ela vem a trazer para um sujeito no que diz respeito ao seu desenvolvimento – desenvolvimento que vemos indo de um império do princípio de prazer até o desenvolvimento do que seria o órgão de realidade.

Mais uma vez, a gente precisa dar um passo para trás para entender do que se trata esse desenvolvimento do órgão de realidade e o que é esse império do prazer. Podemos pensar que Ferenczi, ao comentar sobre a onipotência, está articulando o que são desejos e o que são necessidades. Nesse texto, Ferenczi sempre está trazendo para a gente articulações binomiais quando ele escolhe seus termos. Por exemplo, quando ele fala sobre necessidade, a gente deve levar em consideração que elas são imperiosas, não é? Que elas são da ordem, justamente como a palavra diz, das coisas necessárias à sobrevivência, assim como também são prisões. Ferenczi vai falar sobre o sujeito que se torna escravo das suas pulsões irreprimíveis. Isso é bastante importante para articular o que é um desses outros *clusters* (agrupamentos) que estão aqui no texto, que é a questão com o desejo. O que seria "desejo" para Ferenczi, então?

Para podermos falar sobre desejo, é muito importante começar a olhar o que são as tais fases de desenvolvimento. A primeira delas, como eu havia mencionado, a da onipotência incondicional, é um momento de absoluta saciedade. Aqui, Ferenczi está falando do bebê que está dentro do útero de sua mãe; ele está falando de um momento em que, supostamente, existe a saciedade pura, em que não existe um desejo verdadeiro e subjetivo do bebê. Esse desejo subjetivo só poderia acontecer num momento bastante posterior, depois do nascimento, quando o bebê consegue mergulhar introspectivamente nele mesmo e viver o narcisismo primário próprio.

No momento primário e uterino de que estamos falando, anterior ao do narcisismo subjetivo, o que acontece, num estado de saciedade plena, nesse estado em que o bebê tem as suas necessidades de alimentação, as suas necessidades de oxigenação, as suas necessidades de temperatura e de regulação garantidas, tudo o que existe aí é a "volúpia sensual". São momentos em que não resta nada a desejar. O bebê não precisa desejar nada. Não se trata, todavia, de um momento de onipotência defensiva, é apenas um estado em que o bebê tem garantidas todas as suas necessidades. Isso criará nele alguns traços mnêmicos, que, após o nascimento, poderão e deverão ser resgatados.

Vejam aqui que o nascimento é visto por Ferenczi também de uma maneira dúplice. É um momento de grande desenvolvimento, em que o bebê tem tudo que é necessário para nascer, e a natureza cumpriu seus expedientes – sendo possível, para o bebê nascer, por estar pronto para isso –, mas também é um momento relativamente melancólico, porque o bebê já perdeu alguma coisa. Ele perdeu as garantias de sobrevivência. É claro, ele não sabe ainda que ele perdeu isso, mas ele expressa frustrações quando está desregulado de suas necessidades, que devem ser atendidas pelo ambiente.

Temos aqui outro importante *cluster* dentro do texto, que é o lugar da frustração. Frustração que Ferenczi vai chamar de "desprazer". A ideia do desprazer será trabalhada em inúmeros outros momentos pelo autor, mas, para a gente, o que interessa é ver que o desprazer é um degrau para o desenvolvimento do contato com a realidade. É claro que isso só vai acontecer de uma maneira saudável quando a resultante desse confronto, desse encontro, desse choque que é o desprazer de um lado e ambiente do outro, puder garantir para o bebê cuidados fundamentais para que ele se desenvolva. Existe aí uma correlação entre o que é a subjetividade do bebê e o que é o cuidado ambiental. O somatório dessas duas coisas, no bom caso, leva aos desenvolvimentos do sentido de realidade e à boa adaptação e bom uso da onipotência.

Mais uma coisa importante para agregarmos aqui é esse outro *cluster* que é a ideia de desenvolvimento. A gente pode ter um desenvolvimento que tenha uma adaptação saudável ou uma adaptação não saudável. O sujeito que fica submetido aos imperativos apenas da realidade é tão sofrente quanto aquele que se submete aos imperativos do prazer. A equação saudável de um sujeito permite uma espécie de permutação entre o contato com a realidade e com momentos de onipotência, que sejam razoáveis ao eventual momento que está sendo vivido.

Muito já foi falado sobre esse período inicial, antes do nascimento, de onipotência incondicional, mas, agora, nós já temos um bebê que nasceu e que é obrigado a estar em contato com um mundo que não garante a sua saciedade. O que esse bebê vai ter como recurso? Ele vai ter o uso de uma onipotência alucinatória. Freud (1895[1950]) já fez alguns comentários importantes a respeito do que é o uso da alucinação, tanto nos quadros de patologia (em que a alucinação aparece na psicose) quanto nos quadros da saúde do bebê, que também é psicótico. Psicótico na medida em que o principal recurso que ele tem é o reinvestimento alucinatório naqueles estados de júbilo que foram perdidos. Ou seja, o bebê, diante da falta e do desprazer que tem por não ter, por exemplo, a sua necessidade de alimentação suprida, cria o seio ao sugar o dedo. Essa ideia é freudiana. O que Ferenczi acrescenta a essa história é que, em alguns desses momentos, quando o bebê usa desses expedientes alucinatórios, ele também transmite algumas mensagens para o ambiente, que capta, de algum modo, por uma espécie de transmissão ou por uma espécie de "adivinhação" - como diz o autor -, o que está acontecendo dentro do bebê, qual é a necessidade dele. De certo modo, o ambiente cuida do bebê.

Do ponto de vista do bebê, não há relação de causa e efeito entre a alucinação que ele tem (a produção de júbilo que ele está resgatando) do momento anterior, do cuidado que ele recebeu: ele só percebe a sua necessidade sendo satisfeita. Então, se a gente soma essas coisas, o que a gente encontra, do ponto de vista do bebê, é o estado de criação alucinatória. O bebê ainda se sente absolutamente onipotente diante de desprazeres e frustrações que também se impõem. De uma maneira bastante complexa, começa a ser criado um espaço de *dentro* e de *fora*, onde, o que está fora, necessariamente, é o desprazeroso, o frustrador; e aquilo que está dentro do bebê é o que ele consegue garantir com uma experiência boa. Vemos aqui como as primeiras experiências com o que é "não eu", com a alteridade, são imbuídas de uma espécie de penumbra de maldade. O mal está fora, e isso cria uma modalidade primeira de relação com o mundo que é paranoide. Desenvolver a sequência dessas ideias exigiria uma extrapolação do que é o texto do desenvolvimento de sentido de realidade, e esse não é o nosso caso agora. Devemos, então, ir seguindo esse percurso do que são as etapas de desenvolvimento, avançar um pouco mais e olhar o que vem na sequência.

Na sequência, vem a fase da onipotência com ajuda de gestos *mágicos*. E do que se trataria esse terceiro momento? No momento anterior, a gente foi capaz de perceber que o bebê expressa coisas das suas necessidades, o que começa a se transformar na formação de um desejo através dos seus gestos; agora, esses sinais vão começar a se tornar especializados. Muito interessante e importante de notar aqui é um dos outros *clusters* que está no texto e que necessita de algum desenvolvimento: o bebê começa a fazer uma imitação do mundo. Ele começa a ter uma percepção das coisas de que ele precisa, ele internaliza o que são essas coisas e faz certos gestos que representam as suas necessidades. Ele faz um movimento com a boca, como quem está sugando o seio, começa a transmitir para o outro, começa a ter a experiência de criação do que é esse seio de que ele está precisando e que ele está querendo.

O bebê começa a entender o que é esse outro. Começa a se tornar algo semelhante a ele, mas mantendo uma diferença através de gesticulações próprias. Esse é um momento bastante importante de diferenciação do Eu e do Outro, tanto porque, em termos do desenvolvimento, o sujeito começa a ter maior complexidade nas suas necessidades, como por que o ambiente também começa a fracassar nos processos de adivinhação. O que se quer dizer com isso? É aquilo que foi desenvolvido por Winnicott (1971/1975) sobre o momento em que a mãe começa a sair daqueles estados psicóticos regressivos importantes para um tipo de contato inicial entre ela e o bebê. Então, esse *gap* começa a se expandir um pouco mais, a fase de maior mistura entre o bebê e sua mãe começa a se desfazer, e isso representa o fim de uma era. É um momento de monismo inicial em que "bebê", "mãe", "eu", "outro", "necessidade", "desejo", "dentro" e "fora", que ainda estão misturados, começam a finalmente se separar de forma mais clara.

Se estávamos trabalhando com ideia de desejo articulada à onipotência, ou seja, se estávamos pensando que a onipotência era essa impressão de "ter tudo que se quer, sem não ter mais nada a desejar" (Ferenczi, 1913/2011, p. 48), agora, com a entrada de insatisfações e desprazeres maiores, a criança precisa passar a articular as suas descargas motoras como traduções das suas necessidades. Ela precisa começar a se transformar nesses gestos mágicos, porque passa a existir uma alteridade, que é muito relutantemente percebida pelo bebê. Essa alteridade vai ser promotora das tão desejadas satisfações. É lógico que, uma vez satisfeitas as suas necessidades, a criança pode retornar àquele paraíso perdido de um narcisismo que já estava abalado e, assim, continuar se sentindo onipotente.

Estamos falando aqui de uma coisa que é como um movimento que observamos nas crianças pequenininhas quando elas estão brincando no parquinho. Estou usando isso como exemplo, mas eu acho que serve para a gente pensar o que é esse movimento que progride/regride. A criança bem pequena sai de perto de sua mãe, se afasta, explora um pouco o mundo, olha para trás, vê sua mãe, às vezes, retorna a ela e, nesse retorno, busca de novo uma espécie de suporte, uma espécie de energia que a reabastece narcisicamente para poder avançar, para ir um pouco mais longe. Nesse momento do desenvolvimento em que a gente vê uma criança indo para longe, voltando, indo novamente e voltando; é nesse movimento de ir e voltar que ela vai se reabastecendo narcisicamente e consegue resgatar um pouco de sua onipotência e fazer movimentos mais ousados em direção a uma realidade e em relação a um mundo fora do seu controle mágico que, certamente, vai oferecer muitos atritos no contato.

Seguindo nas possibilidades do desenvolvimento, o que a gente tem, em termos de continuação, é esse momento das *palavras mágicas*. As palavras surgem num campo muito especial para Ferenczi. A linguagem tem um lugar muito particular na teoria ferencziana e é uma ideia, um desses outros *clusters*, para a qual precisamos olhar com bastante cuidado e acuidade, porque a ideia de linguagem de Ferenczi diverge um pouco do senso comum do que a gente estuda sobre linguagem na psicanálise, ou, ao menos, em alguma teorização da psicanálise. Sem entrar nesses detalhes, vamos dizer aqui que a palavra tem esse caráter mágico porque ela tem um potencial que é evocativo e também alucinatório. A palavra tem o poder de influenciar o adulto cuidador. Influenciar na possibilidade de fazer esse adulto atender a uma enunciação da criança. A palavra, aqui, é algo que presentifica um objeto, transformando a realidade de acordo com os desejos. Isso é algo que Ferenczi vai deixar como uma pista para a gente, dizendo que "a linguagem é a imitação". Percebam, aqui, como a palavra não está no lugar de uma falta, que palavra não é exatamente a falta da coisa. A linguagem é uma imitação daquela coisa, e, assim, a linguagem verbal é mais que a figura privilegiada de relação com a alteridade: ela é a forma mais eficiente que existe de influência do outro. Para concluir esta fala, que, na verdade, é um convite à leitura do texto, acho que, sinteticamente, a gente pode falar que, em termos do desenvolvimento de um órgão de realidade, a gente tem uma equação bastante complexa entre o peso das circunstâncias e o sentimento de onipotência. Ferenczi vai falar para a gente nesse texto que, "em contato com a realidade, se desenvolve uma série de sucessivos impulsos de recalcamento que, pela necessidade, pela frustração que exige adaptação, acontece não por tendência para a evolução espontânea" (Ferenczi, 1913/2011 p. 52). Ora, se não é por uma tendência espontânea à evolução – é claro, estamos falando, aqui, do desenvolvimento psíquico de um sujeito –, o que vai entrar em jogo é outra coisa. E essa outra coisa são as relações.

Ferenczi está sendo um psicanalista bastante relacional ao colocar a importância que um ambiente tem na equação do peso das circunstâncias e dos sentimentos de onipotência. O que temos aqui é que se torna impossível se livrar por completo daquilo que é prazeroso. Resta ao sujeito perceber que uma parcela desse desprazer é própria do seu psiquismo, e, então, ele se encontrará diante da complexa tarefa de pensar no que fazer com esse desprazer que lhe diz respeito.

Referências

Ferenczi, S. (2011). O desenvolvimento do sentido de realidade e seus estágios. In S. Ferenczi, *Obras completas. Psicanálise II.* Martins Fontes. (Original publicado em 1913).

Freud, S. (1996). Projeto para uma psicologia científica. In S. Freud, *Edição standard brasileira das obras psicológicas completas de Sigmund Freud* (pp. 29-397). Imago. (Original publicado em 1895/1950).

Winnicott, D. W. (1975). *O brincar e a realidade.* Imago.

3. Um retorno às *Fantasias provocadas: a atividade na técnica da associação*

Rita Hentz

Episódio transmitido em 27 de maio de 2021

Fantasias provocadas: a atividade na técnica da associação é um texto de 1924 que pode ser encontrado no vol. III das *Obras completas* de Sándor Ferenczi. Eu quero começar esta apresentação contextualizando um pouco a época em que esse texto foi escrito. *Fantasias provocadas* faz parte de um conjunto de ensaios desenvolvidos entre 1919 e 1926, em que o Ferenczi estava ocupado com a experimentação da técnica ativa na sua clínica. E esse ensaio é importante porque representa o ápice desse estilo clínico, da técnica ativa, ao mesmo tempo em que se inicia um certo declínio do Ferenczi em relação ao emprego dessa técnica.

É um texto bastante polêmico porque, por um lado, carrega uma potência de ampliação da técnica psicanalítica, ao mesmo tempo, é suscetível de má interpretação se não for inserido no período histórico ao qual ele pertence. E por que que eu digo que ele pode ser mal interpretado? Porque o Ferenczi está problematizando o estatuto da regra fundamental da psicanálise, proposta por Freud, que é a associação livre, isto é, falar tudo que vem à cabeça sem censura (Freud, 1905/2017).

E o limite com a sugestão pode ser muito tênue, por isso ele pode ser mal interpretado, por isso ele pode causar certo estranhamento, se não for lido dentro desse contexto da experimentação da técnica ativa. E, afinal, qual era o objetivo do Ferenczi com o emprego da técnica ativa com seus analisandos? O que o Ferenczi queria era fazer com que os tratamentos estagnados pudessem ser conduzidos a termo.

Então, nesse período, ele fazia uso de proibições, de injunções, e como a gente vai ver aqui nesse ensaio, de fantasias provocadas, com o objetivo de fazer algumas coisas aparecerem na clínica para que as análises estagnadas pudessem caminhar. E eu gostaria de fazer um destaque para o subtítulo desse texto, que é *Atividade na técnica da associação*. Esse subtítulo é fundamental porque deixa claro que o Ferenczi não estava contradizendo a associação livre ou querendo propor uma nova técnica psicanalítica, por exemplo, mas estava reconhecendo os limites do emprego da palavra, os limites dessa associação – supostamente – livre (Kupermann, 2019). Dessa forma, ele estava pensando a psicanálise de uma maneira mais ousada, ampliando a técnica psicanalítica, mas com o objetivo de retomar o fluxo associativo do paciente. Por isso, o título é acompanhado desse subtítulo: *Fantasias provocadas: a atividade na técnica da associação.*

Bom, logo no início desse texto, o Ferenczi começa a relatar os aspectos que ele foi percebendo na clínica, na narrativa de alguns pacientes, e que o levaram a intervir, no sentido de provocar fantasias nesses analisandos. E o que ele observa? Que alguns pacientes apresentavam uma atividade fantasística empobrecida, relatavam de forma desafetada situações que supostamente seriam de grande intensidade afetiva, se mostravam muito inibidos ou obedientes na situação analítica.

O psicanalista fica intrigado com esses aspectos, começa a pensar que tem algo de errado com essas análises, e, com o intuito de estimular fantasias e, assim, buscar formas de acesso ao inconsciente desses analisandos, ele começa a pedir que esses pacientes procurem as reações mais adequadas para as situações. Quando esse pedido não era suficiente para superar a resistência do analisando, ele sugere que os pacientes imaginem, inventem alguma uma reação afetiva para as narrativas. Em alguns casos, isso tinha o efeito desejado e a imaginação dos analisandos ganhava mais embalo a partir do pedido do analista, mas nem sempre.

Portanto, diante da resistência de alguns pacientes para produzir fantasias, o Ferenczi expõe para o analisando como ele próprio se sentiria, pensaria ou se imaginaria na situação em questão, por exemplo. Tudo isso na tentativa de estimular o paciente a se expressar afetivamente. Nesse sentido, em determinado momento do texto, o Ferenczi cita três modalidades de fantasias que, em alguns casos, precisam ser provocadas, estimuladas pelo analista, para que possam ser expressas. A primeira são as fantasias relacionadas à transferência; a segunda diz respeito as fantasias relativas às lembranças infantis; e a terceira em relação às fantasias masturbatórias.

Ao longo do texto, o autor expõe alguns exemplos em relação à essas três modalidades, mas eu vou me ater mais à primeira modalidade, que diz respeito às fantasias provocadas na transferência. E quais são as transferências que o Ferenczi está se referindo aqui, que precisam ser provocadas pelo analista, em alguns casos, para que consigam ser expressas? Tanto a transferência negativa, que é ligada aos aspectos hostis, agressivos em relação ao analista, quanto a transferência positiva erótica, ligada ao apaixonamento pela figura do analista.

É interessante porque são justamente as duas modalidades de transferência, negativa e positiva erótica, que para o Freud eram consideradas sinônimos de resistência à análise, ou seja, para o Freud o melhor era que elas não surgissem. Se aparecessem, seriam acolhidas e interpretadas, mas o melhor era que não aparecessem. Já para o Ferenczi é ao contrário, ele convoca. Nessa época, ele começa a considerar importante que apareçam e sejam expressas. E por que que ele convoca? Justamente com o objetivo de provocar uma certa tensão no campo transferencial e fazer, assim, com que o paciente retome o fluxo associativo que se encontrava estagnado. E por acreditar que essas modalidades de transferência possibilitariam a análise de todos os afetos relacionados ao complexo de Édipo – ódio, apaixonamento, desejo erótico.

O autor traz o exemplo do caso de um de seus analisandos que, apesar de se mostrar bastante colaborador com o tratamento e amistoso em relação ao analista, era muito inibido afetivamente, e não avançava em nada na análise. Depois de muito interpretar, o primeiro gesto do Ferenczi para tentar superar as resistências do analisando foi estabelecer um prazo para o término do tratamento, imaginando que, dessa forma, o paciente começasse a trabalhar na sua própria análise, se mover no campo transferencial, manifestando alguma hostilidade ou angústia. E no entendimento do Ferenczi, a emergência da transferência negativa, nesse caso, possibilitaria, por meio da análise, o desligamento de objetos aos quais esse paciente estava aderido e que, na situação analítica, o analista era o representante (Kupermann, 2019).

Porém, para a surpresa do analista, diante desse prazo para o término do tratamento, a reação do analisando foi desafetada; o analisando continuou grato e paralisado em seu fluxo associativo. O Ferenczi, insatisfeito, começou a intervir no sentido de despertar fantasias agressivas no paciente. Lendo esse caso, podemos imaginar Ferenczi dizendo: não é possível que eu esteja dizendo que vou te abandonar, que não irei mais te atender e você continua gentil e agradecido, tem algo que você não está conseguindo expressar.

Logo, o Ferenczi começou a estimular o analisando a imaginar situações hostis relacionadas ao analista. Até que, finalmente, após muita relutância, o analisando trouxe uma fantasia de uma cena em que ele possuía sexualmente o seu analista. No primeiro momento, o Ferenczi se dá por satisfeito, pensando que agora, enfim, a análise caminharia. No entanto, não demora para ele se dar conta das complicações que esse tipo de intervenção poderia trazer. Porque aquilo que, a princípio, poderia parecer uma fantasia sexual sádica do paciente em relação ao analista, era o contrário: se tratava de uma doação masoquista do analisando. Quer dizer, no final das contas, a evocação dessa fantasia era mais uma resposta obediente às demandas promovidas pelo analista ativo (Kupermann, 2019).

Esse é um dos vários exemplos relatados nesse ensaio, mas o que mais importa é que, nessa época, o Ferenczi estava muito intrigado com esses pacientes que faziam mau uso da associação livre. E esse mau uso aparecia de diferentes formas, seja por um discurso muito desafetado, seja pela dificuldade de fantasiar, de imaginar, de demonstrar algumas modalidades de afetos ou, até mesmo, tentando desconversar por meio de uma suposta associação livre.

Então, o que estava incomodando o Ferenczi aqui, nesse momento, quando ele escreveu esse texto? Entre outros aspectos, ele estava intrigado com as seguintes questões: por que será que alguns pacientes não conseguem utilizar a favor de suas análises a regra fundamental da psicanálise? E mais do que isso: que palavra, de fato, tem potencial terapêutico em uma análise?

Sabemos que o Freud quando criou a psicanálise, ofereceu um espaço inédito onde, supostamente, o sujeito poderia falar o que quisesse, poderia falar daquilo que ele não pode falar em outras situações da vida cotidiana (Freud, 1905/2017). E essa palavra teria o poder de promover a cura, já que o paciente inevitavelmente se trairia no seu próprio discurso, e o analista obteria o material necessário para a interpretação. Falando de forma bastante resumida, claro, mas no intuito de destacar que, em 1924, o Ferenczi está começando a problematizar justamente essa narrativa. Porque o Ferenczi começa a perceber que não é qualquer palavra que tem poder de promover a cura e que, portanto, a narrativa dos analisandos precisa ser afetivamente expressiva para ter um potencial de cura.

E nesse texto o autor também alertou para os perigos da técnica ativa. Ele diz que, quando empregada de forma equivocada, a técnica ativa pode ter o efeito de estender uma análise ao invés de encurtá-la. Então, por conta disso, a técnica ativa só deveria ser utilizada no final do tratamento e nunca no começo, e que com o intuito de evitar riscos, seria recomendado que um analista tivesse uma consistente experiência de análises tradicionais, quer dizer, "não ativas", antes de se meter, de forma tão diretiva como ele está propondo aqui, na associação livre do paciente. E eu digo "tão" diretiva porque, de certa forma, o analista é sempre ativo – isso o Ferenczi também cita no texto. Qualquer intervenção do analista, de certa forma, carrega o poder de direcionar a fala do analisando. Nesse texto, ele está propondo a atividade do analista com outro intuito, claro, mas dizer que um analista não é ativo seria um equívoco.

E no final do texto, o Ferenczi também cita um aspecto que ele foi percebendo nesses pacientes amistosos, obedientes demais – de certa forma, aqui, ele está antecipando algo que vai começar a desenvolver em seguida. Então, nessa época, ele começa a se questionar: o que teria acontecido na história de vida desses pacientes tão obedientes, tão inibidos nas suas análises?

E, a partir da escuta dos seus pacientes, o autor começa a perceber que a vivacidade ou pobreza na vida fantasística estava relacionada ao contato com a sexualidade na infância. O que isso significa? Que, em geral, os pacientes que foram crianças educadas e reprimidas demais e não tiveram contato com certa dose de sexualidade, acabam por ter uma vida imaginativa pobre, uma capacidade de fantasiar precária. E que esses pacientes a que ele está se referindo, na maioria dos casos, pertenceram a famílias nas quais os gestos e atos das crianças foram controlados severamente e elas não podiam experimentar nada que fosse de ordem sexual (Peron, 2006).

E, em contrapartida a essa educação excessivamente rígida, certa dose de experiências sexuais, e aqui ele não está se referindo ao abuso, mas sim, à erotização da criança, isso ofereceria mais espaço para as fantasias. Isso quer dizer que o contato erótico com o meio, com o outro, faria com que as crianças tendessem a se tornar adultos com maior vivacidade no sentido da fantasia e na capacidade de imaginar. E, por isso, estariam mais propensos a encararem as situações da vida com a imaginação mais solta e não tão rígidos e submissos às normas e à educação (Peron, 2006).

Como eu já mencionei, não demorou muito para o Ferenczi perceber as complicações que a utilização das fantasias provocadas poderia causar. Mas como esse texto contribui para a psicanálise hoje, trazendo-o de 1924 para 2021?

Em primeiro lugar: a associação livre não está dada, ela não é garantida. Alguns – talvez muitos – analisandos não conseguem "contar tudo que passa na cabeça" – isso é tudo menos simples. E quando o Ferenczi reconhece essas dificuldades em relação ao fluxo associativo, o que que ele está dizendo? Existe um limite da regra fundamental da psicanálise.

Além disso, o Ferenczi estava inquieto com outra questão, que se torna crucial na sua obra, que é o resgate da afetividade na narrativa do paciente. O que isso quer dizer? Que o problema que está sendo denunciado aqui nesse texto não é só o falar, o problema é como falar nas análises. Porque o Ferenczi está reconhecendo que existe uma dificuldade em certos analisandos na capacidade de se expressar afetivamente e de afetar o outro a partir do emprego da palavra. E ele começa a observar que essa expressão por parte dos pacientes implica uma circulação afetiva no *setting*, ou seja, no campo transferencial.

Por isso que a importância do trabalho psíquico do analista, de certa maneira, já começa a surgir nesse texto. Porque, pensando até no exemplo que eu relatei, houve uma provocação, um estímulo por parte do analista, mas houve também um acolhimento. E isso que aparece aqui é algo que vai ser desenvolvido depois pelo Ferenczi, mas que se aproxima da concepção de autorização por parte do analista, para que algumas coisas ocorram na clínica.

E já que a associação livre nem sempre acontece de forma espontânea, então, não são para todos os pacientes que basta o analista dizer: fale tudo que lhe vem à cabeça, sem censura. Vai começando um certo movimento do Ferenczi no sentido de despertar os psicanalistas para a problemática do sensível na clínica. Porque ele começa a perceber que uma postura muito séria ou fria do analista só corrobora para essa inibição nos pacientes. Ele entende que tem algo nesse distanciamento do analista, nessa relação que tende a se tornar muito verticalizada, que não só não ajuda os pacientes a se expressarem afetivamente, como pode potencializar essa inibição.

E foi a partir dessas experimentações com a técnica ativa que questões fundamentais na obra do Ferenczi foram ganhando destaque, e que dizem respeito à sensibilidade do analista, ao tato, ao relaxamento na clínica psicanalítica. Mas isso é desenvolvido em outros textos, que vocês vão poder saber mais em outros episódios aqui deste podcast. Eu espero ter ajudado a compreender um pouco do que eu entendo, a partir da minha leitura, que o Ferenczi estava querendo transmitir para o campo psicanalítico nesse ensaio. Muito obrigada!

Referências

Ferenczi, S. (2011). Fantasias Provocadas. In S. Ferenczi, *Obras completas. Psicanálise III*. Martins Fontes. (Original publicado em 1924).

Freud, S. (2016). O método psicanalítico de Freud. In S. Freud, *Obras completas* (v. VI). Companhia das Letras. (Original publicado em 1904/1905).

Kupermann, D. (2019). *Por que Ferenczi?* Zagodoni.

Peron, P. R. (2006). Sobre a técnica ativa de Sándor Ferenczi. *Psicologia Argumento, 24*(44), pp. 65-72.

4. *Adaptação da família à criança*: conversando com Ferenczi

Renata Mello
Episódio transmitido em 3 de junho de 2021

Adaptação da família à criança é um texto de Sándor Ferenczi publicado em 1928. Esse texto abre o volume quatro, o último das suas *Obras completas*. Trata-se de um trabalho originário de uma palestra que Ferenczi proferiu em Londres, em setembro de 1926, para uma plateia ilustre, formada por importantes nomes da psicanálise da época, como Ernest Jones e Melanie Klein.

Adaptação da família à criança faz parte de um conjunto de textos do volume quatro que se propõe a pensar a infância, mais especificamente, a relação da criança com os adultos, relação potencialmente traumática. Os textos que fazem parte desse conjunto são: *A criança mal acolhida e sua pulsão de morte* (1929/2011), *Análise de crianças com adultos* (1931/2011) e *Confusão de língua entre os adultos e a criança* (1933/2011).

O trauma nas relações iniciais é uma temática que ocupou Ferenczi ao longo dos seus escritos. Uma das frases mais bonitas da sua obra, por exemplo, "raspem o adulto e por baixo dele encontrarão a criança" (Ferenczi, 1909/2011, p. 111) é de 1909, do texto *Transferência e introjeção*, encontrado no volume 1, ou seja, um dos seus primeiros textos psicanalíticos. Contudo, é no final da década de 1920, que a participação do ambiente na constituição do psiquismo ganha mais corpo e consistência no pensamento clínico do nosso autor.

É importante dizer que a noção de ambiente compreende as pessoas que se ocupam da criança ao nascer, mas também envolve toda a atmosfera sensível de cuidados. A atmosfera (que constitui o lugar de encontro entre os adultos e a criança) é composta pelo olhar e pelas cores, pela voz e pelos sons, pelos cheiros e pelos gostos, pelos ditos e não ditos, pelo toque e pela temperatura, pelos ritmos de ausência e presença, enfim, por uma enorme variação intensiva.

Adaptação da família à criança, ao deslocar a ênfase comumente concedida ao intrapsíquico para o campo relacional, é um texto que se configura como um marco importantíssimo no pensamento psicanalítico das relações de objeto. Nesse sentido, o texto abre caminho para autores que vão construir, posteriormente, seu arcabouço teórico-clínico, justamente, a partir do acento dado ao ambiente, como Donald Winnicott e Michael Balint.

O título *Adaptação da família é criança* é incomum, nos informa Ferenczi, logo no início do texto. Vou citá-lo:

> *O título que dei a esta exposição é um tanto incomum, pois, em geral, ocupamo-nos unicamente da adaptação da criança à família. Mas justamente as nossas investigações psicanalíticas mostraram-nos que o primeiro passo no sentido da adaptação devia partir de nós, e damos sem dúvida o primeiro passo quando compreendemos a criança. (Ferenczi 1928/2011, p. 1)*

O primeiro aspecto que eu gostaria de chamar a atenção nesse texto é a inversão que Ferenczi nos propõe. Ele inverte a forma habitual de pensar, contrapondo-se radicalmente à ideia da criança como uma tábula rasa pronta para ser moldada pelos adultos e da educação como uma conduta técnica e mecânica. Ferenczi desmonta o raciocínio de que a criança deveria se adaptar unilateralmente ao mundo dos adultos, destacando que a adaptação primária é a do ambiente que recebe a criança que chega, e não o inverso.

É interessante colocar que a noção de adaptação foi bastante cara ao psicanalista húngaro. Nós podemos acompanhar algumas passagens importantes sobre o tema, especialmente, em *Psicanálise e pedagogia*, um dos seus primeiros textos psicanalíticos, publicado em 1908, no belíssimo texto *O desenvolvimento do sentido de realidade e seus estágios* de 1913, e, ainda, em *Thalassa: ensaio sobre a teoria da genitalidade* (1924/2011). Então, por diferentes linhas de pensamento, a delicadeza do encontro da criança com o adulto (pais e educadores) já se apresenta como um alerta desde o início de sua obra.

Diferentemente da ciência dos padrões que se repetem de uma maneira lógica, podemos reconhecer no processo de criação e educação dos filhos, apresentado por Ferenczi, uma aposta na singularidade e na potência da infância. Isto é, as crianças têm um modo particular de perceber e sentir as coisas, um modo particular de ser e estar no mundo, um modo particular de se experienciar na relação com o outro. Além disso, sabemos, hoje, a partir de pesquisas mais recentes sobre o desenvolvimento infantil, que o bebê já nasce com competências extraordinárias para a interação. Ou seja, a criança, ao nascer, não é uma matéria sem forma, mas uma potencialidade. Por isso, a importância de os adultos irem ao encontro da criança, abrindo-se para os códigos, gostos e sentidos da infância.

O Andrew Solomon (2012), em um livro maravilhoso chamado *Longe da Árvore*, escreve sobre a experiência de criar filhos não adaptados às definições usuais de normalidade. No primeiro capítulo deste livro, intitulado *Filho*, ele escreve:

> *Não existe isso que chamam de reprodução. Quando duas pessoas decidem ter um bebê, elas se envolvem em um ato de 'produção'. Uma criança é alguém, portanto, com uma personalidade própria que escapa ao controle dos pais e que, muitas vezes, se mostra estranha aos olhos dos pais. A pergunta fundamental que se coloca é: como escutar a singularidade da criança? Ou ainda, como acolher a estranheza infantil sem reduzi-la ao familiar? (p. 11)*

Seguindo a leitura de *Adaptação da família à criança*, Ferenczi (1928/2011) nos fornece algumas pistas: "A adaptação da família à criança só pode iniciar-se se os pais começam a *compreender-se melhor eles próprios* e, assim, chegam a adquirir uma certa representação da vida psíquica dos adultos" (p. 2, grifos do autor).

Eu considero interessante pensar a parentalidade como uma construção e não como algo dado de saída pelo fato de se ter um filho. É importante dizer também que o campo dos cuidados e interações parentais não implica em um conhecimento técnico sofisticado ou em um saber adquirido em livros e mais livros. Não exatamente.

Ferenczi aponta, nesse texto, que o primeiro erro dos pais é o esquecimento da própria infância. Sem dúvida, a possibilidade de entrar em contato com a criança que o adulto não deixou de ser, com seus medos e desejos, com as memórias primitivas da infância, sejam elas recalcadas ou clivadas, se mostra uma via de acesso privilegiada ao modo infantil de funcionamento. Além disso, penso também na lembrança do modo como os pais foram cuidados pelos seus próprios pais como uma importante referência para o processo de tornar-se pai e mãe.

Ainda que caiba aos adultos se encarregarem do cuidado das crianças, me parece fundamental reconhecer a ocorrência de transformações subjetivas para ambos os lados; tal como ilustra a frase, já amplamente difundida no senso comum: nasce uma criança, nasce uma mãe, nasce um pai. Ou seja, o nascimento de um filho transforma profundamente o psiquismo dos pais (sem contar a trabalheira gigantesca dos primeiros anos!). É importante dizer que estamos nos referindo aqui às figuras de cuidado da criança, independentemente da configuração familiar em questão. Nesse sentido, podemos pensar que a adaptação da família à criança é um processo que pode ser experimentado em um contexto de maior mutualidade e horizontalidade, como uma verdadeira produção coletiva em família, atmosfera ferencziana por excelência.

Encontramos outro aspecto bastante eloquente nesse texto de Ferenczi (1928/2011). Nas suas palavras:

> *(..). quanto mais eu avançava em minhas observações, mais se me tornava evidente que não havia nenhuma mudança nem evolução, na vida, para as quais precisamente o indivíduo estivesse mais bem preparado do que*

> *para o nascimento. A previdência fisiológica e o instinto dos pais tornam essa transição tão suave quanto possível. Seria efetivamente um traumatismo se os pulmões e o coração não estivessem tão bem formados; mas, nessas condições, o nascimento é um verdadeiro* triunfo, *exemplar para toda vida. (p. 4-5, grifos do autor)*

Ferenczi se contrapõe aqui à ideia de que o nascimento é necessariamente traumático, como havia sido proposto por Rank, seu parceiro de escrita em *Perspectivas da psicanálise*" (1924/2011), e examinado por Freud em *Inibição, sintoma e angústia*, em 1926, poucos anos antes.

O nascimento é um verdadeiro *triunfo*, uma celebração da vida, não se constituindo, portanto, como um trauma ou como o protótipo de toda angústia de separação no pensamento ferencziano. Primeiro, porque, de um lado, o feto está biologicamente pronto para nascer (aparelhos respiratório e digestivo formados); de outro, porque a família se ocupa para tornar suave a transição do útero ao colo materno. Nas palavras de Ferenczi (1928/2011):

> *(..). o instinto dos pais, que os impele a tornar a situação do recém-nascido tão agradável quanto possível; o bebê é deitado no quente, protegido ao máximo das excitações ópticas e acústicas incômodas; eles fazem a criança esquecer efetivamente o que se passou, como se nada tivesse acontecido. (p. 5)*

Ou seja, o estado de vulnerabilidade e dependência absolutas da criança ao nascer, em relação aos cuidados parentais, não é traumático em si, mas apenas na relação com o outro. "Outros traumatismos reais têm efeitos mais difíceis de eliminar: não são da ordem fisiológica, mas dizem respeito ao ingresso da criança na sociedade de seus semelhantes e, quanto a isso, o instinto dos pais parece com muita frequência falhar" (Ferenczi, 1928/2011, p. 5). Mais um alerta ferencziano.

Passagens posteriores, comuns da infância, podem resultar em situações traumáticas efetivamente. Ferenczi se refere ao trauma do desmame, do desfralde, da restrição à sexualidade, e, por fim, da passagem da criança para a vida adulta. Ou seja, ele aborda traumas do processo educativo que são, não apenas, inevitáveis, mas também necessários à constituição do psiquismo. A castração é exemplar nesse sentido.

Mas, afinal, em que consiste, nesse momento, suas reflexões sobre o trauma? Haveria um modo de atravessar tais situações sem impor à criança sofrimento desnecessário ou insuportável?

Para Ferenczi, é o campo de relações que vai definir se esses traumas vão adquirir um sentido estruturante ou desestruturante. O trauma faz parte de um conjunto de relações entre a criança e aqueles que cuidam dela. Entra em cena, aqui, a sensibilidade das figuras de cuidado para dosar o que pode ser suportado e assimilado pela criança em constante transformação e desenvolvimento. Nesse sentido, escreve Ferenczi (1928/2011): "É muito importante entender a que ponto as crianças são sensíveis, mas os pais não o creem, não podem imaginar a extrema sensibilidade de seus filhos" (p. 6).

A situação de trauma não se restringe, como se pode pensar mais apressadamente, a um ato violento ou perverso, mas também acontece quando os adultos tratam com indiferença, negação, desimportância ou reprimenda um acontecimento que afetou muito a criança. E, assim, o que a criança expressa, com seu estado de ser ou com o seu corpo (no plano dos afetos das sensações), é desqualificado ou desacreditado pelos adultos importantes para o seu existir, base da sua confiança no mundo.

Por exemplo, o não olhar dos pais para as feridas no corpo de uma criança ou para uma situação recorrente de bullying. Por exemplo, quando o adulto acelera o tempo do viver infantil, negando as diferenças geracionais e exigindo um amadurecimento precoce. O abandono (a não continência) de uma criança em um momento de raiva do qual ela não se refaz sozinha. Ou ainda, a banalização das dificuldades escolares encontradas por uma criança no ensino remoto em plena pandemia. Refiro-me a alguns exemplos da clínica, mas esclareço que não se trata de uma ou outra situação pontual entre crianças e adultos, mas um modo de interação entre eles, uma espécie de padrão de relação familiar.

Isso cria um "abismo" na relação entre pais e filhos. "O curioso de tudo isso é que o que escapa precisamente aos pais é o que para as crianças é o óbvio; e o que as crianças não percebem é claro como o dia para os pais" (Ferenczi, 1928/2011, p. 8-9). Mais uma citação poética do nosso autor.

Para Ferenczi, uma "educação insensata" tem o efeito de diminuir consideravelmente a capacidade da criança de usufruir das oportunidades de felicidade que a vida oferece, ou, nos valendo de uma expressão winnicottiana, de sentir que a vida vale a pena ser vivida (Winnicott, 1975/1971). São danos ou sofrimentos que podem projetar uma sombra sobre toda sua vida, algo que podemos perceber, muitas vezes, na clínica, como desconfiança, inapetência, passividade, desesperança, pessimismo, apatia e fragilidade emocional, tanto nas crianças como nos adultos que experimentaram traumas na infância.

É importante sublinhar que existe, de fato, uma diferença entre o mundo infantil e o mundo adulto. Certo desencontro é, portanto, inerente à relação familiar e pedagógica. O traumático se constitui, assim, quando a realidade da criança é desconsiderada, silenciada ou negada. Quando o adulto se relaciona com a criança sem levar em conta que existe um diferencial de intensidades entre eles. Nessas condições, a criança se vê obrigada a adaptar-se ao registro do adulto, tornando-se submissa à sua vontade e anulando-se como sujeito. Encontramos aqui um exercício abusivo do poder – do adulto sobre a criança – e uma prevalência das necessidades do adulto em relação às necessidades da criança na dinâmica familiar.

Gostaria de deixar claro que reconhecer a singularidade da criança não implica em torná-la "sua majestade, o bebê" por tempo indeterminado. Não se trata, em absoluto, de uma permissividade educativa ou de não poder dizer "não" à criança. Mas, sim, de afirmar que a criança tem um modo particular de viver, pensar, imaginar, sentir e uma língua que lhe é própria. Cabe a nós, adultos, nos adaptarmos ao ritmo e ao tom do desenvolvimento infantil, fora da lógica da produtividade e da eficácia que, muitas vezes, atravessa o exercício afetivo da parentalidade. Cabe a nós nos abrirmos para experimentar uma dimensão sensível e lúdica lado a lado com a criança, construindo um modo de viver junto, próximo e comum, lembrando, sempre que possível, que é melhor ser alegre que ser triste.

A leitura de *Adaptação da família à criança* não deixa dúvidas sobre a importância decisiva da qualidade das trocas com o ambiente na constituição do psiquismo da criança. Certamente, as reflexões apresentadas aqui vão ter repercussões na clínica e na ética do psicanalista que pensa na companhia de Ferenczi. A mais imediata é que não caberia ao paciente assumir a tarefa de se adaptar ao método psicanalítico (com base no tripé da associação livre, regra de abstinência e interpretação), mas ao analista criar as condições necessárias para atender aqueles que o procuram. O analista é que precisaria dispor, portanto, da *elasticidade* necessária para criar uma "atmosfera psicológica adequada" a cada paciente. Mas isso já é assunto de outro episódio!

Referências

Ferenczi, S. (2011). Psicanálise e pedagogia. In S. Ferenczi, *Obras completas. Psicanálise I* (pp. 39-44). Martins Fontes. (Original publicado em 1908).

Ferenczi, S. (2011). Transferência e introjeção. In S. Ferenczi, *Obras completas. Psicanálise I* (pp. 87-123). Martins Fontes. (Original publicado em 1909).

Ferenczi, S. (2011). O desenvolvimento do sentido de realidade e seus estágios. In S. Ferenczi, *Obras completas. Psicanálise II* (pp. 45-61). Martins Fontes. (Original publicado em 1913).

Ferenczi, S. (2011). Thalassa: ensaio sobre a teoria da genitalidade. In S. Ferenczi, *Obras completas. Psicanálise III* (pp. 277-357). Martins Fontes. (Original publicado em 1924).

Ferenczi, S. (2011). Adaptação da família à criança. In Ferenczi. S. *Obras completas. Psicanálise IV* (pp. 1-15). Martins Fontes. (Original publicado em 1928).

Ferenczi, S. (2011). A criança mal acolhida e sua pulsão de morte. In S. Ferenczi, *Obras completas. Psicanálise IV* (pp. 55-60). Martins Fontes. (Original publicado em 1929).

Ferenczi, S. (2011). Análise de crianças com adultos. In S. Ferenczi, *Obras completas. Psicanálise IV* (pp. 69-83). Martins Fontes. (Original publicado em 1931).

Ferenczi, S. (2011). Confusão de língua entre os adultos e a criança. In S. Ferenczi, *Obras completas. Psicanálise IV* (pp. 111-135). Martins Fontes. (Original publicado em 1933).

Ferenczi, S., Rank, O. (2011). Perspectivas da psicanálise. In S. Ferenczi, *Obras completas. Psicanálise III* (pp. 243-260). Martins Fontes. (Original publicado em 1924).

Solomon, A. (2012). *Longe da árvore: pais, filhos e a busca da identidade*. Companhia das Letras.

Winnicott, D. W. (1975). A criatividade e suas origens. In D. W. Winnicott. *O brincar e a realidade* (pp. 95-120). Imago. (Original publicado em 1971).

5. Por que falamos palavrões?

Denise Salomão Goldfajn
Episódio transmitido em 10 de junho de 2021

Neste episódio de nosso podcast "Escutando Ferenczi: a arte da psicanálise", vamos falar de palavras obscenas, palavrões, palavras tabu.

Por que os palavrões produzem reações afetivas intensas entre quem fala e quem escuta? Por que, em algum momento da infância, dizer palavras de conteúdo sexual provoca em quem escuta reações surpreendentes de riso, rubor ou agressividade? Por que é preciso "lavar com sabão" a boca infantil que fala obscenidades para educá-la ao convívio com adultos?

Se você já teve alguma curiosidade sobre o assunto, saiba que não está sozinho. Sándor Ferenczi (1911/2011) dedicou um pequeno artigo de 14 páginas sobre o tema, intitulado *Palavras Obscenas: contribuição para a psicologia do período de latência*, discutindo as conexões simbólicas entre as palavras, seus sentidos e o desenvolvimento sexual infantil. Ferenczi se interessou pela prática comum de falar palavrões como uma manifestação do desenvolvimento sexual de acordo com as ideias de Sigmund Freud, introduzindo a importância da percepção subjetiva e intersubjetiva sobre a qualidade erótica contida nas palavras obscenas. Para o autor, quem escuta um palavrão é conduzido a imaginar a cena e o órgão sexual que a palavra denota, revelando os conteúdos recalcados, especialmente no período de latência, quando uma criança entre 6 e 10 anos é levada a diminuir o seu interesse sexual por seu progenitor movida pela própria imaturidade biológica de seu corpo. Como resultado, a criança transfere, nessa fase, o interesse corporal para atividades expressivas, como escutar histórias, falar em público, escrever e desenhar, deixando latente seu desejo sexual. O artigo, escrito durante 1910, foi publicado em 1911. A versão em português pode ser lida no volume 1 das *Obras completas* do autor.

O tema inusitado é um bom complemento à teoria do humor de Freud, que demonstra o caráter ambíguo das palavras revelando uma conexão inconsciente entre o que pode ou não ser falado, e o que pode ou não ser pensado. Para a psicanálise, as palavras guardam conexões simbólicas entre conteúdos latentes, com base em experiências sexuais primárias e conteúdos manifestos modificados pela censura para serem aceitos socialmente. No caso do humor e dos palavrões, são as reações emocionais intensas de riso, vergonha ou raiva que acontecem corriqueiramente a quem fala e a quem escuta que pode driblar a censura moral e direcionar nossa atenção aos conteúdos sexuais presentes na experiência erótica corporal.

As reações surpreendentes provocadas pelas palavras tabus alteram o curso de qualquer conversa séria. No caso das palavras obscenas, surgem conteúdos de caráter evocativo, sexualmente explícito, fazendo-nos entrar em contato com o obsceno, com o que está fora da cena consciente, diretamente ligado às fantasias inconscientes sobre as relações genitais.

Ferenczi, que gostava de metáforas, escreveu em outro artigo: *Foi à psicanálise que coube a tarefa de exumar os problemas da sexualidade que mofavam há muitos séculos no armário de venenos da ciência* (Ferenczi, 1924/1993, p. 280-281).

A grande novidade que veio de Freud era perceber que os problemas sexuais que permaneciam escondidos nos armários – não só da ciência, mas também dos lares, era o que poderia favorecer ou prejudicar o desenvolvimento emocional de uma criança, impedindo-a de viver plenamente relações adultas.

Assim, na clínica com os analisandos, no princípio da pesquisa psicanalítica, era comum que pacientes buscassem seus "médicos-psicanalistas" para lidar com seus problemas sexuais. Eram eles os "venenos" da impotência, da ejaculação precoce, da frigidez, dos sintomas histéricos, que convertiam inibições do desejo sexual em ansiedades. Tais ansiedades se manifestavam de forma variada no corpo, como paralisias, câimbras, mutismo, cegueira, levando o analisando a descobrir em análise seus desejos infantis primitivos. Na sala de análise se conhecia suas oscilações, entre o desejo sexual irrestrito, quando uma criança ama possessivamente o adulto que a cuida, sem querer dividi-lo com mais ninguém, ao mesmo tempo que também deseja se tornar um adulto como aquele que ama, com plenos poderes sobre sua própria sexualidade, convivendo entre iguais. Ferenczi chama a ambiguidade desses desejos de complexo nuclear e esclarece: "Na esteira de Freud, designo por complexo nuclear o complexo de Édipo" (Ferenczi, 1911/2011, p. 127).

Se não foi aceita por todos, a teoria do complexo de Édipo, criada por Freud, recolocou efetivamente a sexualidade em plena luz do dia como parte central do desenvolvimento sexual humano. Parece complexo? Voltemos, então, às palavras obscenas como forma de desvendar alguns mistérios do desenvolvimento sexual.

Ferenczi inicia seu artigo com um problema técnico: como falar na análise com os analisandos sobre suas experiências eróticas? Devemos usar termos científicos e alusões indiretas para nos referir aos órgãos e às funções sexuais biológicas ou usamos os termos que o autor chama de "populares (obscenos)," induzindo os pacientes a empregar eles mesmos palavrões, sem disfarce, como lhes convier, desafiando as regras da boa educação?

Nosso autor nos informa que a recomendação de Freud é clara, deve-se usar termos técnicos e científicos para evitar que o paciente, por pudor ou vergonha, resista a falar do assunto, assim, a sexualidade pode ser discutida cuidadosamente. No entanto, Ferenczi discorda da regra e sugere que em alguns casos, vividos em sua prática clínica, falar dessa forma superficial e cuidadosa, tornaria o paciente incapaz de associar livremente, inibido e menos produtivo em sua análise. Ele notou que com certos pacientes, usar e falar expressões proibidas, nomeando as partes do corpo, os atos eróticos com o mesmo léxico usado na infância, oferecia ao paciente a autorização necessária para falar de suas próprias experiências, com suas próprias palavras.

Para ilustrar sua teoria, nosso autor húngaro cita o caso de uma jovem analisanda de 23 anos. Ele conta que no plano consciente a paciente se esforçava com sinceridade, acolhendo as explicações do analista referentes à sexualidade, formuladas em termos científicos enquanto afirmava com veemência nunca ter observado ou sequer ouvido nada a respeito das coisas sexuais. Explicava a reprodução pela teoria do beijo. A paciente mostrava-se colaborativa, inclusive chegou a comprar um livro de embriologia para aprender de forma intelectual sobre os processos sexuais discutidos em análise, mas um dia mencionou casualmente que desde a infância tinha o hábito de fechar os olhos sempre que usava a privada e não conseguia fornecer nenhuma razão para essa prática. Ferenczi expressa sua hipótese sobre esse comportamento repetitivo, perguntando à moça se essa não seria a forma com que ela evitaria olhar as pichações obscenas que tão frequentemente são vistas, especialmente em banheiros públicos. Para Ferenczi, o recalque à sexualidade mostrava-se, nesse caso, ligado à própria formulação das palavras obscenas como representações sexuais. Ao ter acesso às "palavras tabus" que a paciente se esforçava para não ler, foi possível entender o mecanismo usado para afastar de sua mente os nomes, afastando também os conteúdos sexuais que ela pensava não saber.

Dessa forma, suas experiências sexuais infantis puderam, enfim, ser recuperadas e elaboradas em análise. Nesse caso, foi possível retomar o episódio em que, bem pequena, na idade da puberdade, a paciente se lembrou de ter sido repreendida asperamente por um padre quando ingenuamente proferiu na presença dele o termo obsceno para vagina.

Ferenczi nos fala que os palavrões são em geral proferidos pelas crianças, justamente, quando intercala-se um período entre o abandono dos modos infantis de satisfação motoras de tocar e investigar seus próprios corpos e se inicia a fase de latência, caracterizada pela dormência de condutas sexuais que são transferidas por atividades expressivas. Assim, falar, ouvir histórias e escrever passam a substituir e, ao mesmo tempo, a representar as experiências corporais eróticas antes experimentadas.

Em um outro exemplo clínico Ferenczi relata ter atendido um paciente homossexual que hesitou por um bom tempo a usar o termo vulgar para "flatulência", substituindo por outras palavras que circundavam a palavra tabu, recorrendo até mesmo à tradução da palavra para um idioma estrangeiro. Quando Ferenczi apontou a dificuldade inesperada do paciente de enunciar o termo, dado que esse paciente falava espontaneamente qualquer outro termo obsceno durante as sessões, o paciente pode superar sua resistência e progredir na análise, associando os conteúdos sobre a vivência do erotismo anal no desenvolvimento sexual. O analisando recobrou memórias de seu pai, que tratava com liberalidade os impulsos sexuais do filho, que tinha extrema curiosidade pelas fezes e pelo corpo do pai. Assim, o estreito vínculo obsceno erótico tratava a mera possibilidade da menção da palavra como ponte para que o analisando relembrasse o cheiro das fezes e do corpo do pai, revelando a conexão simbólica entre a experiência sensória e a força repressiva que marcou o forte recalque em torno da palavra tabu, relacionado ao complexo parental do rapaz.

A hipótese que Ferenczi demonstra é que, em geral, o enunciado de uma palavra obscena no decorrer de uma sessão produz no paciente o mesmo desconcerto antes vivido quando os pais usam um termo grosseiro, de ordem sexual na frente da criança. Para Ferenczi, esses episódios abalavam seriamente o respeito da criança por seus pais, fazendo emergir sinais de desejos sexuais que faz a criança imaginar a sexualidade dos pais, e seus próprios desejos, que lhe eram censurados pelo mundo dos adultos. Essa experiência de ordem regressiva faz com que os pacientes retornem à fase infantil da latência, justamente quando a criança percebe a sua imaturidade sexual genital frente à sexualidade dos adultos, voltando sua curiosidade para a sublimação, se interessa pelo conteúdo das palavras, pelo estudo e pela pesquisa simbólica do mundo a sua volta. É nessa fase que a censura de um adulto ao uso de palavras obscenas surpreende a criança em sua experimentação simbólica, tornando o recalque aos impulsos sexuais mais intenso, favorecendo o convívio moral das crianças no mundo adulto.

Assim, Ferenczi descobre que o problema técnico sobre o uso das palavras obscenas é mais abrangente, revelando um interesse geral por problemas psicológicos que passam a ser pesquisados por analisando e analista.

A linguagem é, portanto, para Ferenczi, um substrato de experiências sensórias anteriores, vividas corporalmente pela criança e marcadas por uma sexualidade sempre presente que pode ser revelada pelo caminho regressivo das palavras obscenas que ele mesmo diz ter experimentado junto com seus pacientes. Ele nos diz: "Foi justamente a inibição relativamente importante que eu sentia no começo para pronunciar essas palavras, e que, às vezes, ainda devo combater, que me levou a estudar esse problema com atenção, através de um exame aprofundado de meus pacientes e de mim mesmo" (Ferenczi, 1911/2011, p. 127). Ferenczi reconhece que no processo de análise, as dificuldades nas escolhas das palavras usadas na sessão apontam para uma vivência a dois, de caráter intersubjetivo. Sem esse intercâmbio, sem que o analista se pergunte pelas suas próprias escolhas verbais, ficaria mais difícil facilitar o acesso às questões dos analisandos, especialmente quando a análise parece estagnada.

Essa contribuição é importante porque amplia o entendimento estabelecido por Freud, sobre a importância de recobrar em análise a força do léxico da língua primitiva materna. As palavras usadas para descrever as partes sexuais e o ato sexual, usualmente, se tornam palavrões, palavras tabu, carregadas de desejos sexuais inconscientes que simbolizam o tabu do incesto, interdito central e organizador das relações sociais. Mas Ferenczi vai mais adiante nesse artigo, sugerindo que o analista observe o efeito dessas palavras no paciente e em si próprio. Para ele, as palavras obscenas teriam "o poder peculiar de impelir quem escuta a imaginar o que o objeto denota, um órgão sexual ou sua função, com uma atualidade substancial" (Ferenczi, 1911/2011, p. 128).

Essa qualidade sensível de experimentar afetos e imagens, para Ferenczi, poderia ser estendida a todas as palavras de forma mais abrangente, comunicando um estímulo sexual de uma pessoa à outra, do adulto à criança e da criança ao adulto. Quem escuta pode transformar novamente a palavra em imagens e memórias que comunicam de forma inconsciente o complexo de Édipo através da herança filogenética do tabu do incesto.

Podemos, agora, voltar a pensar no caso corriqueiro de nossa cultura: uma criança fala um palavrão, um adulto escuta e ameaça lavar a boca da criança com sabão. Sabemos que é impossível limpar as palavras, mas é possível entender a partir da leitura desse texto que o adulto que escuta é provocado a imaginar por si próprio o objeto que a palavra dita denota, fazendo retornar os desejos sexuais infantis que irrompem violentamente na consciência. Assim, de maneira alucinatória, o adulto quer lavar-se dos estímulos sexuais e corporais que sua alucinação provocou. Lavar a boca da criança é, portanto, lavar o órgão corporal que emitiu sentimentos impuros e, dessa forma, a equação regressiva mostra a sua força simbólica. A violência dos impulsos sexuais provocada pelo levantamento do recalque é representada pela ameaça corporal punitiva de lavar com sabão a boca da criança.

Ferenczi aponta em seu texto outros momentos em que esse recalque é levantado pela palavra tabu, quando, por exemplo, um homem dispara um gracejo sexual para uma mulher desconhecida na rua, ou quando um adulto profere um palavrão de forma espontânea como expressão explosiva diante de uma frustração. Outras ideias bem populares até hoje são discutidas no texto como o complexo do pênis pequeno, o vaginismo, homens que são atraídos especialmente por seios grandes, são expressões de fissuras no recalque na fase de latência que fazem emergir a fantasia sexual de uma criança que penetra ou é penetrada pelo corpo do adulto, especialmente recalcados na fase de latência até que a maturidade genital possa ser atingida.

Esperamos com esses comentários ter estimulado o interesse ainda tão atual para a leitura desse texto e para o pensamento psicanalítico, que, com arte, com graça e uma certa dose de picardia nos faz pensar sobre o simbolismo presente em nossas relações cotidianas.

Referências

Ferenczi, S. (2011). Palavras obscenas. In S. Ferenczi, *Obras completas I* (pp. 125-138). Martins Fontes. (Original publicado em 1911)

Ferenczi, S. (1993). Thalassa. Ensaio sobre a teoria da genitalidade. In S. Ferenczi, *Obras completas* (pp. 277-357) Martins Fontes. (Original publicado em 1924).

6. Psicanálise e pedagogia – um prólogo das grandes intuições psicanalíticas de Sándor Ferenczi

Gustavo Dean-Gomes

Episódio transmitido em 18 de junho de 2021

Em seis de maio de 1931, data do septuagésimo quinto aniversário de Freud, Ferenczi foi convidado para proceder a leitura de um trabalho na sessão comemorativa da data, ocorrida na Sociedade Psicanalítica de Viena. Ele compareceu ao encontro levando consigo *Análise de crianças com adultos* (1931/2011), texto em que sintetizava novas pesquisas e apresentava suas hipóteses sobre as origens do traumatismo e a clínica dos pacientes traumatizados. Em um determinado ponto, após refletir sobre a influência da figura do analista no desenrolar do trabalho analítico, leu a seguinte passagem:

> *Abre-se aqui uma perspectiva importante do ponto de vista pedagógico, sobre o caminho a seguir em matéria de educação racional das crianças. Que as crianças sejam influenciáveis, que sejam propensas apoiar-se sem resistência num "grande" nos momentos de aflição, que exista, portanto, um elemento de hipnose na relação entre as crianças e adultos, é um fato inegável, com qual há que conformar-se. Portanto, esse grande poder que os adultos têm em face das crianças, em vez de utilizá-lo sempre, como geralmente se faz, para imprimir as nossas próprias regras rígidas no psiquismo maleável da criança, como algo outorgado do exterior, poderia ser organizado como meio de educá-las para maior independência e coragem. (Ferenczi, 1931/2011, p. 87)*

Esse trecho de *Análise de crianças com adultos*, texto da fase madura do pensamento ferencziano, reflete a importância do tema da educação em suas hipóteses sobre a interação entre o mundo adulto e o universo infantil, um encontro necessário para o desenvolvimento da criança, mas que poderia, eventualmente, encaminhar-se para a "confusão de línguas", a famosa expressão que nomeia seu derradeiro trabalho, escrito um ano depois.

O interesse de Ferenczi pela questão da pedagogia, no entanto, é bastante mais antigo, datando de seus trabalhos anteriores ao encontro com Freud, seus "escritos pré-psicanalíticos". Ainda no último ano do século XIX, em seu artigo pioneiro *O espiritismo* (1889/1994), Ferenczi demonstrava-se insatisfeito com os rumos da pesquisa em psicologia, que deixava nas mãos de românticos e autores de histórias fantásticas os problemas relacionados ao "amor, o ódio, a raiva, a memória, o conhecimento, o esquecimento, a reflexão, o significado moral, a sensibilidade artística, a psicologia das crianças e a psicologia das massas." (Ferenczi, 1994/1899, p. 39, tradução nossa).

Não foi necessário, entretanto, que Ferenczi tivesse entrado em contato com Freud e suas ideias para redigir seu primeiro trabalho sobre o problema da psicologia infantil, e ele o fez por meio de um texto de 1901, *Leitura e saúde* (1901/1994), um trabalho em que, partindo de uma hipótese curiosa - os malefícios da leitura para o psiquismo infantil -, o húngaro se propôs a refletir sobre as novas modalidades pedagógicas que Budapeste, a cidade em que vivia e que se encontrava em fase de amplo desenvolvimento, passaria a adotar. Modificava-se, também, no contexto burguês, o lugar da criança na dinâmica familiar: os filhos passaram a ser percebidos como o futuro da família, o que implicava um crescente investimento na sua formação.

> *Você já viu um camponês míope? Nem eu, e os oculistas raramente os veem (...). Por outro lado, o estudante ao ingressar na universidade encomenda seus óculos (..). porque sua visão se reduziu durante seus anos de colégio. (Ferenczi, 1901/1994, p. 101, tradução nossa)*

São provocações como essa que não deixam dúvidas sobre a posição de Ferenczi. O problema da leitura surge, nesse contexto inicial de seu percurso, como símbolo daquilo que o pioneiro da psicanálise húngara retomaria inúmeras vezes ao longo de sua obra psicanalítica. Ainda em 1901, refletindo sobre a questão da educação, ele disse:

> *As estatísticas evocam, não sem orgulho, o declínio crescente do número de analfabetos. Agora, curiosamente, a porcentagem de doenças mentais, de crianças fracas ou afetadas por problemas nervosos, está aumentando cada vez mais. Nossa civilização é, sem dúvida, a origem deste fenômeno. (1901/1994, p. 109, tradução nossa)*

Aos trinta e cinco anos e intrigado com esses e outros problemas da psicologia, Ferenczi foi ao encontro da teoria psicanalítica e imediatamente tornou-se um fervoroso divulgador. Dentre seus esforços estava a realização de um encontro internacional com os estudiosos da psicanálise e seu criador, Sigmund Freud. E assim se deu: em abril de 1908, em Salzburgo, ocorreu o primeiro congresso internacional da matéria, e Ferenczi lá estava, apenas dois meses após seu primeiro contato pessoal com o Freud, apresentando um trabalho que tinha como tema central justamente o problema da educação. Estamos nos referindo a *Psicanálise e Pedagogia* (1908/2011), tema principal de nosso comentário.

Em *Psicanálise e pedagogia* (1908/2011) encontramos uma preciosa introdução à apreensão ferencziana de diferentes temas de abordagem psicanalítica: além da pedagogia, discute-se psicopatologia, metapsicologia, psicologia social e propostas clínicas. O pressuposto é bastante semelhante àqueles que o húngaro já havia descortinado em *Leitura e saúde* (1901/1994). Nos diz Ferenczi:

> *(..). uma educação defeituosa é não só a origem de defeitos de caráter, mas também de doenças (..). a pedagogia atual constitui um verdadeiro caldo de cultura das mais diversas neuroses (..). mesmo que não tenhamos adoecido, muitos sofrimentos psíquicos inúteis podem ser atribuídos a princípios educativos impróprios; e, sob o efeito dessa*

> *mesma ação nociva, a personalidade de alguns entre nós se tornou mais ou menos inapta para desfrutar sem inibição dos prazeres da vida. (1908/201, p. 39)*

Percebe-se que, ao fazer essa referência à cultura, Ferenczi antecipou um tema que seria mais bem estudado, por exemplo, no texto de 1928, *Adaptação da família à criança* (1928/2011), em *A criança mal acolhida e sua pulsão de morte* (1929/2011) ou mesmo em *Confusão de língua entre os adultos e a criança* (1933/2011): o encontro do infantil com o mundo adulto – representado pela pedagogia – e seu potencial patológico. Vê-se nesse tipo de intuição o aspecto pioneiro do escrito de 1908, na medida em que, constituindo um de seus primeiros ensaios psicanalíticos, enfatizava a grande influência do meio na constituição do psiquismo infantil saudável – e de seu adoecimento.

E como a influência da pedagogia se revela na formação do psiquismo infantil?

Ferenczi observou que, de maneira geral, a educação opera em sentido oposto ao "princípio do desprazer" – nomeação utilizada, na época, para referir-se ao "princípio do prazer" –, segundo o qual as crianças buscariam por satisfações que implicassem menor esforço possível. A educação, contudo, se oporia a essa disposição, impondo frustrações. Todavia, ao contrário do que, eventualmente, desejariam os adultos, as disposições fundamentadas nesse princípio não cessariam. Haveria dois caminhos para tais tendências libidinais, e esses caminhos estariam relacionados a destinos conhecidos das pulsões: o recalcamento e a sublimação, que seria a via privilegiada por uma boa educação.

Para refletir sobre o problema da sublimação, Ferenczi socorreu-se não só das lições de Freud, mas também – como mostra a segunda versão de *Psicanálise e pedagogia* (1908/2011), contida na edição inglesa suas obras – dos estudos de um desbravador da pediatria, o médico Adalbert Czerny. Em seu livro clássico, *O médico como educador da criança* (1908/1934), Czerny ponderou sobre a delicadeza de se intervir demais ou de menos na educação infantil. O balanço entre satisfação e frustração seria crucial para a sublimação – e algo dessa satisfação viria da mera possibilidade de expressar essa pulsão, ainda que ela não viesse, efetivamente, a realizar-se.

Vale nesse ponto um exemplo para aferirmos a perenidade dessas intuições do artigo de 1908. Vinte anos depois de sua publicação, a partir de uma situação pessoal descrita em *Adaptação da família à criança* (1928/2011), Ferenczi daria um exemplo de tal forma de condução da educação infantil. Em suas palavras:

> *Lembro-me de um incidente com um dos meus sobrinhos pequenos, a quem tratava com toda a suavidade que, em meu entender, convém a um psicanalista. Aproveitou para começar a atormentar-me; por fim, passou a agredir-me. A psicanálise não me ensinou que deveria deixar-me agredir* ad infinitum. *Portanto, tomei-o em meus braços e, segurando-o com firmeza para impedi-lo de se mexer, disse-lhe: "Bata em mim agora se conseguir." Ele tentou, mas, não o conseguindo, pôs-se a injuriar-me, dizendo que me detestava. Respondi-lhe: "Muito bem, continue, tudo isso você pode pensar e dizer, mas não tem o direito de me bater." Finalmente, reconheceu a minha superioridade e o seu direito de me agredir unicamente em imaginação. Após o que nos separamos como bons amigos. Tal maneira de aprender a controlar-se nada tem a ver, evidentemente, com o recalcamento, nem é, por certo, nociva. (Ferenczi, 1928/2011, p. 15)*

Se a boa pedagogia teria como destino a sublimação, a má educação, por sua vez, impulsionaria o recalque, entendido por Ferenczi de uma maneira *sui generis*: tratar-se-ia de um fenômeno psíquico impulsionado pelo mau encontro com os adultos, que, pela forma descuidada em impor restrições educativas, terminaria propiciando na criança o surgimento de uma "personalidade distinta" (1908/2011, p. 40).

Por essa expressão, Ferenczi indicou que a suposição dos educadores, de que seu esforço implicaria no desaparecimento das tendências regidas pelo "princípio do prazer", não encontrava esteio na realidade. Nosso autor observou que muitas vezes dar-se-ia, de fato, algo diverso. Observaríamos, isso sim, o surgimento de uma divisão no psiquismo da criança de tamanha amplitude e complexidade que Ferenczi identificou como uma "personalidade" completa, que vive à espreita na alma infantil.

Assim, é importante observar que, nesse ponto tão inicial de suas reflexões psicanalíticas, já percebemos Ferenczi flertando com mais alguns temas que seriam cruciais em sua fase madura: as adaptações forçadas, as cisões e fragmentações; ainda que o autor, seguindo a nomenclatura freudiana, pesquise tais fenômenos, nesse momento inicial de seu percurso, sob a rubrica de "recalcamento".

Um outro aspecto interessante do texto de 1908 é a ideia transmitida por Ferenczi de que a educação é uma grande arena para a hipocrisia e o desmentido.

Segundo nosso autor, a partir de disposições pedagógicas, os adultos determinariam a negação de certas ideias e sentimentos da criança, especialmente aqueles baseados na sexualidade infantil. Eles mentem ao afirmar apressadamente, por exemplo, que sensações corporais prazerosas são "ruins". Eles negam, desmentem a experiência agradável que a criança tem com o próprio corpo.

Esse tipo de situação imporia dois caminhos alternativos: por um lado, a criança desconfiaria do valor de suas próprias experiências para que pudesse continuar acreditando nessas autoridades amadas. Por outro, ela poderia passar a duvidar de qualquer autoridade, visando afirmar sua experiência.

Para Ferenczi, um dos grandes problemas da hipocrisia perpetrada pela pedagogia seria o desconhecimento de si. Ele entende que uma educação dogmática e hipócrita, que não permite à criança, por exemplo, reconhecer sua pulsionalidade – e que tenta controlá-la pela repressão – está na base dos adoecimentos sociais e individuais. Tais situações extrapolariam os limites da educação doméstica e seriam parte, também, daquilo que era ensinado nas escolas, como o húngaro já havia previsto em seu texto de 1901, *Leitura e saúde* (1901/1994). O historiador John Lukács, em seu livro *Budapeste 1900* (1988/2009), exemplifica bem a hipótese ferencziana quando, ao refletir sobre a implementação de liceus na capital da Hungria, diz:

> *Outro obstáculo a um desenvolvimento de caráter mais ou menos saudável foi a rigidez, quase sempre extrema, das exigências diárias. Na maior parte das turmas, a hora começava com declamação, o que significava que todo aluno tinha que estar preparado para ser testado e interrogado diariamente. O que pode ter contribuído para a autodisciplina e os hábitos de estudo foi certamente contrabalançado pelo fato de que essas exigências difíceis e, às vezes, praticamente impossíveis, também produziram práticas de todo tipo de impostura e embuste: isto é, a percepção precoce e juvenil de que fazer a coisa de qualquer jeito, mas rapidamente, desrespeitar as leis, de que a clandestinidade e a prevaricação eram condições inevitáveis de sobrevivência em um mundo com regras*

rígidas, categóricas, insensíveis e, frequentemente, sem sentido. (1988/2009, p. 178)

Vemos assim, tanto nas hipóteses do psicanalista quanto nas pesquisas do historiador, a mesma conclusão: a necessidade de atendimento das imposições tirânicas impostas por uma pedagogia destituída de tato; por um lado, não conduziria a criança a uma relação mais ética com o ambiente a sua volta e, de fato, poderia ter como resultado mais notável a construção de um caráter autômato, destituído de autenticidade e verdade, reprodutor de uma relação hipócrita consigo e com o mundo.

Diante dessa situação haveria duas saídas, uma profilática e outra terapêutica.

A saída profilática seria pautada em uma educação que levasse em conta as hipóteses formuladas pela psicanálise, conduzindo, como já foi dito, a criança às vias sublimatórias. Uma tentativa exemplar de se colocar em prática essa ideia de Ferenczi em âmbito doméstico está contida na primeira parte do texto de 1919 de Melanie Klein, publicado dois anos depois em sua forma definitiva, *O desenvolvimento de uma criança* (1921/1996), trabalho a partir do qual a pioneira da análise de crianças foi aceita para integrar a Sociedade de Psicanálise de Budapeste.

O texto de Ferenczi, nesse aspecto, tem dimensões mais ambiciosas – e políticas. Ele pretende trazer o debate sobre o modelo de educação existente na Hungria e sua finalidade. A quem ela serve – e quem seriam seus servos. O aspecto político e reformatório desse texto teria sido responsável por sua edição em duas versões – uma que encontramos na publicação em português das *Obras completas* de Ferenczi e outra, em que vemos mais claramente essa dimensão política – que pode ser lida na versão em inglês dos textos do húngaro.

A saída terapêutica, naturalmente, tinha na psicanálise seu principal esteio. Em *Psicanálise e pedagogia* (1908/2011), Ferenczi dialogou com os espíritos conservadores de seu tempo, tranquilizando-os de que o método freudiano não significava o extermínio da civilização, mas um auxiliar no caminho da constituição de relações mais saudáveis, conduzindo os sujeitos, por fim, à liberação de potenciais criativos que ficavam perdidos pela inibição e recalque da pulsionalidade humana. Ferenczi expôs esse ponto de vista em uma das passagens mais bem construídas de seu repertório, assim refletindo:

> *O homem que se reconhece realmente, além do sentimento exaltante que essa consciência lhe proporciona, torna-se mais modesto, indulgente para com os defeitos de outrem, está pronto para perdoar (...). Disseca os motivos de suas emoções e impede que elas cresçam até converterem-se em paixões. Contempla com um certo humor sereno os diversos agrupamentos humanos acotovelarem-se em obediência a diferentes palavras de ordem e, em seus atos, não é a "moral" altaneiramente proclamada que o guia, mas uma lúcida eficácia, é o que o incita igualmente a dominar entre os seus desejos, aqueles cuja satisfação poderia ofender os direitos de outrem (..). e a vigiá-los atentamente, sem negar a existência deles. (1908/2011, p. 44)*

Psicanálise e pedagogia ainda não é considerado um dos grandes clássicos de Ferenczi. Uma injustiça, em nossa opinião. Trata-se de um trabalho fundamental para que possamos conhecer quem era Ferenczi antes da psicanálise, que espécie de auxílio ele procurou na teoria freudiana, como se apropriou das ideias de Freud e para onde as conduziu - motivo pelo qual, hoje, celebramos sua argúcia de pensamento e inventividade.

Referências

Czerny, A. (1934). *O médico e a educação da criança*. Companhia Editora Nacional. (Original publicado em 1908).

Ferenczi, S. (1994). Le Spiritisme. In S. Ferenczi, *Les Écrits de Budapest* (pp. 35-41). E. P. E. L. (Original publicado em 1899).

Ferenczi, S. (1994). Lecture et santé. In S. Ferenczi, *Les Écrits de Budapest* (pp. 109- 114). E. P. E. L. (Original publicado em 1901).

Ferenczi, S. (2002). Psycho-analysis & Education. In S. Ferenczi, *Final contributions to the problems and methods of Psychoanalysis* (pp. 102-107). Karnac Books. (Original publicado em 1908).

Ferenczi, S. (2011). Psicanálise e pedagogia. In S. Ferenczi, *Obras completas* (2. ed., v. I, pp. 39-44). Martins Fontes. (Original publicado em 1908).

Ferenczi, S. (2011). Adaptação da família à criança. In S. Ferenczi, *Obras completas* (2. ed., v. IV, pp. 1-16). Martins Fontes. (Original publicado em 1928).

Ferenczi, S. (2011). A criança mal acolhida e sua pulsão de morte. In S. Ferenczi, *Obras completas* (2. ed., v. IV, pp. 55-60). Martins Fontes. (Original publicado em 1929).

Ferenczi, S. (2011). Princípio de relaxamento e neocatarse. In S. Ferenczi, *Obras completas* (2. ed., v. IV, pp. 61-78). Martins Fontes. (Original publicado em 1930).

Ferenczi, S. (2011). Análise de crianças com adultos. In S. Ferenczi, *Obras completas* (2. ed., v. IV, pp. 79-96). Martins Fontes. (Original publicado em 1931).

Ferenczi, S. (2011). Confusão de língua entre os adultos e a criança (a linguagem da ternura e a da paixão). In S. Ferenczi, *Obras completas* (2. ed., v. IV, pp. 111-124). Martins Fontes. (Original publicado em 1933).

Klein, M. (1996) O desenvolvimento de uma criança. In Klein, M. *Amor, culpa e reparação* (p. 21-75). Imago. (Original publicado em 1921).

Lukács, J. (2009). *Budapeste 1900: um retrato histórico de uma cidade e sua cultura*. José Olympio. (Original publicado em 1988).

7. *Do alcance da ejaculação precoce*: um estudo sobre o primeiro artigo psicanalítico de Ferenczi

Flora Tucci

Episódio transmitido em 24 de junho de 2021

Neste episódio vou apresentar e comentar o texto *Do alcance da ejaculação precoce*, de 1908, que está no primeiro volume das *Obras completas* de Ferenczi. Este é o primeiro artigo psicanalítico publicado por Ferenczi. Nesse texto, afirma que existe uma vasta literatura sobre o tema da ejaculação precoce no que diz respeito às causas orgânicas e fisiológicas. No entanto, pouco foi falado sobre o parceiro sexual que também experimenta a ejaculação precoce e as possíveis consequências psíquicas na vida desse parceiro. Vale ressaltar que o autor parte de um modelo baseado em relações heterossexuais, então, o parceiro em questão é a mulher.

Ele propõe uma virada de perspectiva quando pensa o fenômeno no contexto da experimentação feminina, e, nessa virada, vai conseguir interligar algumas questões que vão ganhar novas matizes, como é o caso das neuroses de angústia.

Partindo das investigações psicanalíticas de Freud ([1895/1894]/1996) que apontavam para as origens das neuroses de angústia estando comumente relacionadas à insatisfação sexual, Ferenczi constata que a ejaculação precoce patológica traz à luz algo mais amplo quanto as relações sexuais entre homens e mulheres, e afirma: "o sexo masculino, apresenta, em relação ao sexo feminino, uma ejaculação precoce relativa" (Ferenczi, 1908/2011, p. 1).

Essa constatação pode ser descrita da seguinte maneira: na relação sexual entre o homem e a mulher, muito comumente o homem chega ao orgasmo antes da mulher. O que se observa é que, do ponto de vista feminino, o ato sexual muitas vezes cessa de forma prematura. Enquanto para o homem o ato se conclui com o orgasmo, para a mulher, sua excitação é interrompida bruscamente.

E isso acaba sendo experimentado de forma sistêmica e repetida, gerando um estado de tensão nervosa. Ferenczi diz: "(..). só o egoísmo masculino, sobrevivência do velho regime patriarcal, pôde desviar a atenção dos homens... logo, dos médicos, deste problema" (Ferenczi, 1908/2011, p. 2).

Outro elemento que Ferenczi destaca é sua denúncia da imposição de um ideal feminino construído na ideia de que a mulher não podia exprimir seus desejos sexuais nem os acessar em sua intimidade. Apesar de muitas mulheres sofrerem de severa angústia, era muito pouco comum que aceitassem acessar seus desejos sexuais e ele mostra que essa recusa, muitas vezes, era proveniente dessa formação moral. A sexualidade feminina, no contexto histórico desse texto, era uma sexualidade posta totalmente dentro de uma condição de passividade: a mulher precisava ser casta até o casamento e, depois do casamento, tinha que se submeter ao marido e às obrigações reprodutivas.

Só que esses decretos morais impostos à mulher são ineficazes diante dos impulsos libidinais que, na impossibilidade de serem satisfeitos, buscam saídas através de sintomas patológicos. Vou citar uma passagem do texto:

> *Se os homens rompessem seu modo de pensar egocêntrico para imaginar uma vida em que* lhes *tocasse sofrer constantemente a interrupção do ato antes da resolução orgástica da tensão, dar-se-iam conta do martírio sexual suportado pelas mulheres e do desespero provocado pelo dilema que as reduz a escolher entre o respeito a si mesmas e a plena satisfação sexual. Eles compreenderiam melhor por que uma porcentagem tão importante de mulheres foge ao dilema através da doença. (Ferenczi, 1908/2011, p. 2)*

Ferenczi, inclusive, escreve uma nota de rodapé afirmando que a abstinência total é menos nociva para o sistema nervoso do que a excitação frustrada. Nessa nota, a gente pode perceber que tem uma constatação legitimadora das respostas da mulher frente à experiência tão restrita da sua sexualidade. São observações que positivam respostas aparentemente patológicas, por exemplo, angústia, ansiedade e anestesia como saídas que, de alguma forma, seriam resistências diante da condição de vida imposta.

Então, podemos perceber que a diferença entre homens e mulheres quanto ao ritmo do orgasmo no sexo não se origina de uma diferença fisiológica ou orgânica, mas de uma diferença de condição de vida. No contexto desse artigo, enquanto o homem era estimulado socialmente a explorar sua vida sexual antes do casamento, a mulher era reprimida tanto no plano real quanto mental. O descompasso sexual era um reflexo do encontro dessas duas tão distintas condições de vida.

Ferenczi afirma que não se sente qualificado para apontar as consequências sociológicas desse fenômeno e nem para decidir qual seria a melhor solução: incluir os homens na exigência de castidade pré-casamento ou a emancipação das mulheres.

Aqui, preciso fazer uma observação: nessa parte do texto sempre senti uma certa dificuldade para acompanhar algumas passagens e achei que tinham pontos que precisavam ser melhor investigados, principalmente no que diz respeito ao que Ferenczi denomina de "emancipação das mulheres". Foi um processo de tentar destrinchar e buscar ajuda em outras traduções (Ferenczi 1908/1968, Ferenczi 1908/1994) além da versão para o português. Nessa busca, o que consegui entender e interpretar é que no momento que Ferenczi fala em emancipação feminina, refere-se especificamente à emancipação política e civil, como o direito ao voto, por exemplo. Dessa forma, a emancipação da mulher não se refere à liberdade sexual. A dificuldade de compreensão de algumas passagens do texto está relacionada a essa separação proposta por Ferenczi ao falar de liberdade sexual feminina como um elemento destacado da emancipação civil e política da mulher. No entanto, me parece que é exatamente o que o autor propõe fazer. Essa é uma escolha de leitura que me ajudou a entender melhor algumas passagens subsequentes. Mas vale ressaltar que é uma hipótese de leitura aqui proposta.

Retomando o texto, Ferenczi diz que, numa perspectiva médica, sem levar em consideração as consequências sociais da escolha entre castidade masculina e emancipação feminina, a última seria a melhor opção, pois traria uma redução nos casos de histeria e evitaria um possível aumento de adoecimento psíquico dos homens, que, se fossem exigidos das mesmas imposições morais condicionadas as mulheres, estariam expostos a um maior risco de desenvolverem sintomas histéricos.

No entanto, diz que a solução para o problema do descompasso sexual entre homens e mulheres não deveria se reduzir a uma escolha entre as duas alternativas supracitadas, que, inclusive, denomina de "soluções extremas". Defende que deve existir alguma outra forma de fazer justiça aos interesses sexuais da mulher sem destruir a ordem social fundamentada na família.

Vale destacar uma nota de rodapé que também parece confirmar a hipótese que estou propondo de que tem uma separação proposta por Ferenczi entre emancipação feminina e a liberdade sexual da mulher. Nessa nota de rodapé, afirma que não concorda com as mulheres que acham que a resolução para seus problemas seja o direito ao voto. Defende que o direito à escolha sexual seria mais premente do que o direito à escolha política.

O fio condutor do texto são os aspectos clínicos que o fazem perceber que muitos adoecimentos psíquicos femininos são provenientes de uma condição de vida imposta às mulheres que restringe a sua sexualidade. No entanto, não se sente confortável para fazer apontamentos que proponham mudanças mais estruturais na ordem social fundamentada na família.

Por exemplo, diz que via que já estavam sendo dados passos, apesar de ainda tímidos, no sentido de uma abertura para a experimentação sexual feminina antes do casamento. E essa, me parece, ser uma terceira via pensada pelo autor como solução para a causa do problema do descompasso sexual entre homens e mulheres. Nem a castidade masculina e nem a emancipação política da mulher. A terceira via apontada por Ferenczi é a liberdade sexual da mulher antes do casamento.

Ferenczi finaliza o artigo reiterando que enquanto forem mantidas as condições de vida aqui expostas, onde prevalece um modelo rígido de sexualidade a ser seguido – que denomina especificamente de "significação exemplar da sexualidade" – seria muito difícil que algo mudasse nessa dinâmica demasiadamente assimétrica entre homens e mulheres. Ele inclusive ilustra com um tipo de alegoria: o dia do casamento como sendo um momento brutal de entrega da mulher amedrontada e despreparada sexualmente para o homem já iniciado na vida sexual. E essas seriam as vidas e corpos que se uniriam no casamento.

Acho que de maneira geral apresentei os pontos principais contidos no texto e agora minha ideia é dialogar com algumas questões que aqui foram suscitadas.

Quando recebi o convite para fazer esse podcast fiquei muito feliz com a oportunidade, ainda mais quando soube que seria para falar desse artigo em específico, que sempre foi muito inspirador. Nas primeiras vezes que li, senti de imediato a potência do pensamento ferencziano, a coragem de propor viradas epistemológicas e clínicas que permitiam um olhar novo para muita coisa que estava aprendendo nos primeiros anos de minha formação psicanalítica.

E aí, imbuída de uma inspiração de espírito ferencziano, proponho uma interlocução com questões contemporâneas. Uma das coisas mais importantes que aprendo com Ferenczi é que o que a gente pensa teoricamente e pratica na nossa clínica é algo extremamente vivo e dinâmico, e, dessa forma, ele sempre inspira a lutar contra um fazer psicanalítico engessado. Então, além de apresentar o texto, proponho um diálogo com questões do nosso tempo presente.

Para esse diálogo com o contemporâneo, trago Paul B. Preciado, filósofo, curador, homem trans, e um dos principais pensadores contemporâneos das políticas do corpo, gênero e sexualidade. Vou apresentar muito brevemente uma fala de Preciado em 2019 ocorrida em sessão plenária na 49ª Jornada da Escola da Causa Freudiana na França, intitulada *Mulheres em Psicanálise* (Preciado, 2019).

Preciado se apresenta na plenária como um corpo não binário e inicia sua fala com uma crítica à sociedade psicanalítica que ainda se propõe a organizar encontros para falar das mulheres na psicanálise em pleno 2019, como se a mulher fosse um anexo ou uma criatura estranha e exótica.

Aponta para o fato de que o discurso psicanalítico está inserido numa epistemologia política do corpo, que universaliza o humano dentro do regime da diferença sexual. Mas defende abertamente que esse regime está em franca mutação, apesar da negação de muitos. E pergunta diretamente para a audiência: "como vocês vão se posicionar neste processo de mutação?" (Preciado, 2019).

Preciado afirma que antes do século XIX, o corpo e a subjetividade feminina não tinham reconhecimento político e que a psicanálise surge historicamente num momento em que a epistemologia da diferença sexual se estabelece, onde homem e mulher são postos como anatomicamente diferentes e complementares reprodutivamente. E aqui denuncia uma questão, que é a cumplicidade da psicanálise junto a essa epistemologia da diferença sexual heteronormativa.

Afirma que a crise e mutação dessa epistemologia está associada a movimentos políticos de minorias dissidentes e a descobertas morfológicas, cromossômicas e bioquímicas, que tornam cada vez mais árido para a medicina e para a psicologia lidarem com os corpos que se apresentam para além da lógica binária. Ele diz: "eu não peço aos psicanalistas homossexuais para saírem do armário – são os psicanalistas heterossexuais em vocês, a totalidade desta sala, os que devem sair urgentemente do armário da norma" (Preciado, 2019).

Também lembra que é preciso situar historicamente os autores de referência, pois não podemos tornar universais suas formulações, e diz: "não se refugiem nos pais da psicanálise. Vossa obrigação política é cuidar das crianças, não a de legitimar a violência dos pais" (Preciado, 2019). E, mais para o final da sua fala, propõe uma noção de psicanálise mutante.

A minha ideia foi fazer uma apresentação muito sucinta dessa fala – que é bastante complexa – para podermos dialogar com Ferenczi. Vamos voltar, então, para Ferenczi. Partindo do que Preciado muito bem destaca, é preciso situar historicamente os autores de referência. No caso do texto central de nossa discussão, que é de 1908, ele representa a estreia de Ferenczi como psicanalista.

É importante levarmos em consideração que existem elementos inevitavelmente datados e não faz sentido ter uma expectativa de que Ferenczi já estivesse munido, por exemplo, de uma compreensão não binária de gênero e sexualidade. Mas, de qualquer forma, é possível fazer uma leitura crítica do texto. Em primeiro lugar, quando fala em diferentes condições de vida, Ferenczi toma como modelo as relações heterossexuais e, dessa forma, não leva em consideração outras condições de vida existentes: a liberdade sexual que pontua ser permitida aos homens, me parece uma referência exclusiva aos homens heterossexuais, pois, se pensarmos nos homens homossexuais, essa liberdade não devia ser tão simples. Dessa forma, a "significação exemplar da sexualidade" como fonte de adoecimento psíquico das mulheres também atingia aos homens, sendo que era esperado deles um objeto específico de desejo sexual e um desempenho viril da masculinidade. Aqui, também não é levada em consideração a homossexualidade feminina. Existiam, então, condições de vida que certamente participavam dessa dinâmica social abordada no artigo que não foram levadas em consideração.

Um segundo ponto a ser destacado são as questões encaminhadas no final do texto sobre as possíveis consequências sociológicas da emancipação política feminina. Apesar de ser compreensível que Ferenczi distinga e preconize a liberdade sexual em relação ao direito ao voto – tendo em vista sua perspectiva psicanalítica e a questão central do adoecimento psíquico feminino estar relacionado à insatisfação sexual –, tudo indica que ele ainda não estava confortável em propor algo mais radical contra a estrutura social dominante que, inclusive, critica ao longo do texto. Penso que não à toa essa parte do artigo gera algumas dificuldades de compreensão de leitura, como pontuado anteriormente. Isso porque busca separar dois elementos que acredito serem completamente atrelados: a liberdade sexual e os direitos políticos e civis.

Vale lembrar que o movimento feminista sufragista, que também reivindicava equidade de direitos civis, estava em pleno vapor no mundo e que a própria vida pessoal de Ferenczi era afetada por essas questões, por exemplo, seu relacionamento com Gisela, uma mulher casada. Essa relação passou por muitas controvérsias e uma delas foi a espera por anos da concessão do divórcio por parte do primeiro marido de Gisela para finalmente poderem se casar.

Mas apesar desses elementos aqui destacados dentro de um ângulo mais crítico, penso que situar historicamente esse artigo de Ferenczi é situá-lo primordialmente como um aliado das convocações feitas por Preciado.

Isso porque vemos no texto uma habilidade de captar um ângulo da questão que certamente estava latente, mas ainda não desbravado. Ferenczi se implica como homem e médico e assume um compromisso por meio de um olhar crítico sobre o regime patriarcal que emudece a experiência sexual feminina e suas consequências. Propõe um ângulo inovador para a época, saindo de um lugar cômodo de médico homem, ao se lançar no desprazer experienciado pela mulher para tentar captar aspectos até então não explorados das neuroses de angústia. E, nessa virada de perspectiva, a lógica da diferença sexual não parece ser suficiente para Ferenczi responder às questões suscitadas.

O psicanalista húngaro não se contenta com referenciais tradicionais do binarismo da época, isto é, não busca definir o que é o feminino nem o que é o masculino. Seu objetivo é compreender as condições de vida e não ressaltar as diferenças sexuais, que eram a base da epistemologia hegemônica que universalizava o humano numa lógica binária, como problematiza Preciado. Me parece que, inclusive, Ferenczi busca marcar posição e ressaltar que não se trata de algo que possa ser explicado por uma afirmação da diferença sexual. A diferença que está destacando é da condição de vida na qual a sexualidade se desenvolve.

E, apesar de algumas controvérsias observadas quanto às discussões políticas e sociológicas, Ferenczi se mostrou corajoso ao se aventurar a falar de temas que eclodiam no cenário político mundial. Ele se colocava como parte do diálogo, atento aos jogos de poder e reconhecia seu papel como ator político, implicado nos processos de transformação da ordem social vigente.

Uma informação que acho importante mencionar é que até hoje o número de mulheres que alegam nunca terem tido um orgasmo é muito alto. Em média, pesquisas apontam uma porcentagem de mais de 50%. Então, a denúncia contida nesse texto ainda parece tangenciar questões da nossa contemporaneidade.

Mesmo que o trabalho aqui desbravado seja somente o início do rico percurso de um clínico e pensador da psicanálise que se lançou ao longo dos anos em experimentos cada vez mais inovadores e que paulatinamente foi rompendo com a prática hegemônica da época, podemos notar que, em seu primeiro artigo psicanalítico, Ferenczi já anunciava sua abertura para trabalhar com concepções psicanalíticas mutantes, como nos convoca hoje Paul B. Preciado.

Referências

Ferenczi, S. (2011). Do alcance da ejaculação precoce. In S. Ferenczi, *Obras completas. Psicanálise I* (pp. 1-4). Martins Fontes (Original publicado em 1908).

Ferenczi, S. (1968). De la portée de l'éjaculation précoce. In S. Ferenczi, *OEuvres complètes: Tome I* (pp. 17-19). Payot. (Original publicado em 1908).

Ferenczi, S. (1994). The effect on women of premature ejaculation in men. In M. Balint (ed). *Final Contributions to the Problems and Methods of PsychoAnalysis* (pp. 291–294). Karnac. (Original publicado em1908).

Freud, S. (1996). Sobre os fundamentos para destacar da neurastenia uma síndrome específica denominada "neurose de angústia". In S. Freud, *Edição Standard das Obras Psicológicas completas* (v. III) Imago. (Original publicado em 1895/1894).

Preciado, P. (2019). Sessão plenária na *49ª Jornada da Escola da Causa Freudiana na França*. Disponível em https://www.youtube.com/watch?v=UEkaKjUG7fY. Acesso em: 29 jan. 2022. (Informação verbal).

8. Em busca do trauma perdido: viagens à Terra de um Pequeno Homem-Galo

Cassandra Pereira França
Episódio transmitido em 2 de julho de 2021

A descoberta da sexualidade infantil não foi uma prerrogativa da psicanálise, uma vez que a sexualidade precoce foi apresentada desde o século XVII até o fim do século XIX como sendo uma ameaça epidêmica que poderia comprometer a saúde futura dos adultos, assim como o futuro da sociedade e de toda a espécie humana. Aprendemos com Foucault em *A história da sexualidade I: a vontade de saber* (1985) que o grande mérito da psicanálise não foi introduzir a sexualidade infantil no discurso do saber, mas retirá-la de uma perspectiva reguladora, normativa e temida – questionando, assim, a interdição e visando encontrar um meio de diminuir a repressão sexual. Mas o que foi fantástico na proposta de Freud para as crianças, nos primórdios do século XX, foi a possibilidade de tirá-las de um lugar de objeto ideológico, a ser controlado todo o tempo, para dar-lhes voz e, assim, o direito de enunciar as suas próprias teorias sexuais infantis. Então, embora Freud tenha tido, a princípio, uma visão utópica ao acreditar que uma análise precoce pudesse funcionar como uma medida profilática contra futuros sintomas neuróticos, sabemos que aos poucos ele foi se distanciando dessa utopia de uma reforma pedagógica com efeitos profiláticos sobre as neuroses e articulando, cada vez mais, as teorias sexuais infantis ao complexo de Édipo, demonstrando que a realidade psíquica da criança se assemelha à do adulto em suas angústias, fantasias e desejos. Será a esse recorte da leitura freudiana, que privilegia o conceito do "infantil" como radicalmente diferente da "infância" concretamente vivida, a que vou me ater para a apresentação deste belíssimo texto de Ferenczi, *Um pequeno homem-galo* (1913/2011).

Uma primeira contextualização cronológica desse escrito na obra de Sándor Ferenczi nos mostra que ele surge na esteira de um de seus textos mais importantes, *Transferência e introjeção* (1909/2011), onde foi postulado um conceito que descreve a inclusão do mundo externo na esfera do Eu. Além de nortear toda a sua produção posterior, esse texto fez com que Ferenczi passasse a ser considerado o pai da psicanálise das relações objetais, uma vez que foi, "sem dúvida, o teórico da psicanálise mais próximo do pensamento da constituição da subjetividade como sendo construída na relação com o outro" (Pinheiro, 2016, p. 33). Segundo essa autora, o conceito ferencziano de introjeção ao apontar, de maneira enfática e contundente, para a montagem e função narcísica do Eu, acabou sendo um precursor fundamental do conceito de narcisismo de Freud, apresentado cinco anos depois no texto *Sobre o narcisismo: uma introdução* (1914/2006). Portanto, o ponto de partida do pensamento ferencziano não foi muito diferente da proposta de Freud, uma vez que ambos conceberam o psiquismo como uma mônada, ou como autoerotismo, que precisava de 'uma nova ação psíquica' para provocar a mudança da direção pulsional para o objeto. Escutemos esse movimento pelas próprias palavras de Ferenczi:

> *Pode-se pensar que o recém-nascido experimenta todas as coisas de maneira monista, quer se trate de um estímulo externo ou de um processo psíquico. Só mais tarde a criança aprenderá a conhecer a 'malícia das coisas', aquelas que são inacessíveis à introspecção, rebeldes à vontade. O monismo converte-se em dualismo. (Ferenczi, 1909/2011, p. 85)*

Assim, obedecendo aos desígnios ingovernáveis do destino, entre o seu segundo e terceiro anos de vida, o pequeno Arpad foi tomado pelo efeito surpresa, traumático, provocado por um objeto externo ao seu ambiente: um galo, que aproveitando-se da tumescência de seu genital para urinar, ousou bicá-lo. Essa cena fantasiada ou vivenciada, "rebelde à sua vontade", teve o potencial de colocar em xeque uma questão enigmática – a sua vulnerabilidade diante do desconhecido –, vivência que, com certeza, estava além da sua capacidade de dar-lhe um sentido. Nasceu, assim, uma fixação nos galináceos, com toda tipificação característica das primeiras introjeções, as "introjeções primitivas", e que vão nos mostrar como "o primeiro amor, o primeiro ódio realiza-se graças à transferência: uma parte das sensações de prazer ou desprazer, autoeróticas na origem, deslocam-se para objetos que as suscitaram" (Ferenczi, 1909/2011, p. 85).

Ao longo do relato clínico, temos a oportunidade de observar o empenho de Ferenczi para encontrar conexões entre as cenas e os comportamentos de Arpad na primeira e na segunda visita à estação de águas. Sua metodologia consistia em encadear os fatos de acordo com a noção de *a posteriori*, que fazia parte do aparelho conceitual freudiano (desde 1896), servindo para designar um processo de reorganização ou reinscrição pelo qual os acontecimentos traumáticos, num contexto histórico e subjetivo posterior, podem adquirir uma nova significação. Assim, em função de novas experiências e do acesso do sujeito a um outro grau de desenvolvimento, algumas impressões, experiências e traços mnésicos serão remodelados. Portanto, a concepção do infantil fica relacionada não a um momento cronológico, mas a um tempo de retroação subjetiva, de *aprés-coup*, que lhe confere um sentido, uma eficácia ou um poder patogênico. Acompanhemos, de modo detalhado, o raciocínio clínico que foi sendo tecido por Ferenczi ao longo do artigo que ora comentamos.

A notícia que a mãe de Arpad deu da primeira cena do trauma, foi a de ter ouvido "gritos assustadores" e de ter ficado sabendo pela arrumadeira que "Arpad tinha um medo terrível de um galo que tentara dar bicadas em seu pênis" (Ferenczi, 1913/2011, p. 70). Entretanto, sequer havia sido possível constatar se os "primeiros socorros" prestados pela arrumadeira, deviam-se ao fato dele ter sido realmente ferido, ou se o curativo realizado objetivava apenas alcançar um efeito placebo. No ano seguinte, no verão de 1910, quando o garoto contava três anos e meio, a família retornou à mesma residência de verão, mas algo havia mudado drasticamente: todos os interesses da criança se voltaram completamente para o que se passava no galinheiro e Arpad imitava, por horas a fio, os cocorocós, cacarejos e posturas dos galináceos, usando essa linguagem também para dar resposta a todas as perguntas que lhe faziam – situação que levou sua mãe a ter medo de que ele desaprendesse a fala.

Mas tal conduta "bizarra" persistiu somente durante o período de férias, pois, voltando a Budapeste, Arpad deixou de ser um galináceo e retomou a linguagem humana. No entanto, o brincar, essa preciosa forma de pensamento (tal como o sonho), passou a imperar, provando que de fato "a especificidade do brincar é mudar a realidade em outra coisa, é transformar a parte da realidade que é insuportável, seja ela interna ou externa" (Green, 2013, p. 33). Assim, Arpad se lançou na aventura de soltar sua imaginação e passou a modelar galinhas e galos, colocando-os à venda – virando, assim, em fantasia, não só o proprietário das aves, mas também aquele que as comprava e lhes dava o destino merecido. Anne Alvarez, em seu recém-lançado livro *O coração pensante* (2021), nos diz que as crianças, muitas vezes, apresentam em suas brincadeiras, as suas necessidades legítimas, ou seja, o modo como consideram que as coisas deveriam ter acontecido.

> *As crianças podem trazer fantasias ou mentiras onipotentes e loucas como forma de experimentar a fantasia de uma necessidade legítima – não no sentido de desejarem o jeito de as coisas terem ocorrido, mas de como consideram que as coisas deveriam ter sido ou deveriam ser. (Alvarez, 2021, p. 277)*

Pois bem, Arpad passou a ilustrar como o brincar pode refletir um arranjo diferente da realidade, "uma realidade legítima, baseada no sentimento do que deveria estar presente (ou deveria ter estado), ou seja, da legitimidade das coisas" (Alvarez, 2021, p. 278). Pegava a faca (pincel), punha a ave debaixo da torneira (exatamente onde a cozinheira tinha o hábito de degolar) e cortava o pescoço do seu frango de papel. "Mostrava como o animal sangrava e imitava com perfeição de gestos e voz, a agonia do galináceo" (Ferenczi, 1913/2011, p. 70).

A criança foi então levada a uma consulta com o Dr. Ferenczi e, tão logo avistou os bibelôs que estavam no ambiente, sua atenção se dirigiu a um pequeno galo-do-mato de bronze. Tomando-o em suas mãos, pediu ao analista: "Me dá?", ressoando, novamente, o desejo presente em suas brincadeiras caseiras: o de ser o dono do galo, aquele que está na posição ativa e tem o controle da relação. Ferenczi saiu-se bem desse pedido objetivo do garoto: ofereceu-lhe papel e lápis para que desenhasse – no entanto, mesmo utilizando essa forma de comunicação plástica, Arpad insistiu em reapresentar sua questão: desenhou um galo. Nesse momento, o analista se precipitou e foi com muita sede ao pote: tentou ir direto ao fator traumático, pedindo que Arpad relatasse o seu incidente com o galo. Ele nada respondeu. Afinal, o que Ferenczi não sabia ainda, é que há muito mais no brincar do que seu significado simbólico subjacente, e que quando ajudamos as crianças a aprender a brincar, nós as ajudamos a criar significados (Alvarez, 2021). Mas isso leva tempo: é preciso assistir muitas dramatizações, tecer sonhos e fantasias juntos, para que a criança perceba a acuidade da escuta analítica e possa se soltar no espaço analítico.

Sem se deixar intimidar pela recusa de Arpad em falar sobre o trauma, a intuição clínica de Ferenczi o levou a criar uma outra maneira de acompanhar as associações e os ensaios dramatúrgicos de Arpad *in loco*: solicitou a uma vizinha e conhecida da família que observasse a criança durante horas e anotasse para ele as falas e os comportamentos significativos do pequeno Arpad. Acho que não seria demais pensarmos que por meio desse caso de fobia, atendido em 1913, Ferenczi apresentou um aprofundamento desse novo ramo da psicanálise e identificou a grandeza da dificuldade da análise de crianças e a necessidade de ensino e incentivo dessa especialidade – tanto é que uns seis anos depois, por volta de 1919/1920 duas de suas analisandas, a polonesa Eugénie Sokolnicka (que trabalhará na França) e Melanie Klein (que brilhará na Inglaterra), já estavam apresentando trabalhos clínicos sobre psicanálise da criança, com inúmeras noções elaboradas à partir dos ensinamentos de Ferenczi.

Mas voltemos a Arpad, que atravessava seu terceiro ano de vida e, fazendo jus ao período do auge do sadismo no psiquismo da criança, bradava em alto e bom som: "Gostaria de ter um galo vivo decepado", ou ainda, "Agora vou furar os olhos desse frango morto" (Ferenczi, 1913/2011, p. 72) – ritual de triunfo maníaco que o levava a dançar, por horas a fio, em volta do cadáver do frango que a cozinheira acabara de matar, e que, se acaso vivesse de novo, seria novamente degolado por ele, de modo a ficar sem asas, nem penas, nem cauda, andando somente com sua crista.

No entanto, o tempo passava, e a constituição das tópicas psíquicas de Arpad, faziam com que essas fantasias cruas, brutais se subordinassem às leis do recalcamento e também à instância superegoica. Assim, a ambivalência emparelhava, lado a lado, a brutalidade espantosa presente em seus impulsos contraditórios e o temor/necessidade de ser punido. A degola repetitiva do frango era seguida de carícias e beijos ao animal morto. O enunciado de que *Gostaria de comer mamãe escabeche* era seguido de outros enunciados que marcavam o retorno da pulsão sádica sobre si próprio: "Gostaria de ser queimado (..). Que me quebrem um pé e o ponham no fogo" (..). "Gostaria de abrir a minha cabeça. Gostaria de retalhar-me a boca, para não tê-la nunca mais" (Ferenczi, 1913/2011, p. 75).

Assistimos ao sepultamento do recalcado e à fraqueza e esvaziamento de um Eu onipotente e grandioso dos primeiros tempos do narcisismo: "Agora sou pequeno, agora sou um pinto. Quando for maior, serei uma galinha. Quando for ainda maior, me tornarei um galo. E quando for muito grande serei um cocheiro" (Ferenczi, 1913/2011, p. 75). Estava assim instalado o reconhecimento das assimetrias necessárias para a adaptação à cultura. Tal processo não tardou a engolfar outras feridas narcísicas que, emaranhadas às questões metafísicas de que se ocupam todas as crianças, pediam novos sentidos: "Por que as pessoas morrem? Por que Deus me faz cair o tempo todo? E por que deixa as pessoas morrerem?" (Ferenczi, 1913/2011, p.75).

Em meio aos processos defensivos contra a dor e a depressão que acompanham tamanha fragilidade humana, o pensar se esforça e gesta fantasias para lhe dar sustentação: "Os anjos existem. Eu vi um que estava levando crianças para o céu". Fantasia que o deixava apavorado: "Por que é que morrem as crianças? Quanto tempo se pode viver?" (Ferenczi, 1913/2011, p. 75). O endereçamento dessas questões, naturalmente conduziria o nosso pequeno/grande homem a se interessar pelos pensamentos religiosos e pelos sábios respeitados, esperando que da boca daqueles que vêm da "casa de Deus" surgisse um novo sentido para o devir. Afinal, "por mais negativo que seja o conteúdo das brincadeiras e da imaginação, a simples capacidade de brincar e de usar a imaginação para criar formas, implica certo nível de esperança" (Alvarez, 2021, p. 274).

Enfim, o texto é fantástico, e deve ser leitura obrigatória por inúmeras razões: para ilustrar a diferença entre "infância" e "infantil" na psicanálise; para mostrar a importância da introjeção nas trilhas identificatórias do sujeito; e, também, para exemplificar como ocorrem o deslocamento e a ressignificação dos traços mnêmicos, impossibilitando um determinismo linear na história do sujeito. Vale ressaltar, como conclusão, que estamos falando de um texto matricial, que serve para embasar vários estudos acerca dos processos traumáticos – assunto tão importante e atual, que serviu de mote para a recente conferência *Impotência e trauma primário*, proferida pelo Prof. René Roussillon na Sociedade Brasileira de Psicanálise de São Paulo, no dia 22 de maio de 2021.

Nessa ocasião, o palestrante circunscreveu, com clareza, o que chama de "trauma primário" ou "trauma arcaico": tudo aquilo que interfere nos dois primeiros anos de vida, que é desorganizador e que se não puder ser integrado no psiquismo, deixará sequelas duráveis pela vida toda. Lembrando-nos de que muitos desses traumas, principalmente os que provocaram situações de desamparo numa época em que o bebê não pode constituir lembranças de muitas coisas, estão incrustados nos sintomas atuais, Roussillon enfatiza o quanto os analistas devem sempre buscar reencontrar os traumas perdidos. A grande eloquência de Ferenczi na busca do trauma perdido de Arpad e a convocatória de Roussillon para essa importante tarefa analítica nos deixa, sem dúvida alguma, completamente identificados com a imagem criada pelo poeta mato-grossense Manoel de Barros, sobretudo quando este nos diz: "Sou hoje um caçador de achadouros de infância" (Barros, 2003).

Referências

Alvarez, A. (2021). *O coração pensante.* Blucher.

Barros, M. (2003). *Memórias inventadas: a infância.* Planeta.

Ferenczi, S. (2011). Transferência e introjeção. In S. Ferenczi, *Obras completas de Sándor Ferenczi* (v. I) Martins Fontes. (Original publicado em 1909).

Ferenczi, S. (2011). Um pequeno homem-galo. In S. Ferenczi, *Obras completas de Sándor Ferenczi* (v. 2) Martins Fontes. (Original publicado em 1913).

Foucault, M. (1985). *História da sexualidade I: a vontade de saber.* Graal.

Freud, S. (2006). Sobre o narcisismo: uma introdução. In S. Freud, *A história do movimento psicanalítico, artigos sobre a metapsicologia e outros trabalhos.* Imago. (Original publicado em 1914).

Green, A. (2013). *Brincar e reflexão na obra de Donald Winnicott: conferência memorial de Donald Winnicott*. Zagodoni.

Pinheiro, T. (2016). Ferenczi. *Coleção Clínica Psicanalítica*. Casa do Psicólogo.

Roussillon, R. (2021). *Impotência e trauma primário*. Conferência *online* pronunciada na Sociedade Brasileira de Psicanálise de São Paulo, no dia 22 de maio de 2021.

9. Hospitalidade e pulsão de morte

Fábio Belo
Episódio transmitido em 9 de julho de 2021

O artigo *A criança mal acolhida e sua pulsão de morte* (Ferenczi, 1929/1992) pode ser lido como parte de uma série de textos do autor húngaro nos quais evidencia a importância do adulto na subjetivação do bebê humano. *Adaptação da família à criança* (1928/1992), *Confusão de língua entre os adultos e a criança* (1933/1992) e o texto de 1929 compõem uma trilogia incontornável no pensamento ferencziano. Reunidos, esses textos podem ser lidos como uma crítica importante à primazia da fantasia presente no pensamento de Freud. A teoria da sedução é, de certa forma, recuperada com grande força aqui. A coragem teórica de Ferenczi custou-lhe, como sabemos, a punição do ostracismo. Finalmente, nos últimos anos, sua obra tem sido revisitada e sua importância reconhecida. *A criança mal acolhida* começa propondo diálogo com outros autores da psicanálise. O primeiro a ser citado é Jones (1948) e seu artigo *Frio, doença e nascimento*. A tese extraída é simples: a lei da compulsão à repetição leva diversas pessoas a resfriarem-se como se repetissem a impressão traumática do nascimento, a saída do "ambiente materno". Ferenczi continua nos primeiros parágrafos a trazer casos de doenças orgânicas, como a asma ou ataques epilépticos como repetições desse tipo: tendências à autodestruição, inibições da vontade de viver.

A atmosfera do texto é bem *groddeckiana* no início, pois faz aparecer um tipo de inconsciente corporal, nos levando a pensar nas origens da psicossomática. As pesquisas que articulam Ferenczi, Groddeck e Winnicott são um ótimo caminho para explorar o que esse texto inaugura. Como essas "baixas imunológicas" se articulam às cenas originárias de cuidado do bebê? Estamos de acordo com Santos e Peixoto Jr (2019) ao supor que *A criança mal acolhida* e outros textos de Ferenczi podem nos levar a uma nova matriz teórica no campo psicanalítico, no que tange a questão de como é pensada a integração psicossomática.

O texto é escrito sob forte influência de *Além do princípio do prazer* (Freud, 1920/2006). A pulsão de morte, tal como o título do artigo já demonstra, é o conceito fundamental aqui. Essa repetição do traumático é próprio dessa pulsão primária, orgânica e inata: Ferenczi acompanha integralmente as teses de Freud (1920/2006) aqui. A diferença começa a surgir quando Ferenczi faz notar que essas vivências do mortífero se dão de forma evidente em crianças que foram "hóspedes não bem-vindos na família" (Ferenczi, 1929/1992, p. 48). O autor argumenta que essas crianças registram "os sinais conscientes e inconscientes de aversão ou de impaciência da mãe, e que sua vontade de viver viu-se desde então quebrada" (p. 49).

A passagem é explícita: a criança captura as mensagens de repúdio, de acolhimento rude e sem carinho. O pessimismo diante da vida que podem vir a desenvolver ou as doenças descritas por Jones (1948) ou o suicídio são resultados da repetição dessas cenas de mau acolhimento.

Além dessa fonte externa, oriunda do repúdio dos adultos, o mortífero possui também uma fonte interna, advinda da própria pulsão de morte. No entanto, é importante frisar, Ferenczi (1929/1992) vai dizer que o bebê "se encontra muito mais perto do não ser individual" (p. 50) e é justamente por isso que ele precisa de um "prodigioso dispêndio de amor, de ternura e de cuidados". É esse trabalho de acolhimento e hospitalidade que faz frente à ação destrutiva da pulsão de morte. Observem: ao afirmar o inatismo da pulsão de morte, Ferenczi lembra que, no que tange à pulsão de vida, as coisas não são tão simples. É preciso a intervenção concreta do outro.

Nos últimos parágrafos desse artigo, Ferenczi (1929/1992) extrai as consequências clínicas das hipóteses apresentadas. Comparecem aqui as ideias que também provocaram muitos debates no movimento psicanalítico aportadas em artigos como *O problema do fim da análise* e *Elasticidade da técnica psicanalítica*, ambos de 1928.

Quais são as consequências clínicas mais evidentes? A posição ética do analista de não repetir a cena de não acolhimento. Ferenczi convida o analista diante desses casos a "introduzir impulsos positivos de vida e razões para se continuar existindo" (1929/1992, p. 51). Uma forma de se fazer isso, insistimos, é não permitir que a cena transferencial repita o descaso experimentado pelo bebê.

O excesso ortodoxo, a suposta neutralidade, o silêncio: tudo isso é criticado por Ferenczi em seus textos clínicos porque tendem a reproduzir o abandono traumático. O "impulso positivo" não precisa ser um discurso motivacional – aliás, não parece ser essa a direção do pensamento ferencziano. O impulso positivo é uma mensagem de escuta empática, acolhedora e cuidadosa. É a fabricação do espaço analítico como um espaço no qual o paciente pode "desfrutar pela primeira vez a irresponsabilidade da infância" (Ferenczi, 1929/1992, p. 50).

O que isso significa? Acreditamos ter a ver com o analista ser o tal "João Teimoso", metáfora que aparece no artigo sobre a elasticidade da técnica (Ferenczi, 1928/1992b). Suportar o ódio do analisando, acolher suas fantasias de abandono, mas reconhecê-las sem o desmentido de reportá-las exclusivamente ao campo da fantasia. Sustentar a interpretação de que o ódio que o analisando nos endereça e também aquele que endereça a si mesmo tem sua origem na hospitalidade venenosa que recebeu dos adultos que primeiro lhe acolheram.

Nosso objetivo nesse artigo foi apenas apresentar o texto de Ferenczi, tal como o fizemos no podcast do Grupo Brasileiro de Pesquisas Sándor Ferenczi e também no vídeo que dedicamos a ele. No entanto, farei, brevemente dois comentários que merecem ser desenvolvidos em outras oportunidades. Ambos dizem respeito a diálogos possíveis entre a tese central desse artigo de Ferenczi com Laplanche e Derrida.

Crítica à pulsão de morte inata

Como sabemos, uma das primeiras e principais consequências da teoria da sedução generalizada é a crítica que fará ver a pulsão de morte como sendo um desvio biologizante. A pulsão de morte é um conceito-sintoma, por assim dizer, fruto do recalcamento da sexualidade demoníaca, proveniente do outro. É como se Freud não tivesse tolerado sua própria descoberta. A tese de Laplanche

(1970/1985) é simples e brilhante: em 1905, o conflito se dá entre pulsões de autoconservação e pulsões sexuais. Aqui, o polo biológico é o da autoconservação, ligado à vida, mais próximo ao instinto. O polo sexual é demoníaco, disruptivo, violento, desligado, parcial. Pois bem, na virada de 1920, o polo biológico é assumido pela pulsão de morte que ganha exatamente as características daquele sexual de 1905… e a pulsão de vida, por sua vez, Eros, passa a ser uma sexualidade bem-comportada e dócil, autoconservativa, por assim dizer. O sexual é… dessexualizado... Para Laplanche, a pulsão sexual tem um duplo funcionamento: ligante e desligante. A parte ligante, pulsão sexual de vida, é aquela que liga as representações, as redes narcísicas, que investem o Eu. A parte desligante é proveniente dos restos não metabolizados das mensagens sexuais do outro, restos desligados e desligantes, objetos-fonte da pulsão, que atacam sem cessar as partes ligadas do pulsional. Essa parte desligada é a "pulsão sexual de morte" (Laplanche, 1995/1999).

Então, quando lemos um texto como *A criança mal acolhida e sua pulsão de morte* (1929/1992) salta aos olhos a possibilidade de descrevermos a situação trágica dessas crianças como exemplares de uma situação originária na qual a criança recebe apenas o sexual desligado e recebe pouquíssimo material "narcisizante", ligante, para conter os ataques da pulsão sexual de morte. O que Ferenczi propõe, no entanto, acompanhando as reflexões freudianas, é que a pulsão de morte já está lá, desde o início, biológica, inata. E é esse o "desvio biologizante" (Laplanche, 1993/2006) que devemos criticar. A hipótese de Laplanche (1990/1992) é que o pulsional é "implantado" no bebê… e ele pode funcionar de maneira mais ou menos ligante/desligante a depender das condições da situação antropológica fundamental experimentada pelo bebê.

A criança não bem-vinda, carente de hospitalidade, não apenas não recebeu injeções de pulsões sexuais de vida… recebeu, o que é mais trágico, sexualidade desligada/desligante e não recebeu nenhum apoio tradutivo, nenhum tipo de rede de acolhimento narcísico. Os cuidadores que deveriam funcionar como um duplo comutador (Bleichmar, 1994), funcionam apenas como excitantes violentos, inoculando excitações que, sem contenções, passam a funcionar atacando a criança a partir de dentro, como pulsões sexuais de morte. Portanto, não é pela via do inatismo que vem o ataque, mas ainda e sempre pela via do outro.

Um convite para o diálogo com Derrida

O tema do acolhimento do bebê, tal como tratado por Ferenczi além das consequências clínicas que mostramos, pode também gerar diálogos produtivos com a filosofia de J. Derrida (2003). O filósofo dedicou-se ao tema da hospitalidade por diversas vezes. Obviamente, não nos adentraremos no tema, mas apontaremos algumas direções a serem exploradas posteriormente.

O primeiro ponto a destacar – seguindo a leitura de Michaud (2011) – é articular hospitalidade e ética. Tal como em Ferenczi, a hospitalidade se articula, em Derrida, ao acolhimento do outro e como isso tem a ver com salvá-lo da morte. Se isso comparece na obviedade do desamparo do bebê, Ferenczi e Derrida mostram que o acolhimento é um gesto ético, primeiro lugar de reconhecimento do outro como sujeito digno de cuidado.

A "hostipitalidade", para usar o neologismo de Derrida (2003, p. 41), é justamente essa descrita por Ferenczi. Os casos clínicos que mostravam a tendência ao suicídio, ao pessimismo, à aversão pela vida são frutos dessa hospitalidade hostil. O bebê visto não como hóspede, mas como parasita (Derrida, 2003, p. 53), por exemplo, é uma das versões possíveis da hospitalidade. Talvez seja essa uma possível interpretação do que o famoso personagem de Kafka tenha vivido.

> *A hospitalidade pura consiste em acolher aquele que chega antes de lhe impor condições, antes de saber e exigir qualquer coisa, seja um nome ou um "documento" de identidade. Mas ela supõe também que nos dirijamos a ele, de maneira singular, que o chamemos, portanto, e lhe reconheçamos um nome próprio. A hospitalidade consiste em fazer de tudo para se dirigir ao outro, em lhe conceder, até mesmo perguntar seu nome, sempre evitando que essa pergunta se torne uma "condição", uma inquisição policial, um fichamento ou um simples controle de fronteiras. (..). Uma arte e uma poética, mas de que depende toda uma política, em que toda uma ética se decide. (Derrida,* apud *Michaud, 2011, p. 1007- 8)*

No limite, sabemos que tal hospitalidade que aponte para o infinito do acolhimento é impossível. O bebê traz interrupções inevitáveis à vida do adulto. A hospitalidade é fazer trabalhar essa ética da interrupção (Baraitser, 2009). Como nomear um bebê sem que essa nomeação lhe retire a possibilidade de invenção de si mesmo, a tal "irresponsabilidade da infância" mencionada por Ferenczi?

> *Já nos aconteceu de perguntarmo-nos se a hospitalidade absoluta, hiperbólica, incondicional, não consistiria em suspender a linguagem, uma certa linguagem determinada, e mesmo o endereçamento ao outro. Sendo assim, não seria preciso submeter a uma espécie de contenção essa tentação de perguntar ao outro quem ele é, qual é o seu nome, de onde ele vem etc.? (Derrida, 2003, p. 117)*

O bebê reabre o narcisismo dos pais e é diante dessa reabertura e a repetição do traumático que isso implica que a hospitalidade se coloca. O trabalho de contenção do ódio dos pais acontece, em grande medida, para além da linguagem determinada. Um acolhimento responsável que mantém como enigma e não como imposição restritiva a questão "quem és?".

Quero acreditar que a hospitalidade sonhada por Ferenczi - o inventor da análise mútua! - é aquela na qual nunca saberemos quem acolheu quem. A condição necessariamente adotiva de todos nós impõe a reflexão permanente sobre como cuidamos uns dos outros. É esse o poderoso convite feito por esse texto de Sándor Ferenczi.

Referências

Baraitser, L. (2009). *Maternal Encounters: The Ethics of Interruption.* Routledge.

Bleichmar, S. (1994). *A fundação do inconsciente.* Artes Médicas.

Derrida, J. (2003). *Anne Dufourmantelle convida Jacques Derrida a falar da hospitalidade.* Escuta.

Ferenczi, S. (1992). A criança mal acolhida e sua pulsão de morte. *Obras completas* (v. IV) Martins Fontes. (Original publicado em 1929).

Ferenczi, S. (1992). Adaptação da família à criança. In S. Ferenczi, *Obras completas* (v. I). Martins Fontes. (Original publicado em 1928).

Ferenczi, S. (1992). Confusão de língua entre os adultos e a criança. In S. Ferenczi, *Obras completas* (v. IV). Martins Fontes. (Original publicado em 1933).

Ferenczi, S. (1992a) O problema do fim da análise. In S. Ferenczi, *Obras completas* (v. IV). Martins Fontes. (Original publicado em 1928).

Ferenczi, S. (1992b). Elasticidade da técnica psicanalítica. In S. Ferenczi, *Obras completas* (v. IV). Martins Fontes. (Original publicado em 1928).

Freud, S. (2006). Além do princípio do prazer. In S. Freud, *Escritos sobre a psicologia do inconsciente.* Imago. (Original publicado em 1920).

Jones, E. (1948). Cold, disease and birth. In E. Jones, *Papers on psychoanalysis.* Beacon.

Laplanche, J. (1992). Implantation, intromission. In J. Laplanche, *La révolution copernicienne inachevée.* Aubier. (Original publicado em 1990).

Laplanche, J. (2006). *Le fourvoiement biologisant de la sexualité chez Freud.* Paris: PUF. (Original publicado em 1993).

Laplanche, J. (1999). La soi-disant pulsion de mort: une pulsion sexuelle. In J. Laplanche, *Entre séduction et inspiration:* l'homme. Paris: PUF/Quadridge. (Original publicado em 1995).

Laplanche, J. (1985). *Vida e morte em psicanálise.* Artes Médicas. (Original publicado em 1970).

Michaud, G. (2011). Um pensamento do incondicional. Montandon, A. (dir.). *O livro da hospitalidade.* São Paulo: Senac.

Santos e Peixoto Jr (2019). O Adoecimento Somático em Ferenczi, Groddeck e Winnicott: uma Nova Matriz Teórica. *Psicologia: Ciência e Profissão*, v. 39, pp. 1-14. Disponível em: https://www.scielo.br/j/pcp/a/BMS9FVFgm6Zvm7s6qMYdVkP/?format=pdf&lang=pt

10. *Consulta médica* – uma entrevista com Sándor Ferenczi

Diane Viana

Episódio transmitido em 16 de julho de 2021

Estou aqui hoje para falar para vocês sobre uma entrevista concedida por Ferenczi ao escritor e seu amigo húngaro Deszo Kosztolányi, para o público da revista literária *Esztendo*. Posteriormente, essa entrevista (Ferenczi, 1918a/2011) foi incluída nas *Obras completas* do psicanalista, no segundo volume, e vocês podem encontrá-la com o título de *Consulta médica*. Vale lê-la na íntegra.

Alguns elementos são importantes para situá-los nessa conversa.

Abril de 1918, data em que se deu a entrevista foi também a data em que se deram os primeiros registros de contaminação pela gripe espanhola na Europa, que nos meses seguintes teve a repercussão dramática que conhecemos pela história dessa pandemia. Foi também em 1918 o derradeiro ano da Primeira Guerra Mundial e, pouco antes de seu fim, em 28 e 29 de setembro realizou-se em Budapeste o 5º Congresso Psicanalítico Internacional, no qual Kosztolányi (1918) compareceu e, inclusive, escreveu a pedido de Ferenczi um pequeno texto intitulado *O charuto de Freud.*

É digna de nota a observação de Balint (2011) de que os anos de 1913 a 1919 foram férteis em acontecimentos para Ferenczi, tendo acarretado importantes variações em sua produtividade. O ano de 1918, aqui em relevo para nós, foi um desses "anos magros", para usar a expressão de Balint, em que Ferenczi produziu apenas dois artigos, são eles: *A psicologia do conto* (1908b/2011), e vejam já a interface dele com a literatura, e *Efeito vivificante e curativo do 'ar fresco' e do 'bom ar'* (1908c/2011), título muito sugestivo, inclusive de um ano pandêmico, qualquer semelhança com o que ansiamos hoje não parece mera coincidência! Além dos acontecimentos externos recém-mencionados, Balint atribui a escassez de textos desse ano a um enorme trabalho interno de Ferenczi, que estava a elaborar sua análise com Freud, bem como a consolidar sua experiência como analista.

O parágrafo introdutório da entrevista nos informa que as ideias desenvolvidas nessa conversa com Kosztolányi se encontram em um texto do Ferenczi (1915/2011) denominado *A era glacial dos perigos.* Bem, adianto que o tema central que levou o escritor a buscar o psicanalista para uma "consulta médica" foi acerca do problema da guerra e da paz. O doutor, Sándor Ferenczi; o doente, a humanidade. Não preciso dizer que encontraremos aí muitas aproximações possíveis com nossos dias, e, com isso, já antecipo aos ouvintes a atualidade das reflexões dessas duas interessantes mentes do início do século XX.

Como se trata de uma entrevista e não de um texto teórico--conceitual, escolhi explorar o contexto desse acontecimento, a importância da literatura para Ferenczi e algumas curiosidades acerca de sua vida e de sua persona.

Sabemos que Ferenczi veio de uma família em que a relação com a literatura era significativa. Seu pai era editor e livreiro, editou os grandes poetas da resistência à Áustria e fazia com sua mulher um salão literário e musical. Ferenczi escreveu poemas na sua infância e adolescência, mas sua proximidade com a literatura estava só começando.

Ferenczi encontrou grande dificuldade de introduzir a psicanálise no meio médico húngaro. Ao constituir a Associação Psicanalítica de Budapeste pôde contar com apenas um médico, os demais eram não médicos, leigos ou profanos, como quisermos chamar. Um único membro adere a essa Associação e faz jus à sua existência, um escritor, jornalista e crítico literário chamado Ignotus. Ferenczi (1924/2011) lhe fez uma homenagem dedicando-lhe um texto: *Ignotus, o compreensivo*. Foi esse escritor quem criou em 1908 a *Nyugat* (que significa *Ocidente*), uma revista literária considerada de vanguarda (se posicionava ferozmente contra o academicismo opressor e contra a tradição retrógrada, tanto política quanto literária). Ferenczi era leitor assíduo e nessa revista também publicou sete artigos, tendo inclusive a citado no texto *Psicologia do Conto* de que falamos antes. Nela, Kosztolányi publicou um belíssimo texto em homenagem à Ferenczi, por ocasião de seu falecimento em 1933.

A *Nyugat* foi responsável por uma mudança importante na mentalidade de Budapeste daquele início de século até a revolução de 1919 e serviu de grande sustentação à difusão da psicanálise na Hungria. Ignotus, seu fundador, foi um dos primeiros tradutores de Freud em terras húngaras. Nesse primeiro terço de século XX na Hungria, a renovação da literatura se deu de mãos dadas com a chegada das ideias psicanalíticas, que, por sua vez, desencadearam a renovação científica por lá. O amor de Ferenczi pela literatura era compartilhado com Freud e parte indissociável de sua investigação da psique. Dizia Ferenczi que a literatura alcançava nossa vida psíquica pela inspiração, o que só mais tarde a análise vinha a descobrir.

Para essa geração dos jovens húngaros, sobretudo à Budapeste, boa parte de sua formação se dava nos cafés enfumaçados. Em torno dos escritores havia enorme admiração e reconhecimento. Nas mesas dos cafés partilhavam assentos representantes dos círculos literários (não só escritores, mas editores e amantes das letras) e a recém-chegada psicanálise. Ferenczi, que morava no Hotel Royal de Budapeste a esta feita, lugar, aliás, de onde concedeu a entrevista à Kosztolányi, era um *habitué* do café do hotel todas as noites. Vejam que curioso o que nos conta a pesquisadora Michele Moreau-Ricaud (1992, pp. 246-247), em suas palavras:

> *[Ferenczi] tem a sua mesa reservada; jovens escritores se apressam em torno dele: o 'doutor' fala com paixão dessa 'doença' que ele contraiu em 1908 e que não o larga mais. Por sua vez, salvo alguns raros refratários, todos os escritores pegam a doença em questão. Conhecemos a via de propagação do germe da peste analítica em Budapeste: difundido no ar dos cafés, após as belas letras ele ganha os jornais, os círculos, e logo, em 1919, a Universidade (a Faculdade de Medicina). Ferenczi se sente bem no meio desses escritores e poetas. Ele reencontra seu meio familiar de outrora, à Miskolc onde seu pai se fixou.*

A convivência com esses jovens escritores excepcionais cumpria para Ferenczi um papel muito importante não apenas de boa companhia, mas de pares intelectuais com quem ele estabelecia laços de trabalho. Seus supostos colegas de medicina não estavam interessados na psicanálise, chegando até mesmo a expulsá-lo da universidade. Sobre isso, nos diz Ferenczi (1908/2011, p. 29):

> *àqueles a quem o orgulho médico leva a desprezar a literatura, respondo como o fiz no meu artigo intitulado* O amor na ciência*: as fontes do nosso conhecimento da psicologia individual não se encontram na literatura médica, mas, antes, nas obras literárias e poéticas.*

Se Ferenczi bebia na fonte da literatura, e esta tinha uma influência sobre a teoria analítica, a recíproca também era verdadeira. As formações do inconsciente como os sonhos, atos falhos, fantasias, as excentricidades e bizarrices do universo da loucura alimentavam a imaginação e a criatividade dos escritores, ao ponto de eles buscarem junto aos doentes mentais formas novas de linguagem e expressividade com fins estéticos.

O círculo de escritores em torno de Ferenczi era composto por: Gyula Krúdy, o já mencionado Ignotus, o entrevistador Kosztolányi, Karinthy, Milan Fust, dentre outros. Todos se sentavam no café com seus charutos até o amanhecer a perguntar para Ferenczi sobre a nova ciência, a psicanálise. Ferenczi exerceu um papel muito importante para essa geração de escritores húngaros, tendo sido responsável pela influência da psicanálise na renovação da literatura, também nos romances, novelas e ensaios de todos os gêneros que foram produzidos nessa época. Reciprocamente, recebeu do meio artístico e literário todo o suporte e incentivo que jamais recebeu do meio médico-científico.

Para falar um pouco do nosso entrevistador em questão, encontrei em minhas pesquisas que ele era muito ligado à Ferenczi, paira uma dúvida se foi seu analisando, mas certamente ele se aconselhava com o psicanalista sobre suas dificuldades criativas e também sobre sua saúde. Ele foi um leitor fiel de Ferenczi e conhecia todos os seus textos. Alguns pesquisadores fazem um paralelo entre alguns personagens e enredos de suas novelas e passagens da obra ferencziana. De todos os escritores desse círculo, Kosztolányi foi o que teve sua obra mais influenciada pela psicanálise. Ele se interessava pelos doentes mentais e pela psicopatologia do início de seu século e era apaixonado pela relação estreita entre genialidade e loucura, até porque ele próprio carregava o medo e a angústia de enlouquecer. Muitos personagens neuróticos e psicóticos ganharam vida nas obras desses literatos e alguns deles criaram o seu alter ego, o de Kosztolányi é o personagem Kornél Esti, (recomendo sua obra *O tradutor cleptomaníaco e outras histórias,* de Kornél Esti, que pertence ao ciclo de relatos sobre esse personagem).

Para o escritor, a psicanálise não era apenas uma forma de sublimação, mas tinha para ele uma função vital. Kosztolányi nos conta que o escritor preferido de Ferenczi era Gyula Krúdy, não apenas seus livros, mas o homem que ele era. Fica a dica para quem quiser ter a experiência de ler o escritor favorito de Ferenczi. Em português, encontrei apenas um título chamado *O companheiro de viagem*, coleção Prosa do Mundo, da Cosac-Naif, edição que conta também com um texto ficcional de Sándor Márai, outro gigante da literatura húngara e que escreveu um comovente obituário de Ferenczi chamado *Os vivos e os mortos*. Márai, 27 anos mais jovem que Ferenczi, despontou na literatura depois dessa geração, mas foi fortemente influenciado por todos e próximo à Ferenczi.

Bem, eu poderia seguir contando a vocês tantas curiosidades sobre o entrelaçamento da psicanálise e da literatura na Hungria do início do século passado, um tema realmente apaixonante para os amantes dessas duas grandes áreas de conhecimento da alma humana. Para essas e mais informações remeto o ouvinte para as pesquisas da psicanalista francesa Michele Moreau-Ricaud (1992) sobre a história da escola de Budapeste e para o livro que ela organizou *Escritores húngaros em torno de Ferenczi*, infelizmente ainda sem tradução para o português.

Mas agora preciso lhes falar da entrevista antes que acabe o tempo deste episódio. Diante da perplexidade frente à devastação deixada por quatro anos e meio de guerra, sem esperanças nem ilusões, Kosztolányi decide que é a um médico que se deve procurar para saber o que se pode esperar para a humanidade. Ele não procurou um médico qualquer, ele procurou Ferenczi, um psicanalista, para endereçar as seguintes questões: "Qual é o diagnóstico e qual é o prognóstico [para a humanidade]? Existirá uma esperança de cura para o doente? Ou teremos de renunciar a isso definitivamente? O que pensa a ciência da guerra e da paz e qual sua opinião sobre o homem?"

Ferenczi vai explorar muitas questões em suas respostas, vou indicar apenas algumas aqui.

A primeira delas é de que a guerra é um problema psicológico; não no sentido de que a guerra explicite uma nova doença nervosa, mas no sentido freudiano de que a causa da guerra é a natureza humana, os instintos que se mostram a nu.

Ainda seguindo a análise freudiana, e lembremos que Freud em 1915 escreveu *Reflexões para os tempos de guerra e de morte*, Ferenczi aponta para a ideia de que não domesticamos nossos instintos, apenas os dissimulamos e o caminho apontado para a dissimulação é o da idealização, na contramão da sublimação. A idealização faz o trabalho de encobrir os instintos primitivos de tal forma que leva

Ferenczi a assinalar que a idealização e a maldade humana convivem muitíssimo bem.

Contrariamente à idealização, o trabalho psicanalítico levaria o paciente à renúncia da perfeição imaginária, levaria o sujeito ao encontro do que lhe é desprezível no mundo, no outro e em si mesmo. O que Ferenczi nos indica é que toda idealização comporta certo grau de negação. Nesse sentido, ele vai dizer que adoecemos porque não nos conhecemos; o que nos faz mal é o que não queremos saber, ou seja, o sintoma neurótico é uma espécie de negação, assim como idealizar algo ou alguém é uma forma de negar a realidade, principalmente negando a agressividade e a crueldade.

Quando perguntado por Kosztolányi sobre qual seria, então, o caminho de uma evolução para a humanidade, Ferenczi responde que seria necessário tratar os povos. E fornece um projeto para isso, pautado na sublimação e na educação. Sublimar os instintos perigosos colocando-os à serviço de fins justos. Até aí Ferenczi faz a leitura de Freud. O mais interessante me parece vem a seguir, no que diz respeito ao seu projeto de educação psicológica dos povos, digamos assim, que além de fornecer saídas sublimatórias deveria educar. Educar as pessoas a lidarem com seus conflitos, com a sua agressividade, com a sua crueldade e com a diferença. Ouçam que emblemática essa passagem, palavras de Ferenczi (1918/2011, p. 387):

> *Assim, o problema da guerra é também um problema de educação. Como o homem não vem ao mundo já pronto e acabado, mas tem de ser feito, eu diria até que se trata de um problema de educação das crianças. Se é possível vencer a guerra em alguma parte, é sem dúvida nos quartos de crianças.*

Nessa inspiradora passagem podemos pensar na relação entre os adultos e as crianças no que diz respeito à educação. Submeter a criança à imposição dos sentidos do adulto é privá-la da oportunidade de conhecer a si mesma e ter suas próprias percepções do que sente a partir de sua relação com o mundo. Essa é uma versão da educação criticada por Ferenczi. Uma outra forma das crianças ocuparem seus quartos é aprendendo pela experiência da brincadeira a exercer o domínio de sua pulsionalidade e a estabelecer uma relação criativa com o mundo, tema largamente explorado por Winnicott, na esteira do legado ferencziano.

Assim, a leitura que eu faço do que ele chama de "educar os povos" é de que se trata de pensar como uma coletividade constrói política e socialmente condições de possibilidade para que os sujeitos que vivem nela encontrem meios de elaborar, simbolizar e sublimar seus instintos de forma alternativa à negação. As formas de negação que ele denuncia em sua fala à Kosztolányi são a do recalcamento, para falar do sofrimento psíquico de seus pacientes, na esfera das individualidades, e a idealização para falar da negação como fenômeno coletivo da humanidade. Sabemos que mais adiante em sua obra outra forma de negação ganhará espaço, a do desmentido traumático.

A educação pelo idealismo, que dita os princípios a serem seguidos é duramente criticada por Ferenczi. Ele defende que o problema da guerra seja enfrentado, vejam que interessante, pela formação de professores de espírito livre, que, por sua vez, formarão os professores que educarão as crianças. Em minha leitura, ele não está falando do ensino formal dos indivíduos, ele se refere especialmente à uma educação psicológica que não oblitere as vias de transformação da satisfação pulsional, mas que, ao contrário, através das letras, artes e cultura alcancem a via sublimatória desejada.

Sabemos que o tema da educação e da pedagogia é antigo para Ferenczi, um de seus primeiros artigos foi *Psicanálise e pedagogia*, de 1908, e nesta entrevista o psicanalista reitera suas posições quanto ao tema. Se você ainda não ouviu o episódio sobre esse texto com o colega Gustavo Dean-Gomes, não perca, é uma ponte de articulação com o tema da educação que reaparece aqui nesta entrevista.

Mais de um século nos separa dessa fala de Ferenczi e ela me parece de uma atualidade impressionante. Primeiro porque vivemos, assim como em 1918, assolados por uma pandemia. Mas também porque vivemos as consequências nefastas da idealização e do negacionismo, apontadas por Ferenczi como responsáveis pelo adoecimento da humanidade. Em tempos de recrudescimento de ideologias cegas, de ataques ao livre pensar, de cultura e educação sobrevivendo à mingua, de desmentidos sociais que perpetuam uma política de guerra, estamos na direção oposta àquela que Ferenczi nos indicou como tratamento para a doença da humanidade.

Que com a inspiração de Ferenczi possamos continuar construindo vias sublimatória e simbólicas de existir e resistir na atualidade. A psicanálise não seria a mesma sem a literatura e o nome desse podcast comporta esse fascinante encontro entre a arte e a psicanálise. Escutando Ferenczi, a arte da psicanálise! Não percam os próximos episódios.

Obrigada pela companhia e até a próxima!

Referências

Balint, M. (2011). Prefácio do dr. Michel Balint. In S. Ferenczi, *Obras completas* (2. ed., v. II). Martins Fontes.

Ferenczi, S. (2011). Interpretação e tratamento psicanalíticos da impotência psicossexual. *Obras completas* (2. ed., v. I). Martins Fontes. (Original publicado em 1908).

Ferenczi, S. (2011). A era glacial dos perigos. In Ferenczi, S *Obras completas* (2. ed., v. II). Martins Fontes. (Original publicado em 1915).

Ferenczi, S. (2011). Consulta médica. In S. Ferenczi, *Obras completas* (2. ed., v. II). Martins Fontes. (Original publicado em 1918a).

Ferenczi, S. (2011). Psicologia do conto. In S. Ferenczi, *Obras completas* (2. ed., v. II). Martins Fontes. (Original publicado em 1918b).

Ferenczi, S. (2011). Efeito vivificante e efeito curativo do "ar fresco" e do "bom ar". In Ferenczi, S *Obras completas* (2. ed., v. II). Martins Fontes. (Original publicado em 1918c).

Ferenczi, S. (2011). Ignotus, o compreensivo. In S. Ferenczi, *Obras completas* (2. ed., v. III). Martins Fontes. (Original publicado em 1924).

Kosztolanyi, D. (1992). Le cigare de Freud. In Moreau-Ricaud, M. *Cure d'ennui. Écrivains hongrois autour de Sándor Ferenczi.* Gallimard. (Original publicado em 1918).

Moreau-Ricaud, M. (1992). *Cure d'ennui. Écrivains hongrois autour de Sándor Ferenczi.* Gallimard.

11. Uma leitura de *Perspectivas da psicanálise*, de Ferenczi e Rank

Marcelo Wanderley Bouwman
Episódio transmitido em 23 de julho de 2021

Introdução

O ensaio *Perspectivas da psicanálise* foi escrito conjuntamente por Ferenczi e Otto Rank, no ano de 1924. Os nossos comentários serão baseados no volume III das *Obras completas* de Sándor Ferenczi, no capítulo 38, em que está presente a parte do ensaio supostamente redigida pelo húngaro. Consideraremos, no entanto, todo o conteúdo como uma coautoria desses dois grandes nomes da psicanálise.

Otto Rank, psicanalista austríaco, onze anos mais novo que Ferenczi, especialista em filosofia e literatura, foi o único autodidata dos discípulos freudianos da primeira geração. A aliança de Ferenczi com Rank, neste momento da história do movimento psicanalítico, tem um forte colorido político e tenta fortalecer uma tradição inventiva e criativa da prática da psicanálise, dando suporte às experimentações técnicas de Ferenczi na clínica e contrapondo-se à pretensa rigidez, dogmatismo e apego à teoria de Ernest Jones e Karl Abraham. Trata-se, portanto, de um trabalho escrito pelos dois colaboradores de Freud que mais valorizavam os aspectos terapêuticos da psicanálise e pretendiam preencher um espaço deixado por ele, Freud, desde os seus escritos técnicos na primeira metade da década de 1910.

Em 1924, transcorridos dez anos da publicação do artigo de Freud, *Recordar, repetir e elaborar*, era necessário dar destaque ao fenômeno da compulsão à repetição na teoria psicanalítica em resposta aos impasses clínicos das neuroses traumáticas e ao conceito de pulsão de morte trazido por Freud em *Além do princípio do prazer* (1920), no campo da metapsicologia. Ferenczi se encontrava em plena experimentação da técnica ativa para fazer frente à estagnação de alguns processos psicanalíticos. Nesse ano, foi publicado também o artigo *As fantasias provocadas* (1924b/1993) bem como o ensaio bioanalítico *Thalassa*, que vinha sendo gestado desde 1915.

A psicanálise como método

Vamos entrar diretamente no território deste ensaio, *Perspectivas da psicanálise*, considerado por alguns autores o nascimento da psicanálise moderna. *Perspectivas da Psicanálise*: apesar de lançar o olhar para o futuro, o texto começa enfatizando o método psicanalítico. Deixemos os autores falarem, cito o primeiro parágrafo da obra:

> *Como se sabe, o método psicanalítico desenvolveu-se numa trintena de anos. No começo, simples modo de tratamento médico-terapêutico de certos distúrbios neuróticos, converteu-se num vasto sistema científico que não para de se expandir progressivamente e parece conduzir a uma nova concepção do mundo (Ferenczi, 1924a/1993, p. 225)*

Psicanálise: método, tratamento, sistema científico, concepção de mundo... Aqui, implicitamente, lembramos o artigo de Freud *Dois verbetes de enciclopédia*, publicado em 1923. A psicanálise seria, antes de tudo, um método de investigação do inconsciente.

A interdependência entre a teoria e a prática

O subtítulo do trabalho é bastante significativo: *Sobre a interdependência entre a teoria e a prática*. O texto todo traz a marca da primazia da prática. Em outras palavras, a clínica é soberana. Os autores afirmam que é preciso "colocar o saber adquirido pela psicanálise totalmente a serviço do tratamento" (Ferenczi, 1924a/1993, p. 240). Ou ainda que "é necessária uma correção constante da teoria pelos novos conhecimentos fornecidos pela prática" (p. 239).

Falar da importância da articulação entre a teoria e a prática na psicanálise é falar da relação fértil entre a metapsicologia e a clínica, cujos maiores expoentes e representantes são, inequivocamente, Freud e Ferenczi. A privilegiada relação entre o fundador da psicanálise e o talentoso clínico húngaro é exemplar e merece aqui uma referência histórica: o Congresso de Budapeste, em 1918. Consideramos esse acontecimento um divisor de águas nas contribuições teórico-clínicas desses autores.

Freud escreve um breve e precioso artigo intitulado *Caminhos da terapia psicanalítica* (1919), apoiando o uso da técnica ativa em alguns casos específicos, e anunciando uma "psicoterapia para o povo", onde estariam presentes a influência sugestiva e pedagógica, mas cabendo à influência analítica o ouro desse tratamento.

Ferenczi apresenta nesse congresso um trabalho sobre *A técnica psicanalítica* (1919), falando sobre o uso e o abuso da regra fundamental, sobre a importância do controle da contratransferência, entre outros temas. A partir desse momento, na virada dos anos 1920, Freud vai se dedicar à reformulação de aspectos importantes da Metapsicologia, enquanto Ferenczi vai se tornar o porta-voz dessas mudanças na clínica e na técnica psicanalíticas.

O papel da repetição no processo de análise

Nesse sentido, o que estava em jogo de mais importante nesse ensaio de 1924 era a reflexão sobre o tema da compulsão à repetição. Freud vinha tratando teoricamente desta questão desde o seu trabalho sobre o funcionamento psíquico *Além do princípio do prazer* (1920) e tinha apresentado a sua segunda tópica recentemente em *O ego e o id* (1923), levando em consideração a sua nova teoria pulsional.

Ferenczi, por sua vez, vinha experimentando a atividade na técnica psicanalítica desde 1919. Como breve exemplo, ainda em 1920, no seu artigo *Prolongamentos da técnica ativa em psicanálise*, ele nos conta o caso de uma paciente que sofria de fobias e medos obsessivos, a musicista croata. Ela apresentava um temor de ser humilhada ao tocar piano na escola de música. Durante uma sessão de análise veio-lhe à lembrança um refrão popular que sua irmã mais velha habitualmente entoava. Tentou recitá-lo, mas emudeceu. Ferenczi interveio pedindo-lhe que cantasse sua melodia.

A paciente teve dificuldades de atender o pedido, que somente foi realizado duas sessões depois. Com tato, paciência e delicadeza, utilizando-se de seu estilo empático, Ferenczi pode testemunhar uma reviravolta na análise dessa jovem a partir de suas exortações. Esse caso demonstrava que uma ação podia conduzir a um insight e colocava a experiência emocional no centro da terapia analítica.

Voltemos ao nosso ensaio. Ferenczi e Rank se dão como tarefa estabelecer uma coerência, no que diz respeito à técnica psicanalítica, entre os artigos *Recordar, repetir e elaborar* (1914) e *Além do princípio do prazer* (1920). Em 1914 Freud aponta que o objetivo último da psicanálise é a rememoração. Em 1920, ele insiste no caráter inevitável da compulsão à repetição.

Para Ferenczi e Rank, na técnica psicanalítica, o que traria o analista efetivamente mais próximo do cerne inconsciente do paciente era a repetição, e não a rememoração. Talvez os dois parágrafos mais importantes e centrais do ensaio tratem dessa modificação no método clínico e por isso mereçam ser citados de uma forma mais completa.

> *Tomamos desde já por ponto de partida o último artigo técnico de Freud,* Rememoração, repetição e perlaboração *(1914), no qual ele atribui uma importância incomparável aos três fatores enumerados no título: a rememoração é aí considerada o verdadeiro objetivo do trabalho analítico, ao passo que o desejo de repetição é considerado um sintoma de resistência que, como tal, cumpre evitar. Sob o ângulo da compulsão à repetição*

> *é absolutamente inevitável, porém, que o paciente repita no tratamento fragmentos inteiros de sua evolução e, como a experiência lhe mostrou, precisamente fragmentos inacessíveis sob a forma de rememoração; de sorte que o paciente não pode fazer outra coisa senão reproduzi-los e o analista considerá-los como o verdadeiro material inconsciente. Trata-se apenas de compreender essa forma de comunicação, a linguagem dos gestos, por assim dizer, e de explicá-las ao paciente. Entretanto, como nos ensinou Freud, os próprios sintomas neuróticos nada mais são do que discursos deformados onde o inconsciente se exprime num estilo à primeira vista incompreensível. (Ferenczi, 1924a/1993, p. 227)*

Esse primeiro parágrafo citado revela uma nova maneira de interpretar a repetição. Não mais como forma de resistência a ser evitada, mas como algo da ordem do inevitável que precisa ser enfrentado e considerado na situação analítica como o verdadeiro material inconsciente. Agora, a citação do segundo parágrafo:

> *Essas considerações fizeram ressaltar a necessidade prática, não só de não estorvar as tendências para a repetição na análise, mas até mesmo favorecê-las, na condição de saber dominá-las, senão o material mais importante não poderá ser fornecido nem liquidado. Por outro lado, certas resistências opõem-se com frequência à compulsão à repetição, sobretudo os sentimentos de angústia e de culpa, os quais só podem ser enfrentados mediante uma intervenção ativa, ou seja, favorecendo a repetição. Finalmente, na técnica analítica, o papel principal parece, portanto, caber à repetição e não à*

> *rememoração. Não se trata em absoluto de limitar-se a deixar os afetos perderem-se na fumaça das 'vivências'; com efeito, essa repetição consiste em permitir esses afetos para depois liquidá-los progressivamente, ou ainda em transformar elementos repetidos em lembrança atual. (Ferenczi, 1924a/1993, p. 227)*

Essa longa citação pretende mostrar como os autores justificam a atividade na técnica, e como o que está em jogo é a questão dos afetos na situação analítica. De uma certa forma, a rememoração permanece o fator decisivo na cura. A incitação à repetição terminaria por provocar no paciente novas memórias no lugar dos complexos patológicos que foram subtraídos do restante do conteúdo psíquico. Reavivados e traduzidos em lembranças, tais processos se tornam conscientes durante a experiência de análise.

A questão dos afetos na situação analítica

A constatação de Ferenczi e Rank era a de que, com o tempo, a psicanálise tornara- se um processo exageradamente intelectualizado. Era necessário retomar e ressaltar os aspectos emocionais da experiência analítica. Não é à toa que os autores revisitam a catarse de Freud e Breuer, ressignificando o valor da ab-reação dos afetos na situação analítica. Para eles, ao contrário das reações catárticas violentas, a descarga de afetos que se produz progressivamente na experiência de uma análise pode ser definida como uma "catarse fracionada" (Ferenczi, 1993, p. 234). Para tornarem-se eficientes, os afetos devem, em primeiro lugar, ser reavivados, ou seja, atualizados. Com efeito, eles afirmam que "tudo o que não nos afeta diretamente no presente, realmente, permanecerá sem efeito psíquico" (p. 234).

Ao psicanalista cumpre ter sempre em conta a "pluritemporalidade" (p. 234) que afeta na prática todas as manifestações do paciente, mas dirigirá essencialmente a sua atenção para a reação presente. Sob esse ângulo, ele pode ser bem-sucedido na descoberta das raízes da reação atual no passado do paciente, o que equivale a transformar a tendência para a repetição em rememoração. Quanto ao futuro, o analista não deve se preocupar em excesso, deixando esse cuidado para o próprio paciente, que foi suficientemente esclarecido sobre suas tendências psíquicas presentes e passadas.

Ferenczi, um pouco mais adiante, após a virada de 1928, irá se dedicar ao princípio do relaxamento e ao que ele veio a chamar de neocatarse. A dimensão da experiência afetiva no contexto da clínica analítica é revalorizada desde esse ensaio e será mantida até o final de sua vida.

O "saber excessivo" e o narcisismo do analista

Outros aspectos técnicos do analista são submetidos a uma crítica nesse ensaio, em especial as dificuldades surgidas de um saber excessivo do analista. O fanatismo da interpretação e a análise focada demasiadamente nos sintomas e nos complexos são vistos como empecilhos ao amplo conhecimento dos aspectos inconscientes do paciente. Os autores afirmam que "a verdadeira tarefa analítica foi negligenciada em certos casos, em proveito da investigação dos elementos constitutivos da teoria sexual" (p. 232). Ou ainda que "a análise dos complexos levava facilmente o paciente a ser agradável ao seu analista, servindo-lhe à vontade 'material complexual' mas evitando revelar-lhe seus verdadeiros segredos inconscientes" (Ferenczi, 1924a/1993, p. 231).

Os autores destacam que os erros técnicos se produziram precisamente a propósito das manifestações da transferência e da resistência, apontando como causa provável um fator subjetivo do analista, relacionado ao seu narcisismo. Destacam uma espécie de "contratransferência narcísica" (p. 237) que levaria os analisandos a realçar as coisas que lisonjeiam o seu analista e, por outro lado, a reprimir os comentários e as associações pouco favoráveis que lhes dizem respeito.

Assim, essas duas atitudes do paciente podem representar melhoras cujo único objetivo é seduzir o analista, obtendo em troca a sua "simpatia libidinal" (p. 237), ou podem desviar o analista de sua tarefa de descobrir os sinais de crítica, já fracos e, em geral, tímidos, que impedem o paciente de exprimir-se ou de ab-reagir abertamente.

Nesse momento, os autores destacam a importância da autocrítica do analista, de um certo esforço elaborativo por sua parte. Somente assim, a angústia e o sentimento de culpa do paciente – fatores afetivos essenciais para o surgimento e a manutenção do recalque – podem ser superados. Sem dúvida, essa questão do narcisismo do analista é extremamente contemporânea e nos faz pensar no uso defensivo da técnica por parte do analista, o que Ferenczi veio a nomear nos seus últimos artigos como a hipocrisia profissional do analista.

Nessa direção, cabe uma citação breve de como Ferenczi e Rank se posicionam em relação a uma regra importante da técnica psicanalítica: a regra que se refere às relações pessoais entre analista e paciente.

> *Ao exigir-se, por princípio, a abstenção de todo o contato pessoal fora da análise, foi-se levado, em geral, a uma exclusão bastante artificial de todo caráter humano no próprio contexto da análise e, por conseguinte, a teorizar*

> *uma vez mais sobre o sentimento analítico. (Ferenczi, 1924a/1993, p. 236)*

A transferência negativa

Um outro ponto referido, de passagem, no ensaio, mas que merece um destaque maior, por sua importância central no pensamento clínico de Ferenczi, é a questão da transferência negativa. Um parágrafo precioso é resgatado como uma pérola no meio do oceano:

> *Uma outra situação analítica que também temos o hábito de classificar inadequadamente sob a etiqueta de resistência é a transferência negativa. Ora, esta última só pode manifestar sua natureza sob a forma de uma 'resistência' e sua análise é a tarefa principal da ação terapêutica. Não há por que temer as reações negativas do paciente, elas pertencem ao fundo de reserva de toda análise. Aliás, a transferência positiva violenta, sobretudo no início de uma análise, é com frequência, apenas um sintoma de resistência que pede para ser desmascarado. Em outros casos, sobretudo nos estágios mais tardios da análise, serve de fato como veículo para a manifestação de tendências ainda inconscientes. (Ferenczi, 1993, p. 236)*

Nesses termos, a transferência negativa não é sinal de mais resistência que a transferência positiva e merece ser analisada. Se para Freud o sonho é a via régia de acesso ao inconsciente, a transferência negativa é, para Ferenczi, a partir desse texto, a via régia do processo analítico (Pinheiro, 2016, p. 78).

Conclusão

Para concluir, cito uma frase de Goethe, bastante apreciada por Freud: "Cinzenta, caro amigo, é toda teoria e verdejante e dourada é a árvore da vida."

Referências

Ferenczi, S. (1993). A técnica psicanalítica. In S. Ferenczi, *Obras completas. Psicanálise II* (pp. 357-367). Martins Fontes. (Original publicado em 1919).

Ferenczi, S. (1993). Prolongamentos da "técnica ativa" em psicanálise. In S. Ferenczi, *Obras completas. Psicanálise III* (pp. 109-125). Martins Fontes. (Original publicado em 1920).

Ferenczi, S. (1993). As fantasias provocadas. In S. Ferenczi, *Obras completas. Psicanálise III* (pp. 241-248). Martins Fontes. (Original publicado em 1924a).

Ferenczi, S. (1993). Perspectivas da psicanálise. In S. Ferenczi, *Obras completas. Psicanálise III* (pp. 225-240). Martins Fontes. (Original publicado em 1924b).

Ferenczi, S. (1993). Thalassa: ensaio sobre a teoria da genitalidade. In S. Ferenczi, *Obras completas. Psicanálise III* (pp. 255-325). Martins Fontes. (Original publicado em 1924c).

Ferenczi, S. (1993). Princípio de relaxamento e neocatarse. In S. Ferenczi, *Obras completas. Psicanálise IV* (pp. 54-68). Martins Fontes. (Original publicado em 1930).

Freud, S. (2010). Recordar, repetir e elaborar. In S. Freud, *Obras completas* (v. 10, pp. 146-158). Companhia das Letras. (Original publicado em 1914).

Freud, S. (2010). Caminhos da terapia psicanalítica. In S. Freud, *Obras completas* (v. XIV, pp. 209-219). Companhia das Letras. (Original publicado em 1919).

Freud, S. (2010). Além do princípio do prazer. In S. Freud, *Obras completas* (v. XIV, pp. 120-178) Companhia das Letras. (Original publicado em 1920).

Freud, S. (2010). Psicanálise e teoria da libido. In S. Freud, *Obras completas* (v. XV, pp. 244-276). Companhia das Letras. (Original publicado em 1923).

Freud, S. (2010). O Eu e o Id. In S. Freud, *Obras completas* (v. XVI, pp. 9-64). Companhia das Letras. (Original publicado em 1923).

Pinheiro, T. (2016). *Ferenczi*. Casa do Psicólogo.

12. Conversando sobre os *Sintomas transitórios*

Eliana Schueler Reis
Episódio transmitido em 29 de julho de 2021

O tema que vou trazer surge em um texto de Ferenczi de 1912 intitulado *Sintomas transitórios no decorrer de uma psicanálise*, que se encontra no vol. I das *Obras completas*. Apesar do texto sobre os sintomas transitórios ser bem do início da obra de Ferenczi e não ser considerado um dos "grandes textos", foi apontado por Freud em 1923, na comemoração dos 50 anos de Ferenczi, como "uma comunicação de aguda observação clínica" (Freud, 1923/1988, p. 289).

Na verdade, esse tema se estende por inúmeros textos muito simples e curtos, em geral, bem descritivos, publicados entre os anos de 1913 e 1923. Esses pequenos escritos encontram-se principalmente no vol. II e alguns poucos no vol. III das *Obras completas*. Vejamos alguns títulos: Um sintoma transitório: a posição do paciente durante o tratamento; Os gases intestinais: privilégio dos adultos; Mãos envergonhadas; Esfregar os olhos: substituto do onanismo; O esquecimento de um sintoma; Dois símbolos típicos fecais e infantis; Agitação em fim de sessão de análise; Um provérbio erótico anal; O silencio é de ouro. Além desses que descrevem ações corporais, existem outros textos, também muito curtos, que tratam de variedades de sonhos. Mas eu não vou falar sobre estes agora, pois eles dariam outra conversa.

Então, vamos ver o que são os sintomas transitórios e qual importância desse tema no desenvolvimento da obra de Ferenczi.

Ele inicia o texto de 1912 trazendo uma questão sobre o processo da cura psicanalítica, dizendo que para se chegar a uma verdadeira convicção da efetividade da análise, é preciso uma vivência afetiva, experimentar na própria carne, pois só uma compreensão intelectual não seria suficiente. O que ele quer dizer com isso? Para se tornar um psicanalista, a pessoa precisa passar ela mesma por uma análise profunda e viver diretamente a experiência de seu próprio sofrimento psíquico, o que lhe dá a possibilidade de acolher a experiência do outro. Para frisar a importância da experiência vivida, Ferenczi relata fenômenos que viu com seus próprios olhos em seus pacientes e que contribuíram para consolidar sua convicção sobre a dinâmica transferencial. Ele se deixou afetar por essas percepções que lhe mostraram como o corpo intervém direta e intensamente na transferência. Ferenczi descreveu com detalhes o que decidiu chamar de "sintomas transitórios" que surgiam ao longo de sessões de análise. São pequenos sinais corporais emitidos pelos pacientes de forma quase imperceptível e que normalmente são desconsiderados de tão insignificantes.

São sintomas porque indicam alguma coisa e transitórios porque não obedecem ao modelo dos grandes sintomas conversivos histéricos, que têm um caráter crônico e causam um comprometimento da vida do paciente, como as parestesias, cegueiras e mesmo as paralisias histéricas. Nós normalmente nem notamos esses sintomas transitórios, pois são ínfimos como o gesto distraído que se faz para coçar o nariz ou os olhos. No entanto, Ferenczi observou e descreveu essas manifestações motoras ou sensoriais, coisas do tipo: uma paciente tem uma súbita dor de dentes e, em vez de dar o sedativo que ela pediu, ele lhe diz que essa dor é a figuração da expressão húngara "o desejo de possuir todos esses bens me dá dor de dentes" (Ferenczi, 1912/1992, p. 186). E, para surpresa da paciente, a dor cessou subitamente.

Ele apresentou vários outros exemplos: coisas do tipo de uma sensação passageira e inexplicável de frio ou de calor; uma terrível sonolência; câimbras nas pernas; pequenas vertigens no final da sessão; bocejos incontroláveis; descargas intestinais ou urinárias urgentes; gases intestinais; tosses. Observando atentamente essas manifestações, Ferenczi as considerou sinais expressivos que indicariam estados de tensão psíquica de ordem transferencial que se apresentavam na esfera do corpo. Haveria uma espécie de "regressão caracterial", em que certos aspectos ligados às fixações autoeróticas (táteis, orais, anais, uretrais e outras) passavam a se manifestar subitamente nessas atividades motoras ou alterações sensoriais (Ferenczi, 1912/1992).

Ao observar as manifestações expressivas de seus pacientes, Ferenczi (1912/1992, p. 194) intuiu que os "deslocamentos dos afetos" de um modo de expressão verbal para um modo corporal podem seguir contiguidades fisiológicas (bocejo = suspiro, fala = tosse) ou agir por semelhanças, como a produção de ruídos intestinais que substituem uma fala reprimida.

O fato de registrar essas observações ao longo de anos em pequenos textos de meia página ou mesmo um parágrafo e publicá-los foi bastante ousado, pois, com esses relatos, Ferenczi compôs um mosaico dessas manifestações expressivas insistindo em seu caráter fragmentário. De início, a leitura desses textos nos surpreende por serem tão inusitados. É como se fossem pequenos haikais clínicos que só indicam sem buscar explicar. Para mim foram como *teasers*, anunciando que algo vinha por aí.

O registro publicado dessas observações tornou explicito um processo de investigação sobre a atividade expressiva corporal, que foi desenvolvida ao longo dos anos e se mostrou fundamental em trabalhos posteriores, como as considerações sobre os tiques, a noção de materializações histéricas e, em *Thalassa* (1924/1930), a noção de desenvolvimento do sentido erótico de realidade com a formulação do conceito de "anfimixia dos erotismos".

Citando Ferenczi em um texto de 1929, *Masculino e feminino*:

> *A boca, os orifícios de excreção, a superfície da pele, a atividade dos olhos e dos músculos etc., são utilizados pela criança como meios de autossatisfação, que durante muito tempo não recebem nenhuma "organização" tangível, sendo os autoerotismos ainda anárquicos. Mais tarde, as tendências para o prazer agrupam-se em torno de certos focos; é pela chamada organização oral e sádico-anal que o desenvolvimento começa a sair de sua anterior anarquia. (Ferenczi, 1929/1992, p. 38)*

Ferenczi considerava que cada parte do corpo poderia permanecer autônoma em sua atividade, gozando infinitamente do "prazer de órgão", e essa fruição somente será abandonada na medida em que se é impulsionado por uma solicitação maior, vinda em parte do próprio corpo quando este se articula com o mundo, à medida que suas capacidades perceptivas e motoras vão se tornando mais complexas e conduzem ao processo de anfimixia dos erotismos (Ferenczi, 1924/1992).

Para entender um pouco o que seria a anfimixia, vou me reportar ao livro *Le transfert*, de Michel Neyraut (1974), no qual ele categoriza a transferência sob duas rubricas: primeiro num modo extrínseco – quando há um deslocamento de energias para o exterior do Eu em direção ao objeto –, segundo num modo intrínseco, quando os deslocamentos se fazem utilizando o próprio corpo como território.

O processo de anfimixia seria um exemplo de transferência intrínseca. Pela anfimixia, os investimentos eróticos de prazer de órgão são transferidos de uma zona erogeneizada para outra em vias de erogeneização. Vemos que Ferenczi considerava que, assim como os traços mnêmicos se associam em representações psíquicas, as marcas das intensidades corporais, que variam segundo as modificações do desenvolvimento biológico e psíquico, se associam por contiguidade temporal, por similitude etc. As associações se dão através da recombinação dos modos parciais de satisfação ligados às zonas erógenas, em modos sempre mais complexos, permitindo ao mesmo tempo que as parcialidades permaneçam exercendo o seu poder. Ferenczi registrava manifestações mínimas corporais e com esse detalhamento fenomenológico entendemos que buscava compreender, pelos automatismos corporais, os caminhos percorridos na constituição subjetiva e como eles se manifestam nos modos pelos quais a transferência se apresenta na cena analítica.

Nesse ponto nos deparamos com uma marca importante de seu percurso: desde o início do trabalho como psicanalista, Ferenczi preocupou-se em compreender os caminhos de construção da subjetividade, seja através do processo de introjeção e alargamento do Eu, ou do desenvolvimento da relação com a realidade observando as variações sensórias e motoras do bebê e as relações simbólicas que se constroem entre o corpo e o mundo. Então, além da atenção flutuante na escuta das palavras e suas lacunas e deslizes, ele desenvolveu um olhar flutuante para as variações expressivas corporais que são os pequenos sintomas transitórios.

Aqui, vale trazer outro conceito muito caro a Ferenczi, ligado a essa atenção flutuante sobre o corpo e que terá importância em seu trabalho mais tardio. Estou falando da noção de autoplastia que é a capacidade do indivíduo de produzir alterações em si próprio, diferente da aloplastia, que implica numa ação para modificar o ambiente externo. A ideia da autoplastia pressupõe uma possibilidade de autoengendramento e de criação de múltiplas formas de existir através da plasticidade do corpo.

Vemos em *O desenvolvimento do sentido de realidade e seus estágios* (1913/1992), que Ferenczi seguia com atenção às modificações e alterações autoplásticas produzidas pelo bebê em seu processo de desenvolvimento e, através delas, buscava compreender como se desenvolve a relação do Eu com o mundo ambiente, mas também começava a elaborar um entendimento de como se produzem os sintomas que ele considerava como indícios de uma atividade criadora.

Assim, ele se interrogou sobre os caminhos percorridos na relação do Eu com o mundo, falando, por exemplo, da onipotência do gesto mágico do bebê que estende a mão para o objeto que quer alcançar, movido pela ilusão causada pela distância, e o objeto parece caber em sua mão. Ferenczi fez a ligação entre a onipotência gestual do bebê e a onipotência gestual dos sintomas conversivos histéricos, que criam um corpo que difere do modelo neuroanatômico. Foi o seu olhar atento aos pequenos sintomas transitórios que lhe permitiu elaborar a compreensão da potência autoplástica do corpo ao se expressar como multiplicidade no pequeno sinal, nos tons de voz, na gestualidade, no tônus muscular e nas sensações corporais mínimas.

Freud revelou que a alma se converte em corpo na histeria. A partir disso, Ferenczi traçou uma trajetória em que corpo e alma se interpenetram e se expressam mutuamente nas pequenas ações. Esse olhar para o corpo e os ínfimos sinais emitidos lhe permitiu se manter, na clínica, em contato com a dimensão dos fragmentos que se expressam sem forçosamente criar um todo unitário. Isso o levou a dizer em uma entrada do *Diário clínico* em 10 de janeiro de 1932, cujo título é "Pensar com o corpo é como a histeria", que forças intelectuais primitivas são acionadas quando as formas mais organizadas não dão conta. Nesse trecho, ele explora as possibilidades de utilizar "as ideias modernas sobre a energia e a matéria" (Ferenczi, 1932/1990, p. 36), para compreender certos funcionamentos psíquicos e corporais acionados em situações extremas.

Aqui, cito o *Diário clínico*:

> *Nos momentos de grande aflição, em face dos quais o sistema psíquico não está à altura, que quando esses órgãos especiais (nervosos e psíquicos) são destruídos com violência, forças psíquicas muito primitivas despertam e elas tentam controlar a situação perturbada. Nos momentos em que o sistema psíquico falha, o organismo começa a pensar. (Ferenczi, 1932/1990, p. 36-37)*

Para concluir, é importante frisar o quanto esse olhar para o fragmentário se fez presente desde o início de seu trabalho e como isso inspirou Ferenczi em suas experimentações clínicas. Essas experimentações se iniciam com as intervenções da técnica ativa

(1919 e 1921/1993) em que interditava ou estimulava as mínimas satisfações corporais obtidas pelos pacientes nos pequenos atos que realizavam de forma inconsciente durante as sessões. Em 1926, no texto *Contraindicações da técnica ativa*, Ferenczi formula uma crítica à técnica ativa considerando que ao usá-la o analista corre o risco de impor sua vontade aos pacientes, chegando a forçar uma submissão semelhante à da criança frente aos pais e professores (1926a/1993). A partir dessas reflexões, empreende as experiências com a técnica do relaxamento e neocatarse, onde propôs uma "economia do sofrimento" (Ferenczi, 1930/1992, p. 61) buscando trabalhar tanto com o princípio de frustração quanto com o princípio de *laissez faire* (Ferenczi, 1930/1992 p. 59). Sua intenção era criar uma atmosfera de confiança e liberdade, abrindo espaço para o surgimento de manifestações que ele entendia como símbolos mnêmicos corporais em que o passado emergia, não como lembrança, mas como uma realidade vivida no espaço transferencial.

A partir da questão do trauma e do traumático, Ferenczi propôs que a técnica se tornasse elástica e que o trabalho do analista se aproximasse da análise de crianças utilizando uma linguagem de jogo (1928/1992). Ele imaginou o analista como aquele boneco João Teimoso, que pode ser balançado de um lado para o outro, pode até ser derrubado, mas que sempre volta à sua posição junto ao paciente (1928/1992, p. 30). Nesse momento, Ferenczi sugeriu que o analista prestasse atenção às manifestações do infantil no adulto que vemos acontecer nos pequenos gestos, alterações nas posturas do corpo, nas súbitas mudanças de tonalidades de voz etc. Estando nessa disposição receptiva o analista se deixa contagiar, tornando-se disponível para falar com a criança que se faz presente.

Referências

Ferenczi, S. (1992). Sintomas transitórios no decorrer de uma psicanálise. In S. Ferenczi, *Obras completas. Psicanálise I.* Martins Fontes. (Original publicado em 1912).

Ferenczi, S. (1992). Desenvolvimento do sentido de realidade e seus estágios. In S. Ferenczi, *Obras completas. Psicanálise II.* Martins Fontes. (Original publicado em 1913).

Ferenczi, S. (1993). Dificuldades técnicas de uma análise de histeria. In S. Ferenczi, *Obras completas. Psicanálise III.* Martins Fontes (Original publicado em 1919).

Ferenczi, S. (1993). Prolongamentos da técnica ativa em psicanálise. In S. Ferenczi, *Obras completas. Psicanálise III.* Martins Fontes (Original publicado em 1921).

Ferenczi, S. (1992). *Thalassa – ensaio sobre a teoria da genitalidade.* Martins Fontes. (Original publicado em 1924).

Ferenczi, S. (1993). O problema da afirmação do desprazer. In S. Ferenczi, *Obras completas. Psicanálise III.* Martins Fontes (Original publicado em 1926a).

Ferenczi, S. (1993). Contraindicações da técnica ativa. In S. Ferenczi, *Obras completas. Psicanálise III.* Martins Fontes (Original publicado em 1926b).

Ferenczi, S. (1992). Elasticidade da técnica psicanalítica. In S. Ferenczi, *Obras completas. Psicanálise IV.* Martins Fontes. (Original publicado em 1928).

Ferenczi, S. (1992). Masculino e feminino. In S. Ferenczi, *Obras completas. Psicanálise IV.* Martins Fontes. (Original publicado em 1929).

Ferenczi, S. (1992). Princípio de relaxamento e neocatarse. In S. Ferenczi, *Obras completas. Psicanálise IV.* Martins Fontes. (Original publicado em 1930).

Ferenczi, S. (1992). Análise de crianças com adultos. In Ferenczi, S *Obras completas. Psicanálise IV.* Martins Fontes. (Original publicado em 1931).

Ferenczi, S. (1990). *Diário clínico.* Martins Fontes. (Original publicado em 1932).

Freud, S. (1988). Doctor Sándor Ferenczi (En su 50" cumpleaños). In S. Freud, *Obras completas* (v. XIX). Amorrortu. (Original publicado em 1923).

Neyraut, M. (1974). *Le transfert.* PUF.

13. Alguns comentários sobre *Reflexões psicanalíticas sobre os tiques*

Julio Verztman
Episódio transmitido em 5 de agosto de 2021

Vou comentar o artigo *Reflexões psicanalíticas sobre os tiques*, escrito por Ferenczi em 1921, incluído no volume III das *Obras completas*. Em outubro de 1920, Freud escreveu as seguintes linhas para Ferenczi: "Acabei de ler seu artigo sobre os tiques. Me pareceu bastante engenhoso, geralmente correto e minucioso, bem como avançado. Mas ainda falta um ponto alto, impactante" (Freud e

Ferenczi, 2000, carta 853, p. 35). Ainda no mesmo mês, Ferenczi lhe respondeu:

> *O artigo sobre o tique foi uma tentativa de pensar exaustivamente a ideia de uma origem sensório-narcísica para os tiques. Eu estou muito curioso para aprender algo novo e diferente sobre isso com o senhor. Eu presumo que o senhor já tenha uma melhor solução para essa questão. Meu principal propósito era a identificação das expressões motoras no tique e na catatonia. (Freud & Ferenczi, 2000, carta 854, p. 36)*

Espero estar à altura desta enorme tarefa, pois irei comentar um artigo denso, com múltiplas e divergentes linhas de interpretação. Gostaria logo de avisar ao leitor: Ferenczi toma o tique apenas como exemplo de um tipo clínico do qual ele estava tentando se aproximar. Esse artigo, portanto, é muito mais abrangente do que a busca de compreensão desse sintoma e marca uma importante inflexão em sua obra. Vou tentar circunscrever apenas três pontos de interesse, deixando vários outros aspectos de lado: 1) o panorama psicopatológico proposto por Ferenczi; 2) a construção de uma nova visada sobre o Eu; e 3) o esboço de concepções inéditas sobre o trauma, desenvolvidas posteriormente na obra.

Psicopatologia

A elucidação das expressões motoras e corporais do psiquismo sempre foi uma preocupação central de Ferenczi. Para compreender o tique, é preciso ter em mente outro artigo, *Fenômenos de materialização histérica* (Ferenczi, 1919/2011), escrito dois anos antes, encontrado também no volume III das *Obras completas*. Naquele trabalho, Ferenczi demonstrou como aspectos da sexualidade genital podem se materializar em partes do corpo, aparentemente distantes desse tipo de excitação de origem. O artigo sobre os tiques é uma espécie de contraponto a essa descrição, ou seja, procura descrever outras formas de adoecimento corporal que fazem o trajeto oposto a esse descrito para a histeria.

O tique já havia chamado a atenção de Ferenczi por sua ocorrência em alguns sujeitos que havia tratado e pela observação de pessoas conhecidas. É importante ressaltar que se trata aí de um conjunto sintomático bastante obscuro, tanto para a psicanálise quanto para a psiquiatria. Lembremos que Gilles de La Tourette havia publicado 30 anos antes um artigo sobre uma série de casos do que ele denominou de tiques convulsivos (La Tourette 1885). La Tourette era discípulo de Charcot, que, em sua homenagem, batizou esse quadro como doença de Gilles de la Tourette. O quadro descrito por la Tourette se caracterizava pela presença de tiques motores atingindo diversos grupos musculares, bem como tiques vocais. Entre estes últimos, sobressai a coprolalia, caracterizada pela vocalização repetitiva de palavrões e expressões consideradas obscenas.

No início do texto, Ferenczi fez uma revelação desconcertante: em comunicação pessoal, Freud lhe disse acreditar que os tiques possuíam uma origem orgânica. Ao invés de tomar essa hipótese como um obstáculo, Ferenczi interpretou-a de modo absolutamente original. Mais do que um fato cerebral ou sistêmico, como poderíamos interpretar hoje o termo orgânico, orgânico para Ferenczi estava relacionado com certas excitações derivadas de órgãos. E excitações não integradas de órgãos, em uma acepção abrangente e até metafórica, sempre foi um assunto que lhe interessou.

Não é à toa que o grande quadro nosológico com o qual o tique é comparado no artigo, é a catatonia. Essa síndrome, que ocorre geralmente nas psicoses, tem manifestações psicomotoras entre as suas principais características. Trazendo a catatonia como objeto privilegiado de comparação, Ferenczi procurou discutir, através dos tiques, outro caminho patológico que se apartasse das neuroses clássicas. "Os pacientes não se queixavam dos tiques. O tique era totalmente diferente dos sintomas das outras neuroses de transferência. A habitual ação recíproca dos sintomas nada podia contra ele" (Ferenczi, 1921/2011, p. 83).

Lembremos que estamos examinando um artigo de 1921, escrito logo após a enunciação da segunda teoria pulsional de Freud e pouco antes da segunda tópica propriamente dita. E, cinco anos antes de inibição, sintoma e angústia. Notamos que logo no início da famosa virada dos anos 1920, Ferenczi já propôs modelos mais distantes do paradigma do recalque. Nesse sentido, a neurose aproximada por ele dos tiques foi exatamente a neurose obsessiva. Os rituais e ações motoras dessa neurose poderiam tornar difícil o diagnóstico diferencial. Lembremos que em 1926, Freud também aumentou a distância entre as duas neuroses clássicas, histeria e neurose obsessiva. O mecanismo regressivo de desfusão pulsional da neurose obsessiva foi progressivamente afastado do recalque e da histeria. Assim, o quadro delineado por Ferenczi, conterá, de um lado, os tiques e a catatonia e do outro a histeria, ocupando a neurose obsessiva um lugar indefinido ou intermediário.

Ao final do artigo, Ferenczi diferenciou esses dois ângulos psicopatológicos, do seguinte modo: "os sintomas da conversão histérica são expressões do amor objetal que se revestem de autoerotismo. Os tiques e a catatonia, por outro lado, são expressões do autoerotismo que adotaram qualidades genitais" (Ferenczi, 1921/2011, p. 111). Numa frase famosa deste artigo, Ferenczi supõe que os tiques são uma espécie de *histeria do eu* (Ferenczi, 1921/2011, p. 111). Para compreender esse movimento, é preciso adentrar em nosso segundo ponto, o esboço de uma nova teoria do Eu. A dicotomia eu *versus* objeto ganhará uma nova roupagem sob a ótica de Ferenczi e será decisiva para a sua compreensão do tique.

O sistema mnêmico do Eu

Desde as primeiras páginas do artigo, Ferenczi afirma que os tiques são mais encontrados em sujeitos narcisistas. Chega a mencionar um tipo de caráter, o narcisista constitucional, para diferenciá-lo dos histéricos e dos demais neuróticos. Um dado encontrado no livro de dois autores franceses bastante citados por Ferenczi, Meige e Feindel, o torna confiante nessa hipótese: os tiques fazem os sujeitos observarem permanentemente seus próprios corpos e suas posições. O fato da face com suas expressões ser uma das sedes mais frequentes de tiques aumenta a densidade desta correlação. Mas o que é, nesse contexto, um sujeito narcisista para nosso autor? Escutemos esse depoimento de um paciente com tique:

> *Devo confessar que tenho um grande amor-próprio e sou extremamente sensível tanto aos elogios quanto às censuras. Busco os louvores e sofro cruelmente com a indiferença e a zombaria... O mais insuportável de tudo é o pensamento de que sou profundamente ridículo e de que todos escarnecem de mim. Nas pessoas com quem cruzo na rua, nas que encontro num ônibus, descubro sempre um olhar trocista, compadecido, que me humilha e que me irrita.* (*Ferenczi, 1921/2011, p. 90*)

É impressionante a semelhança dessa descrição de Meige e Feindel com as experiências de sujeitos tímidos, diagnosticados como fóbicos sociais, os quais atendemos em uma das pesquisas do

NEPECC (Verztman, 2014, Venturi & Verztman, 2012). A fragilidade narcísica destes sujeitos era notável.

Mas Ferenczi tinha sua ambição teórica própria. Ele supôs a existência de dois sistemas de memória distintos em todos nós, os quais marcariam especialmente nossas expressões e posições corporais, o sistema mnêmico do Eu e o sistema mnêmico de coisas:

> *Ao sistema mnêmico do eu caberia a tarefa de constantemente registrar os processos psíquicos ou somáticos do próprio indivíduo. Esse sistema seria, bem entendido, muito mais desenvolvido no narcisista constitucional [...]. O sistema mnêmico de coisas corresponderia, por outro lado, a traços mnêmicos de coisas inscritas no inconsciente, relativas aos objetos da libido (pessoas). (Ferenczi, 1921/2011, pp. 94-95)*

As trocas permanentes entre o sistema mnêmico de coisas e o sistema mnêmico do Eu permitiriam meios de expressão típicos da histeria. Essas trocas estariam, ao contrário, mais empobrecidas nos sujeitos narcisistas.

A suposição de que o eu corresponderia não somente a um objeto da libido, mas principalmente a um sistema complexo de memória, com raízes inconscientes e ramificações pré-conscientes e conscientes, nos impressiona por sua antecipação da segunda tópica freudiana. Não à toa, Ferenczi, parecendo bastante prosa com sua hipótese, escreveu a Freud, em 1923, logo após a publicação de *O eu e o isso*: "Agora, uma questão científico-pessoal. É justificado qualificar os sistemas mnêmicos do eu, como os postulei no meu artigo sobre o tique, como parte do seu ego? Eu acredito que sim" (Freud & Ferenczi, 2000, carta 926, p. 100).

Recapitulando, a fim de seguirmos em frente, Ferenczi supunha que os tiques eram uma expressão de problemas relacionados à formação do Eu na sua relação com as coisas (pessoas). Podemos supor que os tiques, e Ferenczi dá inúmeras indicações nesta direção, possuíam um papel narcísico, especialmente aquele relacionado ao cuidado com o corpo e à auto-observação. Mas só alcançaremos um entendimento abrangente dessa hipótese se examinarmos as diferentes possibilidades traumáticas descritas no artigo.

Tique e trauma

Vamos agora discutir certas formas de traumatismo em sujeitos definidos como narcisistas. Inicialmente, o autor supõe que nos narcisistas constitucionais a menor lesão de uma parte do corpo atinge o Eu como um todo. Se recordarmos bem, essa foi uma suposição de Freud, em introdução ao narcisismo, quando foi examinado o exemplo da dor. Ferenczi amplia essa hipótese para dar inteligibilidade a esse curioso fenômeno "orgânico" caracterizado pelo tique. Ele sugere que os fenômenos motores dos tiques derivam de uma fixação narcísica em determinadas partes e movimentos do corpo. Podemos depreender que, para que ocorra essa fixação, será necessária uma desarticulação entre o sistema mnêmico do eu e o sistema mnêmico de coisa. Desse modo, determinados grupos musculares, incluindo o sistema fonatório, passarão a ter certa independência. E essa independência será caracterizada pela repetição intensa de contrações e vocalizações, deslocadas no tempo.

Os tiques seriam a atualização repetitiva de algo que não pode progredir na relação com o objeto. Pergunto, então: o que será que o tique repete? Por que será que diante de proibição ou interdição para a realização do tique, o sujeito reage com extremo desconforto? A que este sintoma serve? Ele representa algo, como ocorre na histeria? Quais são as figuras ou instâncias implicadas na sua produção? Mesmo que tais indagações não sejam plenamente respondidas no artigo, elas confluem suficientemente para a enunciação de uma nova concepção sobre o trauma. Me limitarei, agora, a indicar momentos do texto nos quais o traumatismo comparece numa forma semelhante a concepções mais tardias do autor.

Um paciente de Meige e Feindel afirma: "Há em mim dois homens: o que tem tiques e o que não tem tiques. O primeiro é filho do segundo, é uma criança terrível que causa grandes preocupações ao pai." (Ferenczi, 1921/2011, p. 90). Ferenczi comenta a seguir: "Essas confissões mostram no portador de tiques o ser narcísico que permaneceu infantil no plano psíquico contra o qual a parte normalmente desenvolvida da personalidade tem dificuldade em lutar" (Ferenczi, 1921/2011, pp. 90-91).

Esse tipo de conflito, que já intrigava Ferenczi, sem dúvida, é o começo de uma proposição mais robusta de clivagem a ser desenvolvida futuramente. É evidente que a criança malcriada do exemplo acima se torna uma criança violentamente silenciada.

Mas Ferenczi também aponta o lócus do trauma e do conflito nos tiques, avançando no tema da clivagem. Diz ele: "Para explicar a formação do símbolo no tique, seria necessário supor a existência de um conflito no interior do ego (entre o núcleo do ego e o narcisismo) e de um processo análogo ao recalcamento" (Ferenczi, 1921/2011, p. 95). Percebemos que nesse ponto o texto se torna mais obscuro. Ferenczi ainda não encontra vocabulário capaz de descrever este conflito no interior do Eu, ou, o que seria esse processo análogo ao recalcamento – para nós a clivagem – capaz de produzir uma nova forma de divisão psíquica. O húngaro parece ter em mente o texto de Freud, *Luto e melancolia* (Freud 1917/2011), mas o papel da alteridade nestas formas de adoecimento ainda lhe escapa.

Comparando os traumatismos na histeria e no tique ele afirma:

> *Na histeria a relação libidinal com o objeto foi recalcada sob a forma de simbolização autoerótica do próprio corpo. No tique, pelo contrário, não parece existir relação de objeto dissimulada por trás do sintoma; por conseguinte, é a lembrança do próprio traumatismo orgânico que, neste caso, tem efeito patológico. (Ferenczi 1921/2011, p. 94)*

Não há, para Ferenczi, qualquer dissimulação ou disfarce no tique. É o próprio traumatismo orgânico que se repete. E o que será esse traumatismo orgânico? Nessa mesma página, o autor é claro: "o tique, assim como as neuroses traumáticas, repete a atitude do corpo no preciso momento do traumatismo" (Ferenczi, 1921/2011, p. 95). A associação, nesse ponto, com as neuroses traumáticas, trabalhadas por Freud um ano antes, é muito sugestiva. Algo com características exógenas rompe o escudo protetor do psiquismo, produzindo uma repetição que no caso do tique é a repetição de movimentos, posições e vocalizações que servem como testemunho de uma violência traumática.

Creio que os exemplos acima já sejam suficientes para demonstrar como esse artigo caracteriza um caminho para a intelecção do traumático.

Palavras finais

Para encerrar, *Reflexões psicanalíticas sobre os tiques* demonstra a originalidade do seu autor, a sua necessidade irrefreável de se aproximar de fenômenos que não se expressavam por vias simbólicas tradicionais. Reflete também sua leitura atenta do desenvolvimento da obra de Freud e sua parceria com o pai da psicanálise.

Podemos aquilatar a relevância desse texto para a clínica contemporânea, tomando como exemplo a última investigação do nosso núcleo de pesquisa, o NEPECC (Verztman & Pacheco-Ferreira, 2018). Nos atendimentos psicanalíticos a sujeitos com queixas de compulsão e diagnóstico psiquiátrico de TOC, reconhecemos em muitos deles um modelo próximo ao descrito por Ferenczi e aqui examinado. Longe do novelo representacional e regressivo caracterizado pela neurose obsessiva clássica, observamos em atos compulsivos e impulsivos da atualidade, formas repetitivas de experiência do corpo análogas às descritas por Ferenczi há exatos 100 anos.

Referências

Ferenczi, S. (2011). Fenômenos de materialização histérica. In S. Ferenczi, *Obras completas. Psicanálise III.* Martins Fontes. (Original publicado em 1919).

Ferenczi, S. (2011). Reflexões psicanalíticas sobre os tiques. In S. Ferenczi, *Obras completas. Psicanálise III.* Martins Fontes. (Original publicado em 1921).

Freud, S. (2011). *Luto e melancolia.* Cosac Naify. (Original publicado em 1917).

Freud, S. Ferenczi, S. (2000). *The correspondence of Sigmund Freud and Sándor Ferenczi* (v. 3, 1920-1933). The Belknap Press of Harvard University Press.

La Tourette, G. (1885). Étude sur une affection nerveuse caractérisée par de l'incoordination motrice accompagnée d'écholalie et coprolalie. (Jumping, Latah, Myriachit). *Arch Neurol,* 9:19-42.

Venturi, C.; Verztman, J. S. (2012). Interseções da vergonha na cultura, na subjetividade e na clínica atual. In Verztman, J. S. et al. *Sofrimentos narcísicos* (pp. 119-146). Cia de Freud.

Verztman, J. S. (2014). *Embaraço, humilhação e transparência psíquica: o tímido e sua dependência do olhar.* (v. XVII, pp. 127-140). Ágora.

Verztman, J. S.; Ferreira, F. P. (2018). O sintoma compulsivo na contemporaneidade: reflexões a partir de um estudo comparativo de casos à luz da teoria psicanalítica. In Birman, J. et al (org.). *Modalidades de pesquisa em psicanálise: métodos e objetivos* (pp. 115-132). Zagodoni.

14. Uma leitura sobre *A elasticidade da técnica psicanalítica*

Clarice Tesch
Episódio transmitido em 12 de agosto de 2021

Sándor Ferenczi, um dos pioneiros na história da psicanálise, deixou seu nome para sempre associado às questões do trauma infantil e das experiências com a técnica. Ferenczi ficou conhecido como o analista dos casos difíceis devido aos casos mais graves que atendia e para os quais a técnica psicanalítica padrão não dava conta.

Este texto denominado *A elasticidade da técnica psicanalítica*, publicado em 1928, se encontra no quarto volume das *Obras completas* desse autor e se originou de uma conferência que Ferenczi pronunciou num ciclo de palestras na Sociedade Húngara de Psicanálise.

Para situar melhor o momento em que foi escrito, cabe lembrar que, um pouco antes, Ferenczi viajou aos Estados Unidos, onde permaneceu alguns meses realizando uma série de palestras em Nova York e Washington, a convite de universidades americanas. Ferenczi sempre escreveu e publicou muito, porém, no ano anterior a essa viagem, publica apenas dois artigos, sendo que no ano em que viaja não fez nenhuma publicação, o que, para Balint, seu ex-analisando e amigo, indicava uma crise, pois nessa época seus conflitos com Freud haviam se intensificado e ele se sentia isolado e sem apoio dos colegas.

O texto *A elasticidade da técnica psicanalítica*, que foi publicado após retornar dessa viagem, contém uma crítica à rigidez do posicionamento técnico praticado pelos analistas de então, atribuindo essa postura às próprias reações contratransferenciais e resistências do analista, enfatizando a necessidade de mudanças na atitude analítica, fria e distante, que deveria se adequar às características e peculiaridades do paciente, ideias que já vinham sendo abordadas em seus escritos nos últimos anos.

Ferenczi tinha a convicção de que se uma pessoa procurava por tratamento psíquico e permanecia depositando alguma expectativa de receber ajuda através desse método, caberia ao analista encontrar a técnica mais adequada para auxiliá-lo.

É a partir desse momento que passa a desenvolver mais suas próprias ideias sobre as questões do trauma infantil o que, consequentemente, teve repercussões na clínica, percebendo que o próprio tratamento poderia ser traumático ou retraumatizante, como ele diz, se o analista não tivesse o cuidado e o tato necessários na condução do processo.

Nessa época, Ferenczi já tinha praticado a chamada técnica ativa, que tinha o propósito de estimular a atividade do paciente para poder tratar e vencer as resistências. A técnica ativa trouxe, num primeiro momento, um entusiasmo muito grande, pois parecia trazer a possibilidade de cura de uma maneira mais rápida e eficaz. Mas sua prática acaba se revelando não tão promissora assim, pois Ferenczi observa uma certa atitude passiva por parte dos analisandos que ele percebeu como sendo uma repetição, na transferência, da conduta passiva e submissa de uma criança traumatizada.

Vê-se, portanto, que o texto da *A elasticidade da técnica psicanalítica* já continha seu pensamento a respeito da teoria do trauma, mais propriamente no que se refere aos riscos provocados pelas respostas contratransferenciais do analista, pois a sua atitude fria e distante poderia repetir a situação traumática ao invés de tratá-la.

O autor levanta então a questão do "tato psicológico" (Ferenczi, 1928/1992, p. 27), um ponto central nesse texto, que é a capacidade que o analista deveria desenvolver para "sentir com" (p. 27) o paciente, o que lhe sinalizaria saber o quê, como e quando deveria comunicar alguma coisa ao analisando, evitando interpretações prematuras, intelectualizações ou silêncios desnecessários que só aumentariam as resistências causando um sofrimento inútil que muitas vezes o faria desistir da própria análise.

Ferenczi (1928/1992) preconiza que, para trabalhar sem provocar mais resistências do que as inevitáveis num tratamento, o analista deve ser capaz de usar esse tato psicanalítico, sua capacidade de "sentir com" (p. 27), colocando-se no lugar do paciente, mas afastando sua libido dele, por um momento, antes de fazer uma intervenção para primeiro avaliar a situação e não se deixar levar por sentimentos contratranferenciais inconscientes.

Ferenczi (1928/1992) percebe e alerta para os perigos que representa um analista que não foi suficientemente analisado, pois se esse não tiver seu narcisismo bem tratado pode se cegar, impedindo-se de perceber as resistências do analisando. Mesmo quando este proclama uma "fé entusiástica" (p. 29) no tratamento, diz literalmente, que esta fé "esconde quase sempre uma boa dose de desconfiança, cuja voz o doente procura abafar mediante promessas de cura impetuosamente exigidas de nós" (p. 29), o que poderia nos acionar a agir contratransferencialmente para atender às suas demandas.

O autor enfatiza que isto só poderia ser evitado se o analista se submetesse, ele próprio, a uma análise profunda de sua personalidade, uma "análise terminada" (Ferenczi, 1928/1992, p. 36) e não somente uma análise didática, de curta duração, para preencher os requisitos da formação analítica. Podemos ver então a importância que Ferenczi (1928/1992) coloca na análise pessoal do analista que ele denomina precisamente como sendo a "segunda regra fundamental da psicanálise" (p. 26).

Somente uma análise pessoal em profundidade permitiria ao analista tolerar e acolher todas as manifestações do paciente, inclusive as provocações e hostilidades sem se deixar capturar pelas mesmas, agindo de maneira benevolente e cautelosa, mantendo- se sempre na posição analítica abstinente e compreensiva, o que ele equipara à figura do boneco "João Teimoso" (Ferenczi, 1928/1992, p. 30), não se deixando perturbar pelas flutuações da transferência do paciente.

Denuncia que os analistas não suficientemente analisados poderiam atuar sua contratransferência reagindo com interpretações excessivas, intrusivas e inadequadas que só alimentariam ainda mais as resistências do paciente.

Já o uso do tato psicológico poderia guiar as intervenções do analista, permitindo que este possa manter uma distância afetiva adequada, nem a mais, a ponto de se transformar em frieza, nem a menos, a ponto de impedir a discriminação.

Chama a atenção também para a importância da sinceridade do analista, como fator fundamental para o processo de cura, pois diz que o paciente percebe a falsidade ou como chama, a "hipocrisia profissional" (Ferenczi, 1932/1992, p. 99) do analista, o que repetiria a situação traumática, já vivida, só que desta vez tendo como palco seu próprio tratamento.

Para Ferenczi, a capacidade do analista de reconhecer e admitir seus enganos – a modéstia do analista – é parte do processo de cura, não como expressão de uma simples modéstia, mas como forma de estabelecer uma relação de confiança no *setting*, restaurando a afetividade que foi sendo deixada de lado nas análises da época a título de neutralidade.

Para ele, a análise implica numa relação pessoal e autêntica entre analista e paciente e a única forma para que o sujeito possa ser ajudado é através de uma atmosfera de autenticidade e confiança que possibilite o êxito do tratamento.

Critica o excesso de interpretações, pois entende que o analista deve criar espaço para que o próprio paciente possa, ele mesmo, realizar o trabalho de interpretação com a mínima ajuda e que isso só se torna possível se o analista não insistir em fazer interpretações e intervenções muitas vezes desnecessárias ou superegóicas, sendo que somente uma espécie de desconstrução de superegos, tanto do paciente quanto do analista, pode contribuir para o processo de cura, pois o superego do paciente não pode ser apenas substituído pelo de outro, ou seja, pelo superego do seu analista.

Complementa então que as interpretações excessivas fazem parte do que chamou de "doenças de infância do analista" (Ferenczi, 1928/1992, p. 33), pois são respostas contratransferenciais de aspectos inconscientes e não suficientemente tratados do próprio analista.

Nesse ponto, o autor retoma sua crítica à técnica ativa esclarecendo que, apesar de que o que prescrevesse como atividade se referia ao paciente, pois era esse que deveria ser ativo, finalmente chegou à conclusão de que o analista deve se limitar apenas em interpretar as tendências para agir, escondidas ou inconscientes, para que o sujeito supere suas inibições sem insistir em medidas coercitivas, nem mesmo sob a forma de conselhos, pois, se formos suficientemente pacientes, o próprio sujeito, no seu tempo, acabará por arriscar uma tentativa de superar suas inibições.

Fala, então, da importância da translaboração (Ferenczi, 1928/1992, p. 33), ou seja, do processo que permite que o sujeito durante o tratamento, a cada nova compreensão, revise todo material anterior reconstruindo as partes essenciais do edifício já construído na análise e isso não só com relação à sua história de vida, mas também com relação às experiências vividas no próprio tratamento, o que possibilita que o paciente, antes mesmo de se separar de nós, desvie seu olhar da análise para, finalmente, dirigi-lo para as tarefas da vida real.

Diz então que abordará uma questão que certamente ainda não foi falada até então e que ele chama de "metapsicologia dos processos psíquicos do analista" (Ferenczi, 1928/1992, pp. 34-35) que durante sua longa jornada diária nunca pode dar-se ao prazer de se abandonar totalmente ao livre curso de seu egoísmo ou narcisismo, o que ocasiona uma sobrecarga emocional muito grande, que cedo ou tarde exigirá a elaboração da "higiene particular" (p. 35) de sua vida psíquica, o que, de acordo com o autor, seria mais um argumento a favor da segunda regra fundamental da psicanálise, ou seja, sua análise pessoal.

Entende que o objetivo da análise, tanto para os pacientes como para os analistas, seria a conquista de uma mobilidade da libido para poder desfrutar simplesmente da vida, o que também sustenta a condição para que o analista possa exercer essa necessária elasticidade em sua técnica.

Ferenczi (1928/1992) diz temer que principiantes ou os que têm tendência para o exagero possam se aproveitar de suas "proposições acerca da importância do 'sentir com' para enfatizar o fator subjetivo, isto é, a intuição e subestimar a apreciação consciente da situação dinâmica" na análise (p. 36), pois tem visto muitos analistas usarem suas prudentes e cada vez mais escassas tentativas de atividade para exercerem medidas de coerção, por vezes impregnadas de sadismo ou, ao contrário, usar seus conselhos sobre a tolerância e a paciência do analista como sustentação de uma técnica masoquista.

Salienta por fim que o motivo principal de escrever esse texto era justamente "privar o 'tato' de seu lado místico" (Ferenczi, 1928/1992, p. 36), o que talvez fosse muito pretensioso e que a única base confiável para uma boa técnica analítica é a análise terminada do analista, pois, dessa forma, os processos de "sentir com" (p. 27) se desenvolverão num nível pré-consciente na mente do analista que poderá, então, avaliar o momento e a adequação de se fazer uma intervenção.

Podemos pensar, por fim, que o próprio título do texto *A elasticidade da técnica psicanalítica*, por si só sugere e nos coloca frente aos desafios dos tempos atuais, com as modificações e adaptações que tivemos que fazer em nosso *setting* analítico em virtude dos tempos pandêmicos: os divãs dando lugar ao virtual, nossos espaços e escritório caseiros transformados em consultórios, o WhatsApp e o vídeo substituindo a presença física, a conversa telefônica em lugar da fala presencial, enfim, fomos tomados de assalto e tivemos que encontrar outras formas de atender nossos pacientes.

Mas como praticar a psicanálise levando-se em conta as transformações da atualidade e a complexidade das subjetividades atuais não nos perdendo em desvios que desvirtuam os parâmetros que configuram o método psicanalítico, nem nos convertendo num divã de procusto?

Ousarmos ser criativos dentro do próprio enquadre analítico, respeitando seus parâmetros e limites, mas tendo a suficiente elasticidade para melhor compreender e tratar os pacientes atuais que não se enquadram nas estruturas neuróticas repressivas tradicionais é um dos grandes desafios com que nos defrontamos atualmente.

Talvez inspirados nesse ousado e criativo autor, cada um de nós, junto da especificidade de cada paciente que atendemos, possamos praticar a necessária elasticidade da técnica, para prestar ajuda a quem nos pede.

Referências

Ferenczi, S. (1992). Elasticidade da técnica psicanalítica. In S. Ferenczi, *Obras completas. Psicanálise IV.* Martins Fontes. (Original publicado em 1928).

Ferenczi, S. (1992). Confusão de línguas entre os adultos e a criança – a linguagem da ternura e da paixão. In S. Ferenczi, *Obras completas. Psicanálise IV.* Martins Fontes. (Original publicado em 1932).

15. Os limites da objetividade: reflexões decorrentes da leitura crítica de *O problema da afirmação do desprazer – progressos no conhecimento do sentido de realidade*

Alexandre Abranches Jordão
Episódio transmitido em 20 de agosto de 2021

Este texto de 1926 serve primordialmente para discutir dois aspectos fundamentais da contribuição de Ferenczi para a psicanálise. O primeiro aspecto é a sua aproximação com Freud, o seu apreço pelas ideias freudianas e o quanto ele, no fundo, é fiel a tais ideias. Esse texto demonstra muito bem como é que Ferenczi, na verdade, se vê sempre estimulado pelas novidades freudianas e produz a partir disso. É aí que está a originalidade dele, sempre tomar Freud como estímulo, como ponto de partida para suas próprias formulações. O segundo aspecto é que tais contribuições, no que toca à metapsicologia, se fazem preferencialmente a partir do referencial narcísico.

Esse é um texto que trata da questão do contato do ser humano com a realidade e do quanto, no fundo, esse contato é sempre precário e hesitante; muitas vezes deficiente. Isso é comum tanto a Ferenczi quanto a Freud. Mas nesse momento, em particular, essa questão encontra dois outros estímulos específicos: um deles, o artigo sobre *A negação* de Freud (1925/2014), publicado um ano antes; e um outro texto, este do próprio Ferenczi, publicado dois anos antes, *Thalassa*. Trata-se, neste último, de uma tentativa, segundo o próprio autor, de construção de uma bioanálise, ou como diz Nicholas Abraham (1962), na introdução à edição francesa de *Thalassa*, um esforço para levar o método psicanalítico às últimas consequências, aplicar esse método de investigação da realidade até à paleontologia, até às origens da vida.

O tema do contato com a realidade nos interessa, particularmente num momento em que vivemos tempos de pós-verdade, de *fake news*, de negacionismo, de terraplanismo. Ou seja, aparentemente nós nunca tivemos um contato com a realidade tão precário e tão permeado por ideias delirantes. É claro que aqui, em Freud e Ferenczi, o que encontramos – é isso que eu pretendo discutir com mais profundidade – é que, no fundo, sempre foi assim e o que vivemos hoje não constitui novidade alguma. É mais do mesmo.

Com isso não quero dizer que não haja singularidade na maneira como isso se apresenta hoje, mas sim que o fenômeno em si não é novo. Ele sempre esteve presente e nos acompanha a todos enquanto sujeitos.

Como o título já deixa claro, Ferenczi (1926/1993) prefere discutir a questão da afirmação do desprazer, ou seja, uma constatação do próprio Freud quando fala em princípio da realidade - que no fundo seria um princípio da afirmação do desprazer, por oposição ao princípio do prazer. Ferenczi prefere sempre essa outra formulação, afirmação do desprazer, para enfatizar exatamente essa indisponibilidade do sujeito em relação à plena aceitação da realidade (uma certa indisposição crônica); e quando o faz é de má vontade, sempre de maneira parcial, nunca total, nunca integral.

Isso aparece, em Freud, definitivamente, no texto do narcisismo de 1914: o contato com a realidade é invariavelmente permeado pela fantasia. Ferenczi já tinha tratado desse tema antes, em 1913, em outro texto extraordinário *O desenvolvimento do sentido de realidade e seus estádios*, quase um prólogo ao texto freudiano do narcisismo que virá a público no ano seguinte.

A novidade é que, desde sempre, em Ferenczi a questão da realidade se dá por oposição ao narcisismo. Acompanhamos este entendimento tanto em Ferenczi quanto em Freud. Neste último, a partir da noção de narcisismo, a partir de quatorze e de maneira especialmente clara no *Complemento metapsicológico à doutrina dos sonhos*, escrito em 1915 (Freud, 1917[1915]/1996). Aqui, Freud fala de um estado narcisista do sono e afirma textualmente que o estado de dormir não quer saber do mundo à sua volta, não está nem aí para a realidade. É um pouco isso o que Ferenczi (1913/1987) faz nesse texto extraordinário, precedente ao texto do narcisismo, *O desenvolvimento do sentido de realidade e seus estágios*, que também aponta para um processo gradual de descentralização narcísica em que a capacidade de entrar em contato com a realidade externa se dá sempre às custas do narcisismo.

Isso é importante para pensarmos o quanto tal relação é, em si, sempre paradoxal, conflituosa e problemática; o quanto o investimento objetal disputa com o investimento narcísico o tempo todo; o quanto, por mais que, sim, possamos pensar que a posse do objeto pode representar um ganho narcísico significativo, será um ganho narcísico necessariamente ambivalente porque representa também a falta de autonomia; representa a parcialidade desse narcisismo que se quer completo, total, absoluto, enfim.

É claro que a questão do contato com a realidade, da busca pelo objeto, sempre intrigou Freud. Se fizermos, assim como Ferenczi, no início desse texto de 1926, uma abordagem panorâmica da questão, bastará lembrar que ao postular a experiência primária de satisfação no texto da interpretação dos sonhos (Freud, 1900/1996), imediatamente o que se coloca é: "Bom, se na busca por reencontrar o objeto eu sou capaz de alucinar e me gratificar com esta alucinação, o que me faz, enquanto o bebê, enquanto *infans*, abandonar esta estratégia em favor da busca efetiva do objeto no mundo?".

Questão complicada em si, difícil de resolver. Tanto Freud quanto Ferenczi lançarão mão do recurso ou do apelo à biologia. É como se o corpo fisiológico é que viesse resgatar o sujeito desse estado de pasmaceira provocada pela alucinação do objeto e da satisfação decorrente desse processo. A questão é: como isso se dá? Ferenczi propõe uma máquina de calcular em que o princípio do prazer ainda é o princípio norteador. A máquina de calcular decidirá o que gera menos desprazer, se é a manutenção dessa pasmaceira alucinatória que no fundo não gera a satisfação efetiva da necessidade fisiológica – o bebê não come, ele continua com fome – ou se não, se o resultado da máquina de calcular indica que vale a pena, que é menos desprazeroso, abrir mão da alucinação e buscar o objeto no mundo que possa realmente satisfazer a necessidade fisiológica.

É claro que o problema que se coloca imediatamente é: "Bom, mas esta é a matriz do funcionamento desejante em Freud". E a questão é: sendo assim, o próprio prazer que o objeto proporciona pode ser igualmente incluído numa esfera de satisfação narcísica e o próprio sujeito se apropriar dessa satisfação e alucinatoriamente transformar isso em uma produção autônoma que, novamente, não quer saber do mundo externo a não ser como uma referência longínqua em relação à existência efetiva do objeto.

A questão não se resolve fácil. Ela vai se resolver, na verdade, é quando, no texto do narcisismo, Freud (1914/1996) postula a fantasia como intermediário necessário no acesso aos objetos. Não há acesso à realidade externa que não passe pela fantasia. A fantasia é incontornável, é ela que faz a mediação entre um sujeito fechado em si mesmo e o mundo que está lá fora.

É aí que Ferenczi volta à baila, ele já tinha apresentado anteriormente a noção de introjeção (Ferenczi, 1909/1987). Com esse entendimento de Freud em relação à fantasia, no *Introdução ao narcisismo* (Freud, 1914/1996), o que temos agora – e é isso que reaparece e que Ferenczi retoma magistralmente aqui (1926/1993) e Freud no texto sobre *A negação* (1925/2014) igualmente – é: não existe nada do mundo com o qual eu me relacione que eu já não tenha, de alguma maneira, introjetado; ou seja, isso já é parte do meu ego, já é eu. Em outras palavras, esses objetos já são, em si, objetos narcísicos. O objeto jamais terá plena autonomia e plena originalidade. Ele será sempre uma mistura entre o que ele tem de original, único e singular e o que eu pinto, decoro, fantasio segundo as minhas características narcísicas particulares.

Freud ilustra isto de maneira bem simples no texto do narcisismo (1914/1996) a partir de três abordagens diferentes, uma das quais é o amor, o apaixonamento. Se tomarmos o amor à distância, isso fica mais claro ainda: o quanto no amor à distância a pessoa acaba convivendo, sempre, com uma fantasia de outro, uma fantasia de objeto, que muito pouco corresponde à realidade. Não é à toa que, quando esses casais se encontram por mais tempo um pouco, as rusgas começam a aparecer porque há uma distância muito grande entre aquela pessoa com quem o sujeito convive na sua fantasia e esta que se apresenta efetivamente nesse encontro romântico.

Introjetar quer dizer aparar as arestas, trazer o objeto para o campo narcísico, para o interior do Eu, sempre de forma selecionada: eu dou uma certa uniformizada, uma pasteurizada, nesse objeto e deixo-o mais parecido comigo mesmo.

É interessante pensar isso para desfazermos, ainda que parcialmente, essa ideia de que é o biológico, no fundo, o fator determinante no contato com a realidade. Porque, na própria noção de introjeção, o que fica claro é que há um movimento que é da própria libido, que ao investir os objetos é como se iluminasse esses objetos contra um céu escuro, ele (o objeto) ganha destaque, a libido dá destaque. É a libido que torna o objeto desejável. E a própria inclusão desse objeto na esfera narcísica – a rigor e para ser bem ferencziano, a extensão do ego para englobar esta nova realidade com a qual ele passa a conviver – na verdade, é ambivalente desde o começo porque ela se faz sempre às expensas da libido do Eu.

Investir os objetos implica retirar libido do polo narcísico e isso gera, necessariamente, muitos problemas. Estamos, aqui, eminentemente no campo econômico, da economia psíquica, das quantidades de energia psíquica disponíveis para esses vários movimentos, mas lembrando que a energia é uma só, é libido. É ela que investe o polo narcísico, que investe o Eu, ou que, alternativamente, vai iluminar esse objeto, torná-lo atraente.

Essa é uma disputa que, igualmente, estará sempre presente e que ganha uma nova roupagem com a segunda teoria pulsional freudiana. De certa forma, o texto do narcisismo (Freud, 1914/1996) exige uma reformulação da primeira teoria pulsional porque, ali, fica muito claro, desde cedo, que os interesses narcísicos nem sempre correspondem aos objetivos da autoconservação. Não é mais possível manter aquela divisão entre pulsões sexuais *versus* pulsões de autoconservação. É preciso que entendamos que são apresentações possíveis de arranjos mais complexos.

A pulsão de morte é a grande novidade que finalmente lança luz tanto sobre esse processo ambivalente de aceitação da realidade quanto o quanto o próprio campo narcísico é, em si, também complexo e ambivalente.

Em *O problema da criação do desprazer*, Ferenczi (1926/1993) retoma aquela cena mítica da primeira mamada seguida, de novo, de nova fome, nova emergência de impulsos desejantes em que se busca reencontrar o objeto, que não se apresenta imediatamente. Essa frustração causa raiva, o objeto passa a ser um objeto de amor e ódio. Ou seja, a ambivalência já está presente desde sempre nas relações de objeto. Diz Ferenczi textualmente: "Queremos somente acrescentar que a *ambivalência* de que acabamos de falar, ou seja, o *desintricamento pulsional,* é absolutamente necessário para que apareça uma percepção de objeto" (1926/1993, p. 397, grifos do autor).

É esta a questão de Freud no texto da negação (1925/2014), que traz essa marca do narcisismo e da pulsão de morte, da nova teoria pulsional. É nesses termos que aparece ali, com uma novidade que é a própria noção de narcisismo. Ela permite a Freud fazer o diferencial prazer/desprazer como fundante do próprio diferencial narcísico Eu/não Eu, desse momento inaugural do sujeito onde ele se separa do mundo e dos objetos. Uma dinâmica em que o eu vive como próprio, como seu, aquilo que é prazeroso e tudo que é doloroso, desprazeroso, fonte de angústia e de sofrimento é visto como não Eu. O mal, o ruim, está sempre fora; o bom está sempre dentro.

É um processo que, no fundo, pode claramente desembocar no negativismo. É o termo que tanto Freud quanto Ferenczi usam – hoje falamos em negacionismo. Em Freud, o negativismo (no penúltimo parágrafo do texto da negação) é entendido como "o prazer de negar em geral" (1925/2014, p. 27). Em Ferenczi lemos, textualmente, "a tendência para suprimir a existência das coisas" (1926/1993, p. 394).

É importante notar o quanto o encaminhamento freudiano da questão é idêntico ao de Ferenczi, ou vice-versa. Cito mais extensamente a frase de Freud, do texto da negação, penúltimo parágrafo: "O prazer de negar em geral, o negativismo de muitos psicóticos, deve ser provavelmente entendido como sinal de defusão pulsional, com a retração dos componentes libidinais" (1925/2014, pp. 27-9). A frase de Ferenczi é a seguinte: "No negativismo, a tendência para suprimir a existência das coisas, ainda vemos em ação as forças recalcadoras que, no processo primário, levaram à ignorância total do desprazer" (1925, p. 394). O que Ferenczi explicita aqui – o mais interessante! –, é que esse processo, então, é um processo intermediário entre a absoluta ignorância do mundo externo, dos objetos e a sua aceitação. É preciso que haja a primeira negação da objetividade, da realidade, para que posteriormente numa segunda operação de negação, negue-se essa primeira negação, e aí, sim, constitua-se uma afirmação da realidade enquanto tal.

Assim chegamos ao ponto fundamental, que permite a Ferenczi concluir o seguinte:

> *só podemos amar (reconhecer) objetos à custa do nosso narcisismo; nova ilustração do fato psicanalítico muito conhecido de que todo o amor de objeto forma-se a expensas do narcisismo. [...] É tolerada uma destruição parcial do ego, mas somente com o objetivo de construir,*

a partir do que restou, um ego capaz de resistência ainda maior. (1926/1993, p. 402)

Voltamos à questão da máquina de calcular. Se, como observou Lacan em *O seminário: livro 1* (1986), a novidade do texto do narcisismo de Freud é que, até então, parecia que o sujeito era simplesmente fruto do embate entre as pulsões; a partir do texto do narcisismo é o outro que entra em cena no papel de criador, de inventor, dessa nova subjetividade, ainda latente ali. "Sua Majestade o bebê", a nova ação psíquica que vem conferir uma primeira unidade ao Eu (Freud, 1914/1996).

É dessa mesma maneira que Ferenczi aborda a questão da possibilidade de lidar mais objetivamente com a realidade, a partir do que ele chama de "compensação", e ele o faz a partir da transferência. A transferência teria esse poder e o papel fundamental de exercer a função de garantia narcísica que permitiria ao sujeito abrir mão de uma parcela do seu próprio narcisismo para lidar com realidades desprazerosas, angustiantes, sofridas, que se apresentam ao longo de uma análise. Ou seja, é no campo dos afetos.

A questão é: a objetividade só é possível a partir da disposição do próprio sujeito de abrir mão de parcelas do seu próprio narcisismo para alcançar algo da ordem de uma relação mais direta com a realidade. A questão que se coloca, então, para nós, na atualidade é: o que está acontecendo que parecemos cada vez menos dispostos – nós enquanto sociedade, mas enquanto indivíduos particulares também – a abrir mão de parcelas do nosso narcisismo em favor da objetividade?

Testemunhamos cotidianamente a repetição de um padrão em que a própria desintrincação pulsional se torna parcial e em que seus alcances ou suas consequências também são parcializados. O contato com a realidade acaba inexoravelmente precarizado em favor dos ganhos narcísicos imaginários daí decorrentes. É uma equação simples: quanto mais buscamos nos encastelar nas nossas frágeis fortalezas narcísicas, menos propícios ficamos ao novo e ao singular presentes na diversidade objetal. E a realidade fica, por consequência imediata, mais distante e ameaçadora.

Referências

Abraham, N. (1992). Présentation. In S. Ferenczi, *Thalassa: Psychanalyse des origines de la vie sexuelle* (pp. 7-19) Payot. (Original publicado em 1962).

Ferenczi, S. (1987). Transferência e introjeção. In S. Ferenczi, *Escritos Psicanalíticos 1909-1933* (pp. 29-60). Taurus. (Original publicado em 1909).

Ferenczi, S. (1987). O desenvolvimento do sentido de realidade e seus estádios. In S. Ferenczi, *Escritos Psicanalíticos 1909-1933* (pp. 74-88). Taurus. (Original publicado em 1913).

Ferenczi, S. (1992). *Thalassa: Psychanalyse des origines de la vie sexuelle*. Payot. (Original publicado em 1924).

Ferenczi, S. (1993). O problema da afirmação do desprazer: progressos no conhecimento do sentido de realidade. In S. Ferenczi, *Obras completas. Psicanálise III* (pp. 393-404). Martins Fontes. (Original publicado em 1926).

Freud, S. (1996). La interpretación de los sueños. In S. Freud, *Obras completas* (vv. IV-V). Amorrortu. (Original publicado em 1900).

Freud, S. (1996). Introducción del narcisismo. In S. Freud, *Obras completas* (v. XIV, pp. 65-98). Amorrortu. (Original publicado em 1914).

Freud, S. (1996). Complemento metapsicológico a la doctrina de los sueños. In S. Freud, *Obras completas* (v. XIV, pp. 215-234). Amorrortu. (Original publicado em 1917[1915]).

Freud, S. (2014). *A negação*. Cosac Naify. (Original publicado em 1925).

Lacan, J. (1986). *O Seminário: livro 1 – os escritos técnicos de Freud*. Jorge Zahar.

16. Uma leitura do texto *Transferência e introjeção*

Maria Manuela Assunção Moreno
Episódio transmitido em 27 de agosto de 2021

Caro ouvinte do podcast "Escutando Ferenczi", venho hoje dividir com vocês a minha leitura de *Transferência e introjeção*, texto de Ferenczi de 1909 que pode ser considerado um clássico da psicanálise, publicado logo após os primeiros contatos de Ferenczi com Freud e com a teoria psicanalítica, e que já apresenta – em estágio embrionário – muitas das ideias que o autor desenvolverá ao longo de sua obra.

O texto encontra-se dividido em duas partes. Na primeira, Ferenczi (1909/1987) apresenta uma reflexão metapsicológica a respeito do funcionamento psíquico, ampliando e aprofundando a formulação freudiana de transferência a partir de sua teorização a respeito do processo de introjeção, conceito que pode ser pensado como sua primeira criação psicanalítica. Na segunda parte, o autor retoma antigos métodos de tratamento pré-analíticos, a hipnose e a sugestão, para refletir sobre seus mecanismos a partir da ideia de transferência.

Ferenczi foi um observador clínico excepcional e questionador inquieto, procurando pensar minuciosamente a fenomenologia e a metapsicologia do processo psicanalítico, muito atento aos pequenos signos, detalhes e manifestações do corpo que surgiam durante as sessões: tom de voz, sonolência, dores, vertigens, entre outros. Enquanto Freud explicava os atos sintomáticos como produções do inconsciente, ligados ao movimento pulsional e defensivo do sujeito e determinados pela história passada dos analisandos, Ferenczi, como Mezan (1993) destaca, foi além ao se interrogar sobre o papel causativo que a própria situação analítica, investida pela transferência, teria nestas manifestações. É a partir dessa sensibilidade à posição do analista na sessão que Ferenczi é levado a designar um lugar fundamental para o outro na constituição do psiquismo, papel que a meu ver constitui uma de suas mais valiosas contribuições metapsicológicas.

Em *Transferência e introjeção*, Ferenczi (1909/1987), seguindo a tradição freudiana, parte de uma situação clínica – a transferência –, e do mecanismo de identificação histérica, para chegar a uma hipótese sobre um aspecto do funcionamento psíquico em geral – a introjeção –, processo referido à própria dinâmica da pulsão, comum a todos, neuróticos e não neuróticos. Sigamos de perto o pensamento de Ferenczi: a transferência é tomada pelo autor como um caso particular da tendência geral nos neuróticos ao deslocamento. Para escapar a certos complexos penosos de representações inconscientes recalcadas, o excesso de excitação desligado e que se tornou livremente flutuante (fonte, então, de angústia) desloca-se buscando neutralização tanto por meio dos sintomas como sobre objetos do mundo exterior. Observa-se assim, nos diz Ferenczi, o exagero de sentimentos de amor, repulsa, atração, ódio para com pessoas, ideias e coisas do mundo exterior, remetendo-nos dessa forma ao comportamento excessivo dos histéricos, que fora outrora mal compreendido.

A situação analítica de cura é especialmente favorável para o estabelecimento de tal transferência à medida que desperta progressivamente na consciência os afetos recalcados, que, ao se chocarem em estado nascente com a pessoa do analista, tentam trazer aí suas valências químicas não saturadas. Ao utilizar essa analogia química, Ferenczi (1909/1987) compara o processo analítico a uma catálise, em que o analista agiria como um catalisador, atraindo provisoriamente os afetos liberados pela decomposição. O comportamento benevolente, compreensivo, assim como uma palavra menos amistosa, podem engendrar afetos de amor e ódio derivados do complexo de Édipo. Sobre sua figura será deslocado o papel místico que o médico exerce nas fantasias sexuais infantis, daquele que sabe das coisas proibidas, vê e toca o que está escondido.

Dois pontos merecem destaque nas elaborações ferenczianas. O autor parece colocar mais ênfase na busca da libido por ligação, ao referir-se expressamente à busca da libido por um objeto para neutralizá-la, do que por descarga, que seria a forma prioritária de satisfação indicada pelo pensamento freudiano até então. E, ao falar de neutralização, Ferenczi abre um caminho para percebermos o analista como participante desse processo, colocando em questão o princípio de abstinência.

Partindo então do paradigma da neurose, Ferenczi considera que o neurótico se encontra em uma perpétua busca de objetos de transferência, de identificação, procurando incluir em sua esfera de interesse uma parte tão grande quanto possível do mundo exterior para torná-la objeto de suas fantasias. Como Ferenczi o conceitua em 1912, em seu texto *O conceito de introjeção*, tal processo se dá pela extensão do interesse de origem autoerótica ao mundo exterior, pela introdução de objetos exteriores na esfera do ego. E ressalta que considera todo amor objetal, ou toda transferência, como uma extensão do ego. Em suas palavras, "é essa união entre os objetos amados e nós mesmos, esta fusão desses objetos com o nosso ego, que chamei de introjeção" (Ferenczi, 1912/1987, p. 61). A introjeção expande, assim, a esfera do Eu. Como resultado dessa compreensão, a introjeção passa de um mecanismo defensivo a um estatuto de modelo fundador do funcionamento psíquico.

Ainda nesse texto de 1912, Ferenczi considera a transferência dos neuróticos como um exagero inconsciente desse mecanismo dinâmico, que se torna então defensivo, uma espécie de doença introjetiva. Por meio dessa perpétua procura por objetos de transferência e identificação, o neurótico espalha seu amor e seu ódio pelo mundo, dispersa suas emoções sobre todos os tipos de objetos, dilatando patologicamente seu ego e dilapidando seu capital afetivo, para deixar, no inconsciente, suas emoções ligadas a certos complexos. Em busca de uma clareza teórica, Ferenczi diferencia esta exteriorização da que se dá na paranoia. Nesta, acontece primeiro um movimento de retração da libido para o ego, um desinvestimento do mundo para em seguida ocorrer uma exteriorização projetiva. O paranoico joga então para fora do ego o interesse psíquico, depositando no mundo exterior as emoções difíceis e sofrendo um estreitamento do ego, configurando-se assim uma doença projetiva.

Ferenczi considerará, na sequência, que ambos, o mecanismo da projeção e o da introjeção, encontram-se na vida mental de todos os homens, participando da constituição psíquica, da ontogênese do Eu. Ferenczi parte da ideia do ser humano como uma mônada inicial: o bebê experimenta todas as sensações, quer as vindas do mundo externo quer as do mundo interno como idênticas. Esses primeiros sentimentos subjetivos se encontram calcados na ilusão de onipotência, decorrente da vivência no ventre materno. Frente à impossibilidade de controlar onipotentemente o ambiente, o bebê começa a descobrir a "malícia das coisas", - Roussillon (2006), citando Winnicott, mais tarde falará em aspectos duros dos objetos, aqueles que resistem a ser prontamente integrados ao eu (como no caso de uma demora na alimentação que passa a desencadear uma destruição fisiológica) - ocorrendo, dessa forma, a primeira necessidade de distinção entre conteúdos psíquicos subjetivos (sentimentos) e os objetivados (impressões sensíveis). Aquilo que do objeto, do mundo exterior não se submete ao desejo do bebê é vivido como desagradável e é por isso expulso da massa de percepções, marcando uma fronteira entre o vivido subjetivo e o percebido objetivo.

Por meio dessa 'projeção primitiva' ocorre então uma primeira separação Eu/não Eu, instalando-se um modo dualista de funcionamento egóico. Contudo, uma maior ou menor parte do mundo exterior não se deixa tão facilmente expulsar do eu. Imaginemos, aqui, a dependência do bebê em relação ao seio. Este lhe é absolutamente necessário, então o mundo exterior continua se impondo ao eu como em um desafio: ama-me ou me odeie. O ego em constituição cede ao desafio e reabsorve parte desse mundo. Dessa forma, se constitui a introjeção primitiva. Nesse primeiro texto de 1909, a introjeção primitiva aparece como decorrente do fracasso da projeção. Já no texto de 1912, Ferenczi defende que a introjeção é primária, constituindo-se como movimento regular do aparelho psíquico, posição que é reforçada em 1926:

> *Recorrendo à terminologia psicanalítica, designei a primeira fase, aquela em que só o ego existe e em que este se apropria do universo inteiro da experiência, como período da introjeção; a segunda fase, quando a onipotência é atribuída a poderes externos, período de projeção; quanto ao último estádio de desenvolvimento, concebi-o como um estádio em que os dois mecanismos são igualmente utilizados e mutuamente se compensam. (Ferenczi, 1926/1987, p. 286)*

A introjeção, portanto, na concepção de Ferenczi, constitui o primeiro processo propriamente psíquico. Veremos agora como ele se encontra intimamente ligado à função de simbolização e à instalação do sexual. Nos relembra Pinheiro (1995) que, enquanto processo, a introjeção traz embutida em si uma noção de produtos psíquicos, desdobrando-se no psiquismo tanto em funções como as de representar, identificar-se, quanto em imagens, como as representações de objeto. Mezan (1993), contudo, nos alerta que para Ferenczi o sujeito só pode representar este exterior com características que descobriu em si mesmo, como os movimentos mímico-gesto-posturais, a alucinação e os desejos. Ocorre, segundo o comentador, um reencontro dos órgãos e de seu funcionamento na realidade, que está na base da construção das relações simbólicas. Toda a relação simbólica para Ferenczi é fruto de uma apropriação corporal do mundo, ou melhor, inicia-se com um investimento afetivo do mundo por meio do corpo. Em suas palavras,

> *o psiquismo da criança (e a tendência do inconsciente que subsiste no adulto) confere – no que se refere ao próprio corpo – um interesse inicialmente exclusivo, mais tarde preponderante, pela satisfação de suas pulsões, pelo gozo que lhe propiciam as funções de excreção e*

> *atividades tais como chupar, comer, tocar zonas erógenas. Nada tem de surpreendente que sua atração seja atraída, em primeiro lugar, para as coisas e os processos do mundo externo que lhe recordam, em virtude de uma semelhança mesmo longínqua, suas experiências mais caras. Assim se estabelecem essas relações profundas, persistentes a vida inteira, entre o corpo humano e o mundo dos objetos, a que chamamos relações simbólicas. Nesse estágio, a criança só vê no mundo reproduções de sua corporalidade e, por outro lado, aprende a figurar por meio do seu corpo toda a diversidade do mundo externo. Assim se manifesta a "sexualização do universo". (Ferenczi, 1913/1992, p. 107)*

O símbolo para Ferenczi, portanto, seria uma criação que teria lugar *entre* a corporalidade da criança e a diversidade do mundo externo, afirma Kupermann (2003). É conhecida a frase citada por Ferenczi (1913/1992) de um pequeno menino ao olhar o Danúbio: "Olha, mamãe, quanto cuspe!". Apesar de o autor estar notoriamente trabalhando com a teoria das pulsões, a ênfase, como bem aponta Mezan (2003), recai sobre o aspecto de sua objetalização, o objeto como sendo criado no movimento libidinal. Junto com Teresa Pinheiro (1995), entendo este movimento do processo introjetivo como o reverso da pulsão de morte, um processo de expansão egóica, de exuberância.

Essa leitura pela exuberância se faz na presença e não na ausência do objeto e se apoia, como vimos, na percepção e interesse teórico que Ferenczi dedicava às formas pelas quais o analista se torna objeto das pulsões do analisando no aqui e agora da sessão. Isso faz com que Green enxergue em Ferenczi o fundador da psicanálise moderna, se a entendermos da maneira como Mezan (2003) descreve: como o tipo de trabalho centrado na análise minuciosa do *aqui e agora*, na investigação das sutilezas transferenciais e no acompanhamento detalhado do funcionamento das relações objetais. Estamos face, a meu ver, dos fundamentos teóricos de uma metapsicologia da presença em psicanálise.

Vou tratar agora sobre a segunda parte do texto, chamada *Papel da transferência na hipnose e na sugestão*, que foi escrita de forma relativamente independentemente da primeira. Nela, como disse, Ferenczi retoma, à luz da psicanálise, métodos terapêuticos que já lhe intrigavam, como a sugestão e a hipnose. O autor já se deparara, em seus escritos pré-analíticos, com a seguinte questão: a quem corresponderia a maior parcela no processo de sugestão, ao paciente ou ao médico? Questionando as hipóteses das escolas anteriores que localizavam o papel principal do fenômeno de hipnose nos recursos utilizados pelo hipnotizador para a produção de uma dissociação cerebral, Ferenczi sustenta que a dissociação já faz parte do psiquismo do sujeito desperto, associando na sequencia o fator de sugestionabilidade aos afetos insatisfeitos e ávidos de excitações, oriundos dos complexos de representações recalcados no inconsciente, que se encontram sempre à espreita de uma transferência sobre pessoas e objetos do mundo exterior. São essas forças psíquicas inconscientes o elemento ativo do processo de sugestão em sua opinião.

Contudo, apesar de posicionar a intervenção do hipnotizador como secundária, Ferenczi passa a descrever uma dinâmica mais delicada, introduzindo também nesse campo de pesquisa a sua ideia acerca das implicações do ambiente e do objeto no psiquismo do sujeito, trazendo para a compreensão do fenômeno as características do analista; sua posição de catalizador do processo de transferência. Ferenczi considera, ao lado da influência favorecedora que a simpatia e o respeito exercem sobre a sugestionabilidade, alguns outros atributos do analista como a aparência imponente, a apresentação segura, sua reputação de sucesso, a superioridade hierárquica ou de posição social. E conclui: "na hipnose, é necessário saber comandar com uma tal segurança que a ideia de resistência não possa nem mesmo aflorar" (Ferenczi, 1909/1987, p. 49).

Extrapolando essa característica da segurança, Ferenczi enxerga que ao lado do método da ternura mais tradicional de favorecimento do adormecimento (a penumbra, o silêncio, a calma, a voz melodiosa e os gestos carinhosos), a hipnose também se instala pela intimidação e agressão, ambos sendo capazes de criar o mesmo fenômeno: uma obediência incondicional. O importante mesmo, Ferenczi frisa, é que o sujeito veja no hipnotizador um mestre; isto é, que saiba despertar nele os mesmos afetos de amor ou de medo, a mesma fé cega em sua infalibilidade que a criança sentia pelos pais. E completa: a hipnose, a sugestão, assim como a relação analítica, despertam a criança que dorme no inconsciente do adulto.

Dando sequência à temática da obediência, Ferenczi se questiona: o que leva as crianças a obedecerem de bom grado às exigências parentais, se essas deveriam ser de fato fonte de desprazer? E localiza o tempo de mudança desta situação no momento do aparecimento do amor objetal, quando os objetos de amor e dependência são introjetados, produzindo uma identificação da criança com seus pais. A criança se apropria da onipotência parental e assim, "obedece a si mesma quando se curva à vontade paterna!" (Ferenczi, 1909/1987, p. 53). Mas logo Ferenczi introduz a questão dos efeitos de perturbação brutal no desenvolvimento psíquico infantil que o excesso de severidade das exigências parentais produz, quando em suas palavras "a pílula amarga da obrigação não vem envolta no carinho do amor".

Segundo o autor, esse excesso simultâneo à ausência de investimento amoroso produz uma retirada prematura do investimento da libido nos pais. Sem ainda poder desenvolver a potência dessas ideias, Ferenczi fala que a necessidade de submissão subsiste, e enxerga como masoquista a qualidade desse prazer que as crianças aprendem com seus pais. Resgato aqui um trecho de um texto posterior seu de 1913, chamado "Adestramento de um cavalo selvagem", em que Ferenczi conclui: "um ser humano submetido no decorrer de sua infância a tais excessos de ternura e intimidação corre o risco de perder para sempre sua capacidade de agir com independência" (Ferenczi, 1913/2011, p. 17).

Futuramente, Ferenczi reconheceria em certos pacientes a repetição patológica dessa posição diante das intervenções do analista, o que o leva a repensar a teoria do trauma em sua relação com a realidade e a necessidade de análise da contratransferência do analista. Segundo Ferenczi, nesses casos, o analista poderia atuar contratransferencialmente a mentira e o silêncio dos adultos frente aos seus próprios sentimentos e aos da criança. A insinceridade do analista caracteriza o que Ferenczi chamou de hipocrisia profissional. A ideia da mentira, da denegação e do silêncio (referentes à dominação narcisista e à paixão erótica dos adultos) estão na base do fenômeno intersubjetivo do desmentido, que ao impossibilitar à criança a introjeção do sentido, leva-a a precisar se defender, cindindo o seu eu, a autoclivagem narcísica como conceituada por Ferenczi no processo de traumatogênese; e em um movimento progressivo a identificar-se com o agressor, segundo o modelo da incorporação.

A incorporação consiste em um mecanismo defensivo que se opõe ao processo de introjeção, ao reconhecimento da ferida narcísica que a integração ao eu das marcas do trauma produziria. A incorporação pressupõe a internalização de um traço do objeto, ou dele todo, a criação de uma ligação numa espécie de fantasia conservadora, que na medida em que permite guardar o objeto impossível de ser perdido dentro de si, sustenta a negação da ferida narcísica, constituindo, assim, uma doença do luto e um mecanismo antirrealidade.

Enfim, Ferenczi foi um analista que, de forma inquieta, se defrontou com a questão dos limites (psique/soma, interno/externo, os limites da técnica), não hesitando em explorá-los e questioná-los. A acuidade das observações clínicas e seu interesse pelos primeiros anos de vida, garantem-lhe, apesar das divergências, uma posição *a posteriori* de fundador de novos caminhos da psicanálise, sendo atualmente considerado precursor da psicossomática, da clínica da psicose e dos casos difíceis, bem como da psicanálise infantil. Tal abertura de campo decorre de sua incansável indagação a respeito das possibilidades do processo analítico.

Referências

Ferenczi, S. (1987). Transferência e introjeção. In Birman, J. (org.). *Escritos psicanalíticos (1909-1933)* (pp. 29-60). Livraria Taurus Editora. (Original publicado em 1909).

Ferenczi, S. (1987). O conceito de introjeção. In Birman, J. (org). *Escritos psicanalíticos (1909-1933)* (pp. 61-63). Livraria Taurus Editora. (Original publicado em 1912).

Ferenczi, S. (1987). O problema da afirmação do desprazer. In Birman, J. (org.). *Escritos psicanalíticos (1909-1933)* (pp. 281-291). Livraria Taurus Editora. (Original publicado em 1926).

Ferenczi, S. (1992). Ontogênese dos símbolos. In S. Ferenczi, *Psicanálise II* (pp. 14-18). Martins Fontes. (Original publicado em 1913).

Ferenczi, S. (2011). Adestramento de um cavalo selvagem. In S. Ferenczi, *Obras completas* (v. 2, pp. 14-18). Martins Fontes. (Original publicado em 1913).

Kupermann, D. (2003). *Ousar rir: humor, criação e psicanálise*. Civilização Brasileira.

Mezan, R. (1993). Do autoerotismo ao objeto: a simbolização segundo Ferenczi. *Percurso Revista de Psicanálise*, 10(1), 19-30.

Pinheiro, T. (1995). *Ferenczi: do grito à palavra*. Jorge Zahar.

Roussillon, R. (2006). *Paradoxos e situações limites da psicanálise*. Unisinos.

17. Apresentando o texto *Análises de crianças com adultos*

Daniela Romão-Dias
Episódio transmitido em 02 de setembro de 2021

O texto sobre o qual trabalharemos aqui, *Análises de crianças com adultos* (Ferenczi, 1931/2011), além de ser uma das principais referências da obra de Ferenczi, faz parte dos mais importantes escritos sobre sua teoria do trauma, por isso é muito referido. Sua popularidade é mais que justificada: é um texto belíssimo e profundamente comprometido com a clínica psicanalítica.

Pela data (1931) percebemos que é um texto do final da vida de Ferenczi, que morreu aos 59 anos, em 1933. Como o autor nos conta, trata-se de uma conferência em comemoração aos 75 anos de Freud. Ferenczi elucubra por que foi escolhido, dentre tantos outros nomes possíveis, para a honrosa função de homenagear o mestre: "justamente a mim, um estrangeiro" (Ferenczi, 1931/2011, p. 68). Ele imagina que lhe deram esse papel para defender Freud da acusação de que era intolerante com aqueles que discordavam dele e de ser ortodoxo demais em relação à psicanálise. O húngaro, então, supõe ser a pessoa adequada para isentar Freud dessas acusações justamente porque suas ideias vinham sendo severamente criticadas pela comunidade psicanalítica, que há pouco havia lhe apelidado de *enfant terrible* da psicanálise. Se ele ainda estava ali, deveria ser sinal de que havia espaço para discordâncias.

O clima desse preâmbulo é estranho, dando a entrever como a relação entre Freud e Ferenczi andava estremecida, como mostram alguns trechos da correspondência entre os dois de alguns anos antes.

Em carta de 06 de novembro de 1929, Ferenczi se justifica a Freud por um afastamento e longo tempo sem escrever. Diz que a primeira razão da distância tem a ver com as relações com os demais analistas do movimento psicanalítico. O outro motivo "puramente pessoal", diz Ferenczi a Freud, "é a impressão evidentemente chocante que sua declaração provocou em mim" (Brabant & Falzeder, 2000, p. 372). A tal declaração por parte de Freud, teria sido "feita de passagem, sobre o fato de que minha aparência era indicação de minha senilidade prematura" (Brabant & Falzeder, 2000, p. 372).

Freud, em 12 de novembro de 1929, responde indignado: "Eu supostamente disse que você parece prematuramente senil? De verdade, não me lembro. Disse a você pessoalmente? Ou para alguém, que então te contou?" (Brabant & Falzeder, 2000, p. 373).

Só para vocês saberem a continuação dessa troca de cartas, Ferenczi acaba admitindo que Freud não disse isso tão claramente, mas que era uma inferência a partir de comentários feitos a ele e a sua mulher Gizella.

De todo modo, é importante dizer que, já nessa época, a relação com Freud estava permeada de mágoas e discordâncias, especialmente em relação aos arranjos técnicos que Ferenczi vinha propondo a partir do seu trabalho com os casos difíceis. Não era paranoia de Ferenczi que ele vinha sendo posto de lado por seus colegas do movimento psicanalítico. Como sabemos, o fim dessa história foi triste: Ferenczi teve um último encontro com Freud antes do fatídico congresso de Wiesbaden, em 1932, onde apresentou seu texto *Confusão de língua entre adultos e a criança* e, a partir dali, seu nome foi jogado num porão do qual demorou décadas a ser resgatado.

Mas vamos ao texto!

A pretensão de Ferenczi com a conferência era atenuar as diferenças entre análise de crianças e de adultos. Ele não esquece de dar crédito às psicanalistas pioneiras no trabalho com crianças: Hermine von Hugh-Hellmuth, Melanie Klein e Anna Freud. Na conferência, Ferenczi equipara a situação analítica a um jogo, propõe procedimentos lúdicos, deixa o paciente livre para desenhar e para se portar como uma criança nas sessões. Se hoje pode parecer comum a comparação proposta por Ferenczi, naqueles idos isso era absolutamente original e um tanto subversivo. Nesse jogo analítico, Ferenczi nota que, muitas vezes, o paciente entra em estados regressivos, alguns intensos e agoniantes, revivendo conteúdos traumáticos que exigem do analista a criação de uma atmosfera clínica de sinceridade, benevolência e confiança.

Ele comenta, no início do texto, que foi a contragosto que se tornou um especialista em casos difíceis. Considera inadmissível que um analista se resigne ao estancamento de um caso e no texto, diz: "enquanto o paciente continua comparecendo, o fio da esperança não se rompeu" (Ferenczi, 1931/2011, p. 71). Assim, o recado era: o analista precisa se virar!

No seu empenho em não desistir dos casos difíceis e em sua recusa a afirmar os pacientes eram inanalisáveis, Ferenczi conclui, portanto, que não eram os pacientes que deveriam se adaptar à técnica psicanalítica, mas o analista que precisava rever sua técnica. Notem, assim, que, em 1931, Ferenczi já tentava lançar um debate que é "top 10" dos nossos assuntos nas rodas de psicanálise: o alcance do par livre-associação/interpretação na clínica atual.

Mas, qual a proposta de Ferenczi para esses casos difíceis?

Primeiro, ele menciona o estado de relaxamento que ele levava os pacientes a alcançar. Ele já havia falado sobre deixar seus pacientes chegarem a esse estado em seu texto *Princípio de relaxamento e neocatarse*. Esse trabalho, de 1930, dá seguimento às mudanças que havia proposto depois de reconsiderar sua primeira modificação técnica, chamada de técnica ativa.

Com o relaxamento, havia o alcance a um estado profundo, espontâneo e livre, onde as falas dos pacientes iam se tornando cada vez mais infantis, acompanhadas de relatos de imagens, movimentos corporais e sintomas passageiros.

Ferenczi descobre que, nesse estado de relaxamento, algo regressivo acontece e experiências são atuadas pelo paciente. Ou seja, o que ele descreve não é como, por exemplo, um paciente que relata uma antiga memória de infância. Trata-se efetivamente de uma encenação, de reviver ali, com o analista, cenas infantis. Se estamos falando de reviver, isso quer dizer que o paciente poderia, por exemplo, falar usando vocabulário ingênuo, mudar seu tom de voz, movimentar-se corporalmente de forma pouco usual na sessão, em suma, comportar-se como uma criança. Chamo a atenção que, quando Ferenczi fala dessa atuação, utilizando inclusive a expressão *acting out*, ele não está entendendo que se trata de uma resistência do paciente, um ataque ao processo analítico, mas de um momento de fragilidade do paciente que precisa ser conduzido com cuidado e delicadeza pelo analista.

Nas sessões com seus pacientes, Ferenczi então deixa-se levar num jogo de perguntas e respostas, onde as perguntas devem ser bem simples, como aquelas que as primeiras analistas de crianças faziam aos seus pequenos pacientes. E quando, ao invés de entrar nesse jogo, ele propunha interpretações sofisticadas, o paciente reagia mal, eventualmente dizendo que Ferenczi tinha estragado tudo. Porém, ele conta que, quando sinceramente reconhecia que errou, ao invés de perder sua autoridade como analista, a confiança do paciente nele era fortalecida.

Como Ferenczi nos fala no texto, antecipando um tema muito trabalhado por Winnicott depois, faltou aos cuidadores de seus pacientes tato para lidar com suas agressões e arrebatamentos infantis e deveria caber ao analista lidar com o paciente no estado regressivo de forma distinta que a do antigo ambiente.

Assim, ao entrar nesses estados regressivos com o analista, o paciente contrastava o acolhimento dele com a hostilidade de seu ambiente familiar e sentia-se protegido. Isso não significa que Ferenczi aconselhava o analista a suportar todo tipo de provocação do paciente. Não se tratava apenas de ou provocar a frustração ou de ser indulgente, mas de ocupar um lugar de sinceridade com o paciente, podendo inclusive confessar que o comportamento do paciente lhe desagradava.

Já devem ter percebido que esses estados regressivos para Ferenczi são reproduções de traumas infantis. Para nosso húngaro, as análises deveriam sempre chegar a um momento de reprodução real de processos traumáticos, que estariam na origem da formação do caráter e dos sintomas. Ele chega a falar que não faltam nos seus atendimentos os típicos conflitos neuróticos. Mas acredita que, na verdade, em todos os adoecimentos, há um conflito originário, primitivo, entre ego e mundo externo. E é aí que se desenrola o trauma infantil. Em alguns pacientes, isso só vai aparecer depois de muito tempo de análise. Então, para se chegar a essa profundidade, Ferenczi entende que as análises talvez precisem ser longas, inclusive as didáticas.

Aqui já temos um ponto importante de discordância com Freud. Vejam que Ferenczi está atribuindo um *status* de realidade factual ao trauma infantil, o que para Freud parecia ser retomar os alicerces da teoria da sedução que ele havia abandonado há tempos. Isso não quer dizer que Ferenczi passou a negar a realidade psíquica, conceito caro à psicanálise, mas, de fato, estava dando legitimidade a situações excessivas e violentas vividas pelo paciente na sua infância.

Retomando o texto, Ferenczi observa que, na situação analítica do jogo, o paciente pode sentir-se ferido, abandonado, pondo-se a brincar sozinho. Percebe ali uma clivagem, ou seja, uma divisão da personalidade do paciente. Ferenczi conta testemunhar uma espécie de brincadeira, onde uma parte do paciente faz o papel de mãe ou pai e outra parte faz o papel dele mesmo e, assim, anula o abandono. Então, Ferenczi nos conta fantasias que ele chama de autossimbólicas dos pacientes: fala de animais perigosos tentando destruir com dentes e garras uma medusa, que, graças a sua maleabilidade, esquiva-se dos ataques. Interpreta fantasias como essa de duas formas: uma como resistência passiva do paciente às agressões do mundo externo; outra como uma clivagem do eu do paciente em uma parte sensível "brutalmente destruída" e outra que "sabe tudo, mas nada sente" (Ferenczi, 1931/2011, p. 77). Chamou esse mecanismo de autoclivagem narcísica, que aparece também em fantasias de cabeças separadas do corpo e no sonho do bebê sábio. Esse é um relato famoso do Ferenczi, em que conta o sonho em que um neném ao invés de agir como tal, já nasce dando conselhos sábios aos adultos.

Todos os exemplos nos remetem a uma hiperadaptação da criança em uma situação traumática, que seria a origem dessa autoclivagem narcísica. Ou seja, Ferenczi pensa em um eu que se divide em uma parte que se sacrifica, se adapta e acode uma outra parte para que algo se preserve. Não é preciso ir muito longe para entender que Ferenczi está considerando situações em que a criança não tem um amparo, um suporte externo para lidar com um evento traumático e, com isso, se vira como pode, sozinha, às custas de grande abalo psíquico.

Diante dessa criança traumatizada, pouco acolhida, que está viva em seus pacientes, Ferenczi propõe, então, confortá-los, mimá-los, apaziguá-los, aumentar seu tempo de sessão, mas não indefinidamente. Pode parecer, então, que basta dar amor e carinho e está tudo resolvido para Ferenczi. Um analista bonzinho, então? Nada disso: uma pequena amostra das dificuldades em lidar com os estados regressivos do paciente podem ser observados no *Diário clínico* (Ferenczi, 1932/1990). De todo modo, aqui no nosso texto, o húngaro já conta o que ocorre quando, através do aumento de exigências e manifestações transferenciais negativas do paciente, o analista percebe que precisa mudar sua conduta. Raiva e paralisia tomam conta da análise e Ferenczi afirma que o analista precisa se esforçar e ser hábil para não repetir a atmosfera de alienação que os cuidadores do paciente provocavam.

Vejam três coisas fundamentais que Ferenczi nos traz aqui: primeiro, o tato que o analista precisa ter para lidar com essas situações regressivas. Segundo, a ideia de que o analista precisa agir de forma diferente do ambiente familiar do paciente no momento de revivência do trauma. O outro ponto é que Ferenczi percebe que, esses momentos regressivos, exatamente por serem uma revivência e não uma rememoração, conduzem a uma compreensão melhor da origem do trauma e de seu mecanismo que finalmente acarretará a autoclivagem narcísica. Ferenczi menciona o comentário de um paciente a respeito de sua família, após reviver um momento de intensa agonia: "O paciente relata-nos então as ações e reações inadequadas dos adultos, diante de suas manifestações por ocasião de choques traumáticos infantis" (Ferenczi, 1931/2011, p. 79).

Recorro às palavras de Ferenczi novamente, em um trecho que certamente é dos mais referidos em sua obra. Reparem que nesse trecho há uma questão relativa à tradução. Onde vocês lerem "desmentido", na tradução brasileira está escrito "negação". A tradução da palavra *Verleugnung* por negação é considerada ruim porque, além de dar um sentido impreciso ao que Ferenczi traz, ainda pode causar confusão com o conceito freudiano de "negação", *Verneinung*. No Brasil, dentre as traduções consideradas mais acuradas, desmentido não necessariamente é a melhor, mas é a mais comum, por isso eu a utilizo aqui. Destaco, entretanto, a tradução de Helena Floresta de Miranda por descrédito (Miranda, 2012).

Voltando a Ferenczi, o trecho é:

> *O pior é realmente o desmentido, a afirmação de que não aconteceu nada, de que não houve sofrimento ou mesmo até ser espancado e repreendido quando se manifesta a paralisia traumática do pensamento ou dos movimentos; é isso sobretudo, o que torna o traumatismo patogênico. (Ferenczi, 1931/2011, p .79)*

Se notaram, o que Ferenczi afirma sobre a origem do trauma e sobre o que o torna patogênico é absolutamente original. O que ele faz é, na verdade, nos remeter a dois tipos de trauma. Um que seria o evento violento, excessivo em si, que todos nós experienciaríamos em algum momento da nossa vida, sobretudo na nossa infância. Outro, que seria como o ambiente acolhe esse evento vivido pela criança. O não reconhecimento do evento traumático, ou seja, o desmentido, é o que seria patogênico e que culminaria com a autoclivagem narcísica.

Percebam que, aqui nesse final, o texto chega em um ponto de amarração que pode ser resumido da seguinte forma: uma criança experiencia uma violência, uma intensidade que não pode suportar, configurando uma situação traumática. Os adultos em torno dessa criança falham no cuidado e acolhimento dessa situação, deixando a criança sozinha com sua experiência. Em um esforço de sobrevivência psíquica, opera-se o que Ferenczi chama de autoclivagem narcísica, ou seja, o incipiente Eu da criança se divide em uma parte intelectualizada e anestesiada que protege a parte ferida e hipersensível. Ao receber esses pacientes na clínica e se deparar com dificuldades técnicas e teóricas, Ferenczi, em um trabalho de ensaio e erro, tenta novas possibilidades. Nesse texto já maduro de sua obra, Ferenczi vai além da atenção que a psicanálise há tempos dava ao infantil e propõe que o analista aja com o paciente adulto como agiria com a criança. Que jogue com ele, que fale de forma simples, que mime, que dê limites, que não seja indiferente. A partir desse manejo de Ferenczi nos estados regressivos, seus pacientes poderiam ter uma nova experiência.

Chegando já no final do nosso texto, queria destacar que o tema dos estados regressivos em análise, vistos como perigosos e a serem evitados por Freud e pelos demais analistas da época, foi explorado posteriormente por Balint, discípulo de Ferenczi, e aprofundado por Winnicott, para destacar apenas dois analistas da segunda geração. Contemporaneamente, ele segue sendo tema de muitas pesquisas acadêmicas e clínicas. Posso dizer o mesmo sobre as modificações técnicas exigidas por uma clínica em que o trauma e o desmentido aparecem como fortes componentes das vivências dos pacientes. Além disso, o desmentido vem sendo muito trabalhado para se pensar traumas sociais. Sobre isso, nada me vem à cabeça com tanta força como "É só uma gripezinha".

No início deste trabalho, comentei que Ferenczi se descreve como estrangeiro ao se dirigir à sua plateia na conferência. Essa palavra tem a mesma origem de estranho. Zygmunt Bauman, em um ensaio intitulado *A criação e anulação dos estranhos* (Bauman, 1997) diz que o estranho, na modernidade, era aquele que ficava nas margens, borrando as bem demarcadas fronteiras que separaram os binarismos daquela época: dentro e fora, normal e patológico, bem e mal. Nesse sentido, o *enfant terrible* da psicanálise era mesmo um estrangeiro, um estranho a quem agradecemos por ter ocupado e se ocupado das fronteiras, o que hoje nos permite pensar uma psicanálise mais múltipla e menos binária.

Referências

Bauman, Z. (1997). *O mal-estar na pós-modernidade.* Zahar.

Ferenczi, S. (1990). *Diário clínico.* Martins Fontes. (Original publicado em 1932).

Ferenczi, S. (2011). Princípio de relaxamento e neocatarse. In S. Ferenczi, *Obras completas. Psicanálise IV.* Martins Fontes (Original publicado em 1930.).

Ferenczi, S. (2011). Análises de crianças com adultos. In S. Ferenczi, *Obras completas. Psicanálise IV.* Martins Fontes (Original publicado em 1931).

Ferenczi, S. (2011c). Confusão de língua entre os adultos e a criança. In S. Ferenczi, *Obras completas. Psicanálise IV.* Martins Fontes (Original publicado em 1933.).

Brabant, E.; Falzeder, E. (eds). (2000). *The correspondence of Sigmund Freud and Sándor Ferenczi.* v. III, 1920-1933. The Belknap Press of Harvard University Press.

Miranda, H. F. de (2012). Confusão das línguas: eficiência e deficiências da tradução. In Verztman, J. et al. *Sofrimentos narcísicos.* Cia de Freud. UFRJ; CAPES PRODOC.

18. Confusão de língua entre os adultos e a criança: Ferenczi com Deleuze e Guattari

Auterives Maciel Júnior
Episódio transmitido em 09 de setembro de 2021

O assunto que preparei para vocês versa sobre um artigo de Ferenczi intitulado *Confusão de línguas entre os adultos e a criança* (Ferenczi, 1933/2011) – que eu, Mariana Toledo Barbosa e Mauro da Silva de Carvalho nos propusemos analisar para dar a ele uma inflexão clínica e política das duas linguagens postuladas por Ferenczi –, a linguagem da ternura e a linguagem da paixão. Estabelecemos uma intercessão entre a descoberta de Ferenczi e a análise feita por

Deleuze e Guattari no campo da linguagem e da experiência literária e propusemos adjetivar a língua da ternura como uma linguagem minoritária, propondo uma oposição entre essa linguagem e a outra intitulada por Ferenczi como uma linguagem da paixão, por nós chamada de linguagem *standard* ou de poder. E, assim, escrevemos *A língua menor da ternura* (Maciel; Barbosa & Carvalho, 2018), que foi publicado no livro T*rauma e ternura* (Maciel, 2018) que eu organizei.

Agora, faremos essa intercessão reaparecer nessa pequena intervenção, dizendo que Ferenczi adota a linguagem da ternura do infante como uma estratégia ética e política de elucidação de casos difíceis de crianças que sofreram desmentidos, descritos como um trauma não estruturante, cuja clivagem deu origem à perda de confiança em si. Já sabemos que Ferenczi é um grande inovador de técnicas – que ele inventa, por exemplo, o procedimento da empatia e a técnica do relaxamento – e que, nessas inovações, a meta visada consiste em construir um diapasão de confiança para acolher a criança desmentida. Aqui, nesta breve intervenção, colocaremos em evidência a utilização da linguagem da ternura do infante por parte de Ferenczi para entendermos um procedimento de elucidação do descrédito no qual caiu o menor.

Como ocorre o descrédito ou desmentido? Trata-se de um trauma não estruturante cuja origem se encontra na sedução entre um adulto e uma criança que se amam e que estabelecem estratégias diferentes para concretizar esse amor. A criança permanece no campo da ternura, com suas fantasias lúdicas, procurando estabelecer uma relação de amor terno com o adulto. Por outro lado, o adulto – já maduro sexualmente –, tende a confundir a brincadeira infantil com seus desejos e cede à prática de atividades sexuais sem medir as suas consequências.

Quando isso ocorre, como bem observa Ferenczi ao analisar a frequência com que tais seduções devam ocorrer,

> *os adultos se tiverem tendências psicopatológicas, sobretudo se o seu equilíbrio ou o seu autodomínio foram perturbados por algum infortúnio (.). Confundem as brincadeiras infantis com os desejos de uma pessoa que atingiu a maturidade sexual, e deixam-se arrastar para a prática de atos sexuais sem pensar nas consequências. São frequentes os verdadeiros estupros de menininhas que mal saíram da primeira infância, relações sexuais de mulheres maduras com adolescentes, assim como atos sexuais impostos de caráter homossexual. (Ferenczi, 1933/2011, p. 116)*

Segundo Ferenczi, após a perpetração de tais atos, deve-se presumir um movimento de recusa e de repugnância, seguida de uma resistência violenta por parte da criança que protesta contra a investida incestuosa do adulto. Todavia, um medo intenso inibe a criança, fazendo-a se sentir indefesa e incapaz de protestar ante a força e autoridade do agressor. Assim, em profundo sofrimento e com medo de perder o vínculo afetivo com o ser amado, a criança se submete ao se identificar com ele, não só se sujeitando às suas vontades, como também buscando advinha-las e satisfazê-las.

Na avaliação de Ferenczi:

> *as crianças sentem-se física e moralmente sem defesa, sua personalidade ainda é frágil demais para poder protestar, mesmo em pensamento, contra a força e autoridade esmagadora dos adultos que a emudecem, podendo até fazê-las perder a consciência. Mas esse*

> *medo, quando atinge seu ponto culminante, obriga-as a submeter-se automaticamente à vontade do agressor, a adivinhar o menor dos seus desejos, a obedecer esquecendo-se de si mesmas, e a identificar-se totalmente com ele. (Ferenczi, 1933/2011, p. 117)*

Tentando responder ao medo da perda – que conduz à introjeção do amado agressor seguida de uma subordinação aos seus desígnios -, a criança irá se defender utilizando o mecanismo de sedução da linguagem da ternura, ao se expressar por intermédio de um amor objetal passivo. Entretanto, o que ela não percebe é que a sua tentativa de retomar um certo equilíbrio psíquico, por meio da introjeção, vai encontrar um grande obstáculo no sentimento de culpa do parceiro adulto, que indica a ela que o ato praticado com desprendimento deve ser agora punido de forma severa.

Doravante, a criança abusada irá sofrer as consequências de um mal-estar instaurado em duas etapas, cuja primeira consiste na acusação feita pelo adulto abusador à criança; e a segunda pelo efeito de um desmentido de um segundo adulto sobre esta. Se, na primeira etapa, a atitude do adulto engendra uma postura dúbia na criança, fazendo- a se sentir, a um só tempo, inocente e culpada em seus atos; na segunda, desnorteada depois do ocorrido, ela procura um outro adulto – que no exemplo de Ferenczi é a mãe – para que ela possa referendar o seu discurso. Se na primeira uma certa confusão já havia se instalado ante ao conflito e a reação do parceiro – que fez com que a criança se defendesse pelo mecanismo da clivagem; na segunda, a mãe incapaz de lidar com o que houve acaba por tomar o relato da criança como uma tolice infantil, fruto da imaginação de quem não sabe o que fala.

Assim, novamente, a criança não se vê acolhida e, uma vez desmentida, passa a viver marcada pela renúncia de uma parte da sua personalidade, que, clivada, torna-se a parte dolorosa de uma personalidade fragmentada. Nessa clivagem, o sentir e o saber não se comunicam, existindo uma parte que sente e nada sabe e outra que sabe sem nada sentir. Por outro lado, ela deixa de acreditar em si mesma, em seus próprios sentidos, assumindo a experiência vivida como uma fantasia alucinatória, introjetando a culpabilidade atribuída a ela pelo abusador. Uma vez desmentida ela perde a confiança em si mesma e separa o sentir do pensar.

Resumidamente: o desmentido supõe três personagens e dois momentos fundamentais: existe a confusão de língua que deflagra, pela via do medo, a identificação com o agressor; havendo, igualmente, o desmentido da mãe que repele o relato da criança ao tratá-lo como uma tolice que deve ser silenciada. Resta à criança assumir a culpa com relação ao abuso ocorrido e sua personalidade, a partir de então, seguirá clivada composta unicamente de Id e superego.

Ora, ao perceber em análise que o adulto que se analisava era uma criança desmentida, Ferenczi procurou dele se aproximar, encontrando na língua da ternura a condição técnica que revela o desmentido, permitindo sua evocação por meio de sua rememoração, através de uma ambientação afetiva, terna e minoritária do sofrimento do menor desmentido. Assim, inventando meios de dar voz à criança mal acolhida na infância, pelo procedimento de uma língua da ternura similar àquela que foi desacreditada na ocasião do trauma de sedução, ele utiliza a língua menor da ternura.

Quando percebemos que tal estratégia é, na verdade, efeito de uma intuição clínica alcançada pela empatia posta em prática no diapasão de confiança, podemos, a partir de então, compreender a estratégia de Ferenczi como uma atitude clínica permeada de uma posição ética e política assumida no âmbito da linguagem. E é aqui que a interlocução com Deleuze e Guattari vai encontrar os elementos indispensáveis para a sua explicitação.

Mas, o que visamos precisamente em Deleuze e Guattari? E qual aproximação que aqui é visada? Visamos aproximar a linguagem da ternura com a expressão língua menor da ternura, porque existe nesses autores procedimentos minoritários.

Esses procedimentos minoritários são politizados em contextos diversos, mas parecem remeter sempre a uma mesma estratégia central: há no procedimento de minoração desses dois autores uma política que faz fugir a língua dominante, entendida como uma língua maior ou de poder, pela invenção de uma língua menor. Sendo assim, um uso menor da língua demonstra uma política que um criador faz valer ao extrair de uma língua dominante uma língua minoritária, para fazê-la entrar em devir em proveito de uma minoria revolucionária. É claro que a política da criação é aqui referida a certos procedimentos artísticos e científicos que subvertem uma linguagem dominante marcada por uma função representativa majoritária. Nessas políticas da criação – propostas pelos dois autores –, há uma predileção por certas literaturas, por peças de teatro e por certas ciências nômades que fazem valer um procedimento de minoração que descreveremos com alguns exemplos, para fazermos, enfim, um cotejamento com Ferenczi.

É assim, por exemplo, que eles definem com Kafka uma literatura menor (Deleuze & Guattari, 1975/2014), que Deleuze lê, em uma outra ocasião, uma língua estrangeira no teatro menor de Carmelo Bene (Deleuze, 1979/2010), que os dois autores pensam as condições de uma ciência menor na conceituação de um modo de vida nômade (Deleuze & Guattari, 1980/1997) e utilizam a pragmática de um uso menor da língua desenvolvida amplamente nos postulados da linguística que consta no Mil Platôs (Deleuze & Guattari, 1980/1995).

Para essa filosofia, maior se conjuga com o poder, sendo o modelo que prescreve deveres a uma maioria que ele supostamente deve representar. Assim, um modo maior de uma língua, uma ciência maior, uma literatura maior são empreendimentos que emergem do vínculo que o pensamento estabelece com as forças empenhadas em consolidar estados majoritários de coisas já existentes e consolidadas pelas representações dominantes. Por outro lado, devemos já dizer que menor qualifica o procedimento voltado contra a língua majoritária padrão, para colocá-la em devir. O procedimento de minoração imprime na língua a precipitação daquilo que se encontra já estabilizado, já consagrado e devidamente codificado. Nesse sentido, menor qualifica o movimento que desfaz a organização *Standard* dos poderes que ostentam as grandes representações. Para Deleuze e Guattari, menor é o conceito adequado a uma revolução, pensada à luz de um devir e derivada da forte convicção de que a criação acontece nos movimentos minoritários que precipitam a abertura para o novo.

Ora, com tais esclarecimentos, podemos inferir do procedimento de Ferenczi uma postura equivalente a esta que aqui exemplificamos com Deleuze e Guattari? Podemos pensar em uma intercessão entre Ferenczi, Deleuze e Guattari por meio dessa língua menor? Podemos estabelecer, nessa intercessão, uma ressonância entre o procedimento de Ferenczi e aquele proposto por Deleuze e Guattari? Acreditamos que sim, pois a língua menor da ternura é uma invenção clínico-política de Ferenczi, que faz acontecer na clínica um processo de minoração, por meio do qual se constrói uma atmosfera de confiança fundamental e favorável ao tratamento de uma situação traumática. Ou seja, Ferenczi se apoia na confiança, no uso de uma língua menor, recorre ao procedimento da ternura para remover o desmentido no qual a criança foi lançada, quando acusada de inventar ou alucinar a cena traumática. Se na ocasião do desmentido, uma culpabilidade se impôs à criança; ao perceber o descredito no qual ela foi lançada, talvez o recurso da ternura tenha dado a Ferenczi a ocasião de desfazer o desmentido através de uma fala construída em um diapasão de confiança. Ou seja, Ferenczi se apoia na confiança, no uso de uma língua menor, recorre ao procedimento da ternura para ouvir o desmentido no qual a criança foi lançada, quando acusada de inventar ou alucinar a cena traumática.

Nesse caso, é possível asseverar que uma clínica da ternura se coaduna com o artifício de um uso menor da língua, fazendo com que o processo analítico possa, enfim, sair da estagnação, ao esclarecer o acontecimento que deu origem ao trauma e abrir caminho para a elevação de toda a personalidade do paciente. Nesse caso, podemos, pois, assumir a tese capital de que existe um devir minoritário no par transferencial, uma minoração do próprio processo analítico, que levada às últimas consequências acarreta a dissolução do trauma não estruturante que acomete ao analisando. Existe no devir minoritário, em que o processo analítico é arrastado, todo um manejo clínico que nos autoriza a evocação da tese capital de Deleuze e Guattari. Ferenczi, com as nuanças estratégicas próprias a um analista sensível ao acolhimento do menor, inventa uma língua menor e instaura um diapasão de confiança, cujo efeito imediato é a liberação de impasses territoriais, tornando possível que a criança se livre da opressão da culpa introjetada a partir da identificação com o adulto. A criação de uma língua menor é, portanto, uma invenção que desfaz a confusão de língua. Nela, toda uma atitude clínica – com inflexões políticas e éticas – pode ser notada no procedimento desse notável psicanalista, por intermédio de um procedimento de minoração, construído contra as hipocrisias morais que existem nos meios onde tais desmentidos ocorrem. E, aqui, findamos a nossa breve intervenção, propondo a expressão a língua menor da ternura, nessa conexão estabelecida entre a clínica de Ferenczi e a filosofia de Deleuze e Guattari.

Referências

Deleuze, G. (2010). *Sobre o Teatro: um manifesto de menos. O Esgotado.* Zahar. (Original publicado em 1979).

Deleuze, G.; Guattari, F. (2014). *Kafka: por uma literatura menor.* Autêntica. (Original publicado em 1975).

Deleuze, G.; Guattari, F. (1995). Postulados da linguística. In Deleuze, G.; Guattari, F. *Mil platôs.* v. 2. Editora 34. (Original publicado em 1980).

Deleuze, G.; Guattari, F. (1997). Tratado de nomadologia: a máquina de guerra. In Deleuze, G.; Guattari, F. *Mil platôs.* v. 5. Editora34. (Original publicado em 1980).

Ferenczi, S. (2011). Confusão de Língua entre os adultos e a criança. In S. Ferenczi, *Obras completas. Psicanálise IV.* Martins Fontes. (Original publicado em 1933).

Maciel, A. (2018). *Trauma e Ternura: a ética em Sándor Ferenczi.* 7 letras.

Maciel, A.; Barbosa, M. T.; Carvalho, M. S. (2018). A língua menor da ternura: confusão de língua e bilinguismo em psicanálise. In Maciel, A. (org.). *Trauma e ternura: a ética em Sándor Ferenczi.* 7 letras.

19. Uma leitura sobre *O problema do fim da análise*

Fernanda Pacheco-Ferreira
Episódio transmitido em 16 de setembro de 2021

O problema do fim da análise é um trabalho de 1928, que pode ser encontrado no volume IV das *Obras completas de Sándor Ferenczi*. Como o próprio título indica, esse texto é voltado para questões da clínica, mais especificamente, traz a primeira contribuição de peso a duas temáticas até então não exploradas ou muito pouco exploradas na literatura psicanalítica: o fim da análise e a análise didática, isto é, a análise que objetiva a formação do analista.

Suas reflexões sobre o lugar do analista nesse trabalho caracterizam a sensibilidade clínica do nosso autor, enfatizando as noções de perlaboração e de tato (esta última mais aprofundada em outro importante texto da mesma época *Elasticidade da técnica psicanalítica* (1928/1992). É um artigo importante também porque foi retomado quase dez anos depois por Freud (1937/1996) em seu trabalho seminal *Análise terminável e interminável*, funcionando como uma espécie de diálogo póstumo entre esses dois grandes mestres da psicanálise.

Mesmo que esse trabalho não esteja dentre os mais comentados da fase final de sua vida, certamente compõe o conjunto dos textos mais maduros de Ferenczi, aqueles voltados para a chamada clínica do trauma. Avello (1998), em seu livro *Para ler a Ferenczi*, afirma que podemos observar um eixo formado pelas sucessivas comunicações de Ferenczi nos três últimos congressos internacionais dos quais participou, antes de sua morte em 1933. Esse eixo seria composto pelo presente texto, originalmente apresentado em 1927, durante o X Congresso Internacional de Psicanálise, em Insbruck, pelo texto *O princípio de relaxamento e neocatarse*, apresentado no XI Congresso em Oxford, em 1929, e por *Confusão de língua entre os adultos e a criança*, no XII congresso de Wiesbaden, em 1932.

Ferenczi começa sua apresentação por uma inquietação de ordem clínica, o que fazer quando um paciente, após certo tempo de análise, burla a regra fundamental da associação livre e mente sobre questões centrais, inclusive insistindo que esteve presente em uma sessão à qual faltou.

Como terapeuta entusiasta e clínico habilidoso que era, Ferenczi percebeu que ao invés de recuar diante desta desobediência, precisava explorar a "necessidade de mentir" do paciente para uma compreensão mais profunda de seus sintomas. Ele relembra que o problema da simulação e da mentira eram velhos conhecidos da psicanálise.

Afinal, a "principal tarefa no tratamento de um caso de histeria é essencialmente a exploração da estrutura fantasística" (Ferenczi, 1928/1992, p. 17).

Evidentemente, Ferenczi não ignorava a importância da realidade psíquica, mas lembremos que nessa época ele já estava adensando seus estudos sobre o papel do ambiente na traumatogênese, sobre o universo infantil e seu encontro com o mundo adulto. Sua experiência com os chamados "pacientes difíceis" lhe ensinou ser importante saber em que medida esse conteúdo fantasístico também representa uma realidade efetiva, ou a lembrança de tal realidade. Vale citá-lo:

> *Adquiri a convicção de que nenhum caso de histeria pode ser considerado definitivamente solucionado, enquanto a reconstrução, no sentido de uma separação rigorosa do real e da pura fantasia, não estiver consumada. (...) sua análise não pode, portanto, considerar-se terminada, se por fim da análise entendemos também a cura,* no sentido profilático. *Poderíamos generalizar, por conseguinte, dizendo que o neurótico não pode ser considerado curado, enquanto não renunciar ao prazer do fantasiar inconsciente, ou seja, à mentira inconsciente. (Ferenczi, 1928/1992, p. 17)*

Todo paciente tenderia, pelo medo da perda de amor e pela preservação de seu narcisismo, a deformar os fatos que narra no encontro analítico, o que torna a regra da associação livre uma exigência apenas ideal. E, tudo bem, pois as associações que têm sua fonte nessas pequenas deformações atuais conduzem, com muita frequência, a eventos infantis mais importantes.

Nesse ponto do texto, Ferenczi (1928/1992) insiste que "nenhuma análise sintomática pode ser dada por concluída se não for, simultaneamente ou em seguida, uma análise de caráter" (p. 18). Com isso ele quer dizer que uma cristalização anterior deve se tornar fluida para, após um caos passageiro, se recristalizar de outros modos, permitindo condições mais favoráveis.

E quais seriam estas condições mais favoráveis? Basicamente, a separação mais nítida do mundo da fantasia e do mundo da realidade, permitindo uma plasticidade e liberdade interior quase ilimitada (palavras dele), proporcionando um melhor domínio dos atos e decisões.

Nesta aposta de que a análise de caráter é mais profunda do que a análise sintomática, Ferenczi parece valorizar elementos muito além do conteúdo verbal, lembrando seu trabalho *Reflexões psicanalítica sobre os tiques* (1921/1992), por exemplo, ele salienta que devemos estar atentos a aspectos exteriores do comportamento do paciente; algo que Balint (1949/1994), posteriormente, chamou de elementos formais do comportamento do paciente na situação analítica. Esses elementos formais que fazem parte do caráter do paciente incluem as mudanças de expressão do rosto do paciente, sua forma de deitar-se no divã, de usar a voz, de iniciar e terminar a sessão, sua doença intercorrente ou um mal-estar passageiro, e, especialmente, sua forma de associar. Ferenczi chega a sugerir que o analista apresente um espelho aos pacientes para que adquiram consciência, pela primeira vez, das particularidades do seu comportamento, inclusive do seu aspecto físico. Mas observa que tudo isso deve ser comunicado com tato.

Embora ele não defina a noção de tato psicológico nesse artigo, pode-se perceber que essa temática, juntamente com a da empatia e da elasticidade da técnica, se faz presentes ao longo de todo texto. Daniel Kupermann (2019), em seu livro *Por que Ferenczi?*, define esse momento de consolidação do estilo clínico de Ferenczi como "a virada de 1928", marcando sua presença sensível e afetiva no encontro analítico.

Podemos dizer que mesmo que Ferenczi siga os passos de Freud, ele coloca relevo em questões pouco desenvolvidas ou deixadas em aberto pelo pai da psicanálise. Por exemplo, ao fazer referência ao texto freudiano *Recordar, repetir e elaborar*, de 1914, insiste que, além da repetição e da rememoração, o terceiro recurso técnico da análise, o fator da translaboração analítica, precisa ser apreciado em seu justo valor. É bem verdade que a definição que ele fornece aqui não é muito elucidativa. A translaboração é o trabalho psíquico a que o paciente se entrega com a ajuda do analista, enfatizando a relação de forças entre o recalcado e a resistência, como um fator puramente quantitativo. Mas tomando os textos da época em conjunto, entendemos que se trata do distanciamento de uma visada mais interpretativa da elucidação do recalcado em prol da valorização dos afetos na clínica e dos aspectos clivados dos sujeitos traumatizados, em consonância com o princípio de relaxamento e neocatarse, que seria apresentado no ano seguinte, no Congresso de Oxford.

E é justo esse ponto que podemos articular com o lugar do analista. Ferenczi dá a entender que grande parte das resistências do analisando poderiam ser vencidas a partir do próprio analista, isto é, se esse for capaz de lidar com suas próprias resistências. Em suas palavras, o analista precisa ser "digno de confiança, em todas as circunstâncias, em especial deve mostrar uma benevolência inabalável em relação ao paciente, por mais incorretas que possam ser a conduta e as falas deste último" (Ferenczi, 1928/1992, p. 20). Trata-se da criação de um *setting* suficientemente adaptado às necessidades regressivas dos analisandos, dando espaço ao infantil tanto no que diz respeito às manifestações desafiadoras e destrutivas, mas também ao lúdico, aproximando a análise de crianças e adultos.

Aliás, grande tema da época, com as tensões entre as proposições de Melanie Klein e Anna Freud acerca da análise infantil começando a se desenhar.

Esse *setting* pensado para os pacientes ditos "difíceis", por não se encaixarem na definição clássica de neurose, parecia muito menos neutro do que aquele inicialmente idealizado por Freud. Ferenczi nota que esses pacientes eram capazes de detectar os menores sinais de moções inconscientes no analista e testavam constantemente sua confiabilidade. O analista precisa suportar esses testes, sobreviver e não retaliar, lembrando a referência ao boneco João teimoso, em *Elasticidade da técnica* e as experiências com a chamada análise mútua, descritas em seu Diário Clínico. Não é difícil também perceber ecos dessas formulações em um herdeiro indireto de Ferenczi como Donald Winnicott.

Como seria possível suportar esses ataques e testes do paciente? Ferenczi é categórico: a condição é que o analista tenha terminado por completo a sua própria análise. Ora, sabemos das críticas de Ferenczi a sua análise com Freud, de que esse não teria trabalhado suficientemente a transferência negativa. A título de curiosidade, vejamos uma nota de seu *Diário clínico* (datada de 01 de maio de 1932). Ali, Ferenczi critica a descrença de Freud no processo terapêutico correlacionando esse pessimismo com a descoberta de que os histéricos mentem.

> *Depois dessa descoberta, Freud deixa de gostar dos pacientes. Retornou ao amor de seu superego ordenado, culto (...). Desde esse choque, essa decepção, trata- se muito menos do trauma, a constituição começa a desempenhar o papel principal. (..).; em segundo lugar, ele permanece ainda intelectualmente ligado à análise, mas não emocionalmente. Enfim, e terceiro lugar, o seu*

> *método terapêutico, tal como a sua teoria, estão cada vez mais impregnados de interesse pela ordem, pelo caráter, pela substituição de um mau Superego por um outro melhor; ele se tornou pedagógico. (Ferenczi, 1932/1990, p. 131)*

Depois desse desabafo de Ferenczi sobre Freud, gostaria de fazer um rápido desvio para situar a questão da formação à época. *O problema do fim da análise* é apresentado após um ano sem publicações, marcando o retorno de uma viagem de nove meses aos Estados Unidos, viagem essa que foi uma espécie de solução de compromisso. Isso porque juntamente com outros analistas da Escola de Budapeste, Ferenczi foi forçado a deixar a Hungria por questões políticas e se viu entre a opção de aceitar o convite para dar uma sequência de palestras nos Estados Unidos ou se mudar para Viena ou Berlim e compensar a falta de dois grandes pilares do movimento psicanalítico (Otto Rank, que se desligara, e Karl Abraham que havia falecido inesperadamente e deixado vaga a presidência da Associação Internacional de Psicanálise, a IPA). Nessa ocasião, o Comitê Secreto, que durante certo tempo exerceu mais influência na propagação da psicanálise do que a própria IPA, foi dissolvido. A associação e suas filiais se responsabilizavam formalmente pela seleção, formação e qualificação dos candidatos, incluindo aí a exigência de que o analista deveria se submeter a uma análise didática durante sua formação. Essas análises, além de outros fatores, eram mais curtas.

Embora o tema do encurtamento da análise já tivesse sido abordado por nosso autor na época da técnica ativa, e por Freud, no tratamento do Homem dos Lobos, Ferenczi insiste que a análise precisa dispor de um tempo infinito. Em suas palavras: "Trata-se menos do tempo físico de que o paciente dispõe do que da sua determinação interior de permanecer verdadeiramente em tratamento por quanto tempo for necessário, sem levar em consideração a sua duração absoluta" (Ferenczi, 1928/1992, p. 19).

Em *O problema do fim da análise* Ferenczi é bastante crítico da ideia de análise didática, pois acreditava que a análise do analista deveria ser uma análise como qualquer outra, e, mais ainda, deveria ir tão longe quanto possível. Para ele, se os analistas tiverem oportunidade de aprofundar suas análises e a humildade de pensar seus erros, dificuldades e resistências, reinventando a psicanálise, teríamos mais fins possíveis de análise. Essa ficou conhecida como a segunda regra fundamental da psicanálise e foi valorizada por Lacan, para quem Ferenczi foi "o autor da primeira geração a questionar com mais pertinência o que se exige da pessoa do analista, sobretudo quanto ao fim do tratamento" (1955/1998, p. 342).

Esse fim se assemelha muito ao trabalho do luto. Em uma bela passagem, Ferenczi afirma que uma análise está verdadeiramente terminada quando seu fim não parte nem do analista, nem do analisando; a análise deve, por assim dizer, morrer de esgotamento.

> *Um paciente verdadeiramente curado desliga-se da análise, lenta, mas seguramente; por conseguinte, enquanto o paciente quiser vir, terá ainda um lugar na análise. Também se poderia caracterizar esse processo de desligamento da seguinte maneira: o paciente está, enfim, perfeitamente convencido de que a análise é para ele um novo meio de satisfação, mas sempre fantasístico, que nada lhe fornece no plano da realidade. Quando ele, pouco a pouco, superou o luto relacionado com essa descoberta (Einsicht), volta-se inevitavelmente para outras possibilidades de satisfação mais reais. (Ferenczi, 1928/1992, p. 22)*

É bem verdade que nesse texto de Ferenczi há também uma afirmação um tanto careta e datada de que em uma análise totalmente terminada o sujeito superaria, por assim dizer, o complexo de castração, descrevendo seu destino na mulher e no homem. Mas sinceramente, *O problema do fim da análise* nos oferece muito mais que isso. É um testemunho da autenticidade e inventividade clínica de Ferenczi e de sua crítica à hipocrisia e ao controle verticalizado e superegóico das instituições de formação psicanalíticas. Ferenczi sabia, melhor do que ninguém, que a experiência analítica se transmite, não só a partir de nossas análises, supervisões e estudo teórico, mas a partir da escuta de nossos pacientes.

Referências

Avello, J. J. (1998). *Para leer a Ferenczi*. Biblioteca Nueva.

Balint, M. (1949). Changing terapeutical aims and techniques in psycho-analysis. In Balint, M. *Primary love and psycho-analytic technique* (pp. 221-235). Karnac (Original publicado em 1994).

Dean-Gomes, G. (2019). *Budapeste, Viena e Wiesbaden: o percurso do pensamento clínico-teórico de Sándor Ferenczi*. Blucher.

Ferenczi, S. (1992). Reflexões psicanalíticas sobre os tiques. In S. Ferenczi, *Obras completas. Psicanálise III*. Martins Fontes. (Original publicado em 1921).

Ferenczi, S. (1992). O problema do fim da análise. In S. Ferenczi, *Obras completas. Psicanálise IV*. Martins Fontes. (Original publicado em 1928).

Ferenczi, S. (1990). *Diário clínico*. Martins Fontes. (Original publicado em 1932).

Freud, S. (1996). Análise terminável e interminável. In S. Freud, *ESB* (v. XXIII, pp. 231-270). Imago. (Original publicado em 1937).

Kupermann, D. (2019). *Por que Ferenczi?* Zagodoni.

Lacan, J. (1998). Variantes do tratamento padrão. In Lacan, J. *Escritos.* Jorge Zahar. (Original publicado em 1955).

20. Sobre o caso Elizabeth Servern, a contratransferência e o *Diário clínico*

Lizana Dallazen
Episódio transmitido em 24 de setembro de 2021

Hoje apresentarei para vocês um pouquinho do *Diário clínico* (Ferenczi, 1932/1990), sobretudo, o caso R.N., pseudônimo usado por Ferenczi para falar da paciente Elizabeth Severn. Diferente de outros livros psicanalíticos, esse não é estruturado como estamos acostumados, com capítulos definidos e temas bem estabelecidos. São notas, registros que Ferenczi fazia ao final do dia ou de algumas sessões, de forma contínua, no período de janeiro a outubro de 1932. Essas notas foram publicadas 53 anos após a sua morte e exatamente como foram escritas, sem edição ou revisões, o que agrega um grau a mais de dificuldade para o leitor.

Entre os motivos da difícil leitura do *Diário clínico* (1990), podemos enumerar, primeiramente, o mencionado acima, escrito de forma não sistematizada; em segundo, a necessidade de ter familiaridade com a teoria da traumatogênese; e uma boa dose de autonomia que, eventualmente, fica prejudicada pelas nossas submissões transferenciais. O livro contextualiza, na minha compreensão, três dimensões: a dimensão teórica, a dimensão a técnica ligada ao problema do trauma e a dimensão pessoal. A primeira dimensão abarca a teoria do trauma desenvolvido ao longo da análise de cinco pacientes, dos quais três eram mulheres americanas – Elizabeth Severn, Clara Thompson e Izette de Forest. Sobre a segunda dimensão, para compreender a análise mútua e os desenvolvimentos teóricos dos dois tempos da técnica já lançados por ele, a técnica ativa e a elasticidade da técnica. Na terceira dimensão, ao longo do exame do conteúdo dessas pacientes, ele vai fazendo uma autoanálise e, ao mesmo tempo, tecendo uma crítica ao dispositivo analítico de Freud sobre o princípio de abstinência. Nesse sentido, não deixa de fazer, também, uma crítica à sua própria relação com Freud. Ao longo de *Diário clínico* (1990), ao conjugar as três dimensões acima, o autor consegue lançar luz sobre a criança traumatizada pela hipocrisia do adulto, o "doente mental" traumatizado pela sociedade e os pacientes cujos traumas são reativados pela rigidez técnica e hipocrisia profissional do psicanalista.

A primeira nota que encontramos no livro data de 7 de janeiro de 1932, intitulada *Insensibilidade do analista*. Nela, a frieza do analista começa a ser criticada e somos apresentados à história da paciente Clara Thompson, "nomeada" de D. M. Existe uma nota de rodapé que conta o episódio da carta de Clara Thompson a Freud, denunciando que Ferenczi a havia beijado. E foi essa a carta que foi parar nas mãos do biógrafo oficial de Freud, Ernest Jones, publicada no volume III da biografia *A vida e obra de Sigmund Freud* (Jones, 1989). A publicização do livro de Jones pode ser entendida como responsável pelo processo de silenciamento de toda obra de Sándor Ferenczi, que não foi lido por décadas, visto que Jones demonstrará claramente a inamistosidade que existia entre os psicanalistas e colocava, assim, Freud contra Ferenczi.

A leitura de *Diário Clínico* (1990) apresenta pontos bastante impactantes. A paciente escolhida para ser objeto deste trabalho/podcast, através do qual apresentou o livro, tem na certidão de nascimento o nome Leota Brown. Quando adulta, ela decide alterar para Elizabeth Severn, quando se separa, aos 22 anos, do primeiro marido, com quem teve uma filha. Elizabeth transitou muito entre América e Europa após essa separação, mesmo sofrendo intensamente de sintomas incapacitantes como alucinações, pesadelos, períodos de confusões mentais, depressão severa e ideias suicidas. Durante uma de suas estadias em Nova York, procurou Otto Rank, que a encaminhou para tratamento psicanalítico com Sándor Ferenczi.

Elizabeth viaja para Hungria e logo no primeiro encontro provoca uma série de sentimentos no psicanalista, que reconhece que tais sentimentos contratransferenciais não eram de simpatia por aquela mulher e que, inclusive, ela o intimidava e o angustiava. Ferenczi (1990, p. 35) a descreve como sendo uma mulher dotada de força de vontade extraordinariamente poderosa, denotando algo de soberano, de superioridade de uma rainha. Ele se esforçava para manter sua posição de superioridade analítica da qual acreditava necessária, naquela ocasião, para tratar os pacientes.

Tempos depois, durante o processo de análise, a própria Elizabeth relembra ao longo de uma sessão que logo nos primeiros encontros chamou sua atenção o tom de voz doce e insinuante com o qual Ferenczi se dirigia a ela. Foi a interpretação da paciente que confirmava as fantasias dela de que ele estava apaixonado e declarando seu amor, que levou Ferenczi a tomar consciência das camadas mais profundas de sua própria contratransferência. Assim, a manifestação da analisanda, para Ferenczi, ancorou-se em algo do inconsciente dele que o teria motivado a uma artificialidade em seu comportamento. Assim, o psicanalista húngaro, percebe-se com atitudes exageradas, no sentido de agradá-la, inclusive cedendo às exigências que a analisanda exigia no processo. As demandas envolviam concessões de mais horas de sessões no mesmo dia, exigência de atendimento no hotel onde ela ficava durante sua estadia em Budapeste e confissões do analista sobre seu amor por ela, sob pena de que a análise não prosseguiria se do contrário fosse, e por um período ele cedeu às demandas.

Após vários fracassos de tentativas de curar pacientes e da tomada de consciência da gravidade da enfermidade de Elizabeth, Ferenczi (1990) se propõe a examinar a própria contratransferência para avançar no tratamento desses padecimentos. Ele já afirmava em 1918, que se os psicanalistas quisessem avançar na técnica psicanalítica deviam falar sobre o tema da contratransferência, denunciando, pois, que este havia se tornado um tabu (1919/2011a). A ampliação do alcance psicanalítico exigia a travessia e a teorização da contratransferência. Entendo esse tema como a linha essencial do *Diário clínico* (1990) – a insensibilidade do analista *versus* a sensibilidade do analista. Defendi em outra ocasião que a sensibilidade do psicanalista passa pelo exame da contratransferência (Dallazen, 2017; Dallazen, 2020). Inicialmente, ele reconhece esses sentimentos para si, dando-se conta de que sempre gostara das mulheres que o admiravam e que essa paciente exigia algo diferente, exigia ser amada por ele tal qual a mãe do próprio Ferenczi durante sua infância.

Em uma de suas notas, ele admitiu que percebera Elizabeth como uma jovem antipática e arrogante, e com supercompensação se esforçava para atender todos os desejos dela. Quando Ferenczi se dá conta da presença de uma forte formação reativa em seu próprio comportamento, percebe que está tentando proteger-se da angústia, dos sentimentos de incômodo, de cansaço e de desprazer, ao longo do atendimento dessa analisanda, chegando a declarar "uma vontade de enviar tudo isso aos diabos". Essa gama de sentimentos presentes no psiquismo do analista fazia com que a formação reativa funcionasse como um escudo para que ele não se encontrasse com esta afetação causada pelas sessões de análise. Ferenczi reconheceu ainda a existência de fantasias libidinosas e lúdicas em si durante o atendimento de casos graves como esse.

O problema da contratransferência é belicoso e, na época, tido como indesejado. O sentimento de culpa pela presença desses sentimentos na mente do psicanalista cegou Ferenczi temporariamente para essa supercompensação e, cada vez mais, ele aceitava a forma autoritária com que Elizabeth ia se instalando em sua vida e exigindo exclusividade. Em uma determinada época do tratamento, eles conseguem recuperar parte das lembranças traumáticas da infância de R. N. através do método de relaxamento e regressão.

Na nota de 12 de janeiro de 1932, Ferenczi fez anotações de algumas cenas dramáticas vivenciadas por Elizabeth. Segundo esses registros, os primeiros traumas aconteceram quando a paciente tinha um ano e meio de idade e um adulto prometeu a ela "uma coisa muito boa" (Ferenczi, 1990, p. 39). Depois disso, a menina começou a apresentar desmaios, sentimentos de ineficácia e um semiembrutecimento, pois o que ela recebeu não foi "uma coisa muito boa", foi abuso sexual. O segundo episódio que a paciente consegue relembrar data dos cinco anos de vida dela, quando seus órgãos sexuais foram artificialmente dilatados. Nesse mesmo episódio, tóxicos foram administrados na menina que passou a ser drogada para ser abusada. Esses eventos se tornaram uma sistemática durante a infância dessa criança levando-a a impulsos de suicídio frequentes.

Durante o período de atendimento em que as recordações mencionadas acima surgiram nas sessões, Ferenczi compreendia que os traços de loucura que emergiram na paciente depois dos cinco anos de idade eram tentativas desesperadas de viver. Ela passou muitos anos sendo abusada e drogada, e um dos últimos momentos que ela consegue recordar durante as sessões de análise é um trauma vivido aos onze anos. Nesse período, surgiram lembranças estarrecedoras para ambos, Elizabeth e Ferenczi. Ela lembra de ter sido obrigada a participar da morte de um negro, disparando a arma, o que a fazia sentir-se uma assassina. Os pais de Elizabeth estavam se separando e seu pai se despediu amaldiçoando-a, verbalizando todo o desprezo dele pela filha e culpando-a por todo o ocorrido, o que agravou muito o quadro nessa época. Ela passou a viver em estado constante de atomização psíquica, estupor catatônico, alucinações e recorrentes tentativas de suicídio.

Apesar de a dupla analítica ter ficado incrédula com essas rememorações, conseguiram reconstruir esse período da infância com o trabalho compartilhado e, após uma breve trégua ao sofrimento da analisanda, houve uma significativa piora. O trabalho analítico ficou estagnado e ela dizia coisas como "Menos palavreado, algumas perguntas simples que solicitem meu pensamento", e ainda "de que me serve que você saiba tudo se eu nada sei?" (Ferenczi, 1969/1990, p. 71). Acusava que sua análise não avançava porque a de Ferenczi não havia terminado. Nesse contexto, a paciente passou a exigir que seu analista se entregasse ao processo de análise, pois a contratransferência dele impedia os avanços. Assim, é Elizabeth que propõe a análise mútua. É como se em determinado momento, ela dissesse:

olha, Ferenczi, a gente conseguiu que eu lembrasse de muita coisa, mas o tratamento não está funcionando e eu preciso que você me ajude, e mais ainda, para que você me ajude, a sua análise precisa avançar. Nós vamos fazer o seguinte: primeiro, você se deita no divã e eu te analiso por uma hora, e, depois, a gente inverte, porque, ao ser analisado, vais ter condições de me escutar melhor e me analisar. Esses registros demonstram o início do dispositivo de análise mútua proposta pela paciente.

Mediante todas as lembranças da analisanda e a gravidade da situação clínica em que ela estava, de repetidas tentativas de suicídio ao longo do tratamento, Ferenczi, em um ato desesperado de tentar resgatar a paciente, aceita essa proposta e cede à experiência de análise mútua. Lendo as notas de *Diário clínico* (1990), é evidente que existia um analista preocupado com a condição de vida da paciente. Embora tenha sido duramente criticado, justamente por suposta falta de saúde psíquica do analista ao levar essa experiência a essa radicalidade, hoje sabemos que Ferenczi fez a psicanálise avançar ao levar ao extremo essa experiência de análise, buscando confirmar suas proposições de acolhimento, de empatia e, sobretudo, de saúde mental do psicanalista. Contudo, ao final do livro, o próprio Ferenczi faz uma nota dizendo que "os analistas que atenderem pacientes com esta gravidade não vão precisar se lançar a experiências radicais como essa pois, já terão todos os registros desta experiência". Os próximos analistas podem partir disso para pensar e elaborar as técnicas necessárias. Eis a declaração do autor que atesta sua própria saúde mental. Elucida que ele sabia o que estava fazendo e o porquê o fez.

A partir dessa experiência, o autor fez uma revisão e remodelação de conceitos cruciais acerca da teoria do trauma no campo do narcisismo, bem como inaugurou o desenvolvimento da técnica a ser utilizada com essas configurações psíquicas. Todas essas questões levantadas a respeito da análise mútua não são resposta a um modelo rígido de tratamento, elas representam um dos momentos técnicos a que ele recorreu como último recurso na tentativa de salvar uma paciente. Dessa forma, pode-se dizer que Ferenczi é considerado o pai da psicanálise contemporânea, pois coloca em cena a dinâmica intersubjetiva da relação analítica e propõe que os psicanalistas examinem o campo de afetação existente entre analista e analisando. Nestas condições o psiquismo do analista entra em foco e passa a fazer parte dos recursos técnicos de tratamento.

Penso que é necessário fazer algumas considerações acerca da análise mútua, sobretudo no que diz respeito à implicação desse material para a clínica contemporânea. A primeira delas é justamente a saúde psíquica do analista, atestado por Ferenczi com sua autocrítica e o exercício clínico, no sentido mais estrito de clinicar. A questão da análise mútua, evidentemente, traz à tona problemas éticos. Não nos esqueçamos, porém, de que essas notas do Ferenczi eram para uso próprio, notas que o autor não tinha intenção de publicar, não eram textos elaborados, para defender teses. É preciso cuidado na hora de interpretar esse material de forma tão dura.

Outras considerações também precisam ser circunscritas. A proposta de análise mútua, vinda da paciente, poderia servir para tirar proveito dos complexos do analista e manter- se, assim, entrincheirada em seu próprio núcleo patogênico. Essa pareceu-me ponderação importante. A paciente poderia estar usando desse procedimento em favor da resistência, invertendo as posições e ficando numa posição defensiva. No entanto, não parece que foi o que aconteceu nesse caso, e nem que essa fosse a intenção dela. Quando Ferenczi anuncia que iriam encerrar esse trabalho de análise mútua, ela faz uma síntese dizendo o seguinte para o analista: "o seu trauma mais importante foi a destruição da genitalidade. O meu trauma era pior, vi a minha vida destruída por um louco criminoso, o meu espírito destruído por venenos e um embrutecimento sugerido, o meu corpo enxovalhado pela horrível mutilação no pior momento, a exclusão de uma sociedade onde ninguém acreditaria na minha inocência e enfim, o horror dos eventos do último assassinato sofrido". Quando ela expõe essa compreensão, demonstra que não usou da posição defensiva de se usar dos complexos infantis do analista para se manter alojada em sua própria neurose.

Sabemos que o intuito de Ferenczi de examinar e experimentar alucinatoriamente as vivências do outro era genuíno pois, abarcava resolver a transferência e a contratransferência em jogo no cão, bem como elaborar as transferências hostis dele que haviam ficado interceptadas na análise com Freud. Penso que, ao abandonar essa modalidade técnica e voltar a posição analítica anterior, Ferenczi consegue nos alertar para a necessidade de manter uma posição analítica de implicação, de ser afetado, rompendo a frieza supostamente necessária, mas sem perder a direção do tratamento. Seria uma forma de confirmar que podemos modificar a técnica no ponto que recai sobre a regra de abstinência sem renunciarmos à posição de neutralidade. Luís Cláudio Figueiredo (2008) trabalha esse conceito de posição implicada do analista, porém reservada.

Outra consideração que faço a respeito de *Diário clínico* (1990) diz respeito às sensações derivadas dos efeitos que vivenciamos nas nossas salas de análise. Falo das descargas em ato de afetos não simbolizadas dos analisandos, ou seja, as catarses, de modo que estes afetos sofram transformações. Conforme Kupermann (2008), esse trabalho é possível justamente pela presença sensível do analista.

Na minha leitura, a questão incide sobre a dimensão estética da contratransferência. Sabemos que a noção de sensibilidade é oriunda do campo da estética, da capacidade de afetar e ser afetado pelo outro. Contudo, não podemos ficar em uma postura ingênua de que é a sensibilidade do analista que vai transformar os destinos dos afetos do analisando. É preciso, sim, uma disponibilidade do analista para ser afetado, mas também se afastar dessa afetação e fazer um trabalho de perlaboração dessa contratransferência. Ou seja, trabalhar através do sensível, mas quando estiver em condições de intervir desde o princípio de realidade, proporcionando a passagem do sensível à construção de sentido. Acredito que o *Diário clínico* (1990) nos deixa de legado justamente a afetação do analista como dimensão estética da contratransferência. O caminho para alcançar a transformação do sensível em sentido é extenso, precisamos fazer uma caminhada longa. Exige muitos aportes e teorias para que se sustente essa transformação, essa passagem do ato à palavra. Contudo, a experiência de análise mútua com que Ferenczi se lançou é um ponto de ancoragem para todo o campo de pesquisa contemporânea a respeito desse tema. Ressalto, ainda, que Ferenczi (1931/2011) aponta para a necessidade de uma sintonia de linguagens entre analista e paciente, de modo que a dupla consiga realizar o trabalho de acordo com o modelo usado com crianças, na esteira do que ele colocou no texto análise com crianças. Assim, o psicanalista abriria mão de sua própria linguagem da paixão, ou seja, do princípio do prazer, podendo decifrar o infantil que irrompe dentro das sessões. Sobretudo, decifrar o infantil do outro através de sua própria contratransferência, por intermédio das sensações físicas e perlaboração dos movimentos psíquicos envolvidos. Esse material fará parte primeiro do exame silencioso do analista e segundo da dupla que se encontra nesse campo de afetação.

Dessa forma, o legado do *Diário clínico* (1990) sendo a sensibilidade do analista, passa a ser a matéria bruta do trabalho de perlaboração da contratransferência, pensado na minha tese de doutoramento como abertura para a reconstrução de marcas e traços mnêmicos que favoreçam os processos de simbolização primários do psiquismo do analisando. Dessa forma, podemos circunscrever o *Diário clínico* (1990) como precursor do trabalho com a contratransferência nessa perspectiva. Repito, não é trabalhar a sensibilidade, mas trabalhar através da sensibilidade/contratransferência para que ela seja uma mola propulsora da construção de sentidos.

Referências

Dallazen, L. (2017). *A perlaboração da contratransferência e a alucinação do psicanalista como recursos das construções em análise.* [Tese de doutorado]. Universidade de São Paulo.

Dallazen, L. (2020). *A perlaboração da contratransferência.* Blucher.

Ferenczi, S. (1990). *Diário clínico de 1932.* Martins Fontes. (Original publicado em 1969).

Ferenczi, S. (1919/2011). A técnica psicanalítica. In Ferenczi, S *Obras completas. Psicanálise II* (pp. 407-419). Martins Fontes.

Figueiredo, L. C. (2008). *Psicanálise: elementos para a clínica contemporânea.* Escuta.

Jones, Ernest. (1989). *Vida obra de Sigmund Freud* (v. 3). Imago.

Kupermann, D. (2008). *Presença sensível: cuidado e criação na clínica psicanalítica.* Civilização Brasileira.

21. Ferenczi, um incansável analista

Maria Nilza Mendes Campos
Episódio transmitido em 1 de outubro de 2021

Dificuldades técnicas de uma análise de histeria, que tem como subtítulo *Observações sobre o onanismo larvado e os equivalentes masturbatórios* (Ferenczi, 1919a/2011), faz parte de um conjunto de artigos que tratam de um período de experimentações técnicas chamado *Técnica ativa*, que se situa entre os anos de 1919 e 1926, ainda que, em 1918, no artigo *Técnica psicanalítica*, Ferenczi já tinha se referido à técnica ativa. Os outros artigos que compõem o conjunto são: *Prolongamentos da técnica ativa* (1921), *As fantasias provocadas* (1924), *Psicanálise dos hábitos sexuais* (1925) e *Contraindicações da técnica ativa* (1926). O interesse pela questão da técnica e a atenção à necessidade de modificações atravessam toda a obra de Ferenczi. Conhecido por seu *furor curandi*, tinha uma disposição incansável para compreender e tentar ultrapassar as dificuldades enfrentadas com certos pacientes, era também referido como o "salva-vidas" dos tratamentos fracassados dos demais colegas que lhe encaminhavam os pacientes mais difíceis.

Antes de adentrarmos no artigo, será preciso retornar um pouco no tempo para contextualizá-lo. O V Congresso da Associação Internacional de Psicanálise, realizado em Budapeste no ano de 1918, teve grande relevância, pois ocorreu logo após a grande guerra, que havia impedido os psicanalistas de se encontrarem. Foi o primeiro Congresso de Psicanálise em que estiveram presentes representantes oficiais de alguns governos como Alemanha, Áustria e Hungria, que demonstravam interesse pelas ideias trazidas pela psicanálise. Esse interesse se devia à eficácia demonstrada pelos psicanalistas frente aos complicados quadros conhecidos como neuroses de guerra, que se tornaram um grave problema para as autoridades militares, pois dizimavam as trincheiras quase na mesma medida que os ataques dos inimigos. Junto a isso, também a comunidade psicanalítica húngara, liderada por Ferenczi, ganhava muita expressão junto à vida cultural da cidade, o que justificou sua eleição como presidente da Associação Internacional de Psicanálise.

Na ocasião do congresso, Freud proferiu a conferência intitulada *Caminhos da terapia psicanalítica* – que resultou no artigo de mesmo título –, escrita sob a influência das suas trocas com Ferenczi, fazendo um balanço do que havia sido percorrido pela psicanálise até então, apontando limites e lançando futuros desafios para seu desenvolvimento:

> *Nunca nos gabamos da completude e inteireza de nosso saber e de nossa capacidade; estamos prontos, agora não*

> *menos que antes, a admitir as imperfeições de nosso conhecimento, aprender novas coisas e mudar em nossos procedimentos o que puder ser melhorado. (Freud, 1919/2010, p. 280)*

Os analistas começavam a encontrar algumas dificuldades na condução das análises. O método que se apresentava alvissareiro com a histeria, não vinha encontrando os resultados esperados junto aos obsessivos e fóbicos. Uma mudança radical começava a acontecer com o regresso de grande número de vítimas de traumatismos de guerra, e começaram a surgir, na clínica psicanalítica, os assim chamados "casos-limite". Alguns pacientes se encontravam incapazes de sonhar, fantasiar, ter perspectivas de futuro, apresentavam problemáticas psíquicas, predominantemente narcísicas, ou marcadas por distúrbios psicossomáticos, para os quais o tratamento psicanalítico clássico, centrado na rememoração, encontrava seus limites.

No artigo, Freud aborda a experiência de Ferenczi, reconhecendo que "o desenvolvimento de nossa terapia tomará provavelmente outros caminhos, sobretudo aqueles que Ferenczi, no seu trabalho 'Dificuldades técnicas de uma análise de histeria', (*Internationale Zeitschrift für ärztliche Psychoanalyse* [Revista Internacional de Psicanálise Médica, v. 5], 1919), caracterizou como 'atividade'" (1919/2010, p. 284). Freud também observa que o tratamento tem duas finalidades: tornar consciente o que foi reprimido e pôr a descoberto as resistências dos pacientes em análise. Para atingir esses objetivos, os analistas seriam obrigados a desenvolver atividades suficientes de frustração e de abstinência.

Ressalta que, em se tratando de casos mais graves "alguma concessão lhe deve ser feita, maior ou menor, segundo a natureza do caso e a peculiaridade do paciente" (Freud, 1919/2010, p. 287). Cada paciente traria uma situação diferente, exigindo uma flexibilidade cuidadosa do analista. E, reafirma, a concessão poderia ser feita, sem exageros, mas é apropriado recusar ao paciente as satisfações que deseja de modo mais intenso, evitando todo tipo de mimo.

Freud encoraja Ferenczi a seguir empreendendo outros caminhos, distintos dos adotados até então, chegando a mencionar a fixação de um término para o tratamento, que irá se converter em ponto fundamental da técnica ativa. Vale ressaltar que Freud já havia utilizado esse procedimento em 1918, no paradigmático caso do *Homem dos lobos*, quando determinou uma data para o término da análise.

Podemos afirmar ser esse o momento mais fértil das trocas entre os dois psicanalistas, em que testemunhamos um verdadeiro diálogo em suas produções, os dois vivem uma espécie de "lua de mel", segundo Brabant-Gerö (2003).

Ferenczi se vê estimulado a seguir seus experimentos técnicos. E, assim, enquanto Freud seguirá no terreno da metapsicologia, buscando entender o funcionamento mental, para tentar responder aos impasses e resistências enfrentadas na condução da análise, com as questões da compulsão à repetição, reação terapêutica negativa e pulsão de morte, Ferenczi partirá para suas incursões técnicas na clínica.

O artigo *Dificuldades técnicas de uma análise de histeria*, a que Freud faz referência, tem inspiração claramente freudiana: "É ao próprio Freud que ficamos devendo o protótipo dessa técnica ativa" (1919a/2011, p. 7). Também podemos encontrar a marca freudiana no prestígio que Ferenczi confere no artigo à dimensão econômica do aparelho psíquico.

Somos levados para dentro do seu consultório, para os três momentos da análise de uma paciente, que em correspondências com Freud, desde 1916, tinha sido nomeada como "a paciente violada" (Brabant & Falzeder, 1996).

No primeiro momento, a análise da paciente que era bastante engajada no tratamento encontrava-se estagnada, após uma relativa melhora. Ferenczi nos conta que recorreu "a uma medida extrema" ao decidir fixar um prazo para a interrupção.

Ele esperava que a partir dessa delimitação, a paciente pudesse se sentir motivada a retomar o trabalho analítico, mas ainda que tenha havido, num primeiro momento, alguma mobilidade psíquica, a análise voltou a estagnar. A paciente fazia declarações e juras de amor apaixonadas para o seu analista, interrompendo o fluxo da associação livre.

Ferenczi busca fazê-la compreender que aqueles sentimentos eram de natureza transferencial, na tentativa de reconduzi-la aos objetos adequados, mas inconscientes de seus afetos. Não obteve sucesso e, no prazo determinado, interrompeu o tratamento, sem que ela estivesse "curada", ainda que a paciente não compartilhasse do mesmo sentimento, pois estava satisfeita com a melhora obtida.

Alguns meses depois, a paciente volta a procurá-lo, relatando que seus sintomas haviam retornado com a mesma intensidade, mas circunstâncias alheias ao tratamento (que supomos provenientes da guerra) irão exigir mais uma interrupção.

Até que a paciente retorna uma terceira vez, a relação transferencial permanece intensa, seu discurso ainda se fixa nas declarações de amor ao analista, e a análise não avança. A transferência entra em cena para satisfazer a libido, desviando a paciente do curso associativo de suas fantasias inconscientes e se transforma em resistência, impedindo a rememoração.

A estagnação se daria pelo prazer que a analisanda encontrava durante a sessão da análise. Para Ferenczi, esse conforto indicava que havia prazer sendo escoado durante as sessões, afinal, a análise não era para ser confortável, e a regra da abstinência estava sendo burlada de alguma maneira.

A técnica ativa proposta por Ferenczi visava incidir sobre esse prazer da paciente durante a sessão e, assim, trazê-la de volta para a cena analítica e pôr o processo associativo em marcha.

Vale ressaltar, que a técnica ativa deveria ser usada como prática auxiliar ao método analítico clássico da interpretação e da regra fundamental da associação livre, sendo usada apenas em casos excepcionais.

Vemos aqui, um analista muito atento ao que ocorria no espaço analítico, e ao comentário da analisanda, que lhe disse experimentar sensações eróticas genitais durantes as sessões. Ferenczi observa que a paciente deitada no divã se encontrava de pernas cruzadas, esfregando suas coxas umas nas outras, para obter prazer, "uma forma larvada de masturbação" (1919a/2011, p. 2), encontrando, dessa forma, satisfação pulsional no momento da análise. Ferenczi, então, a proíbe de continuar esse movimento, incitando a paciente a adotar uma atitude ativa, obrigando-a a manter as pernas afastadas.

A justificativa dessas interdições se deve à sua fidelidade à metapsicologia freudiana, com o princípio de abstinência, em que seria necessário bloquear a eliminação da libido por caminhos secundários que possibilitassem satisfações substitutivas, fazendo, assim, aumentar a tensão e a angústia necessárias para a retomada da associação livre, de maneira a canalizar e focalizar a chegada do material inconsciente e sua eliminação pelas vias mais bem adaptadas à realidade. A escolha da interdição não era arbitrária, tratava-se de tocar as zonas inconscientes que se encontravam até então inacessíveis pela associação livre. Essas zonas são definidas pela localização corporal das pulsões infantis frustradas e não cicatrizadas e, por isso, estariam sendo deslocadas.

O resultado da proibição foi fulminante, a paciente passou a sofrer durante as sessões de uma agitação física e psíquica intolerável, já não era capaz de permanecer tranquilamente deitada e tinha que mudar de posição a todo momento. E começaram a emergir fragmentos de memória enterrados de certos eventos da infância.

Mas, muito embora a paciente atendesse à interdição, deixou de novo de trabalhar e, mais uma vez, se refugiou no amor transferencial. Ferenczi nos diz que estava disposto a desalojá-la dos esconderijos onde abrigava sua satisfação autoerótica, e a proibição se estendeu pelo resto do dia, não somente na sessão, já que a paciente erotizava a maioria de suas atividades de dona de casa e de mãe de família, ao apertar as pernas, uma contra a outra, mergulhando em fantasias inconscientes. Houve uma melhora e Ferenczi percebeu vários outros atos sintomáticos que, para ele, são gestos equivalentes ao onanismo, por exemplo, divertir-se beliscando diversas partes do seu corpo, e tornou a proibir esses atos, acreditando que dessa forma a libido estaria privada de modo total de qualquer descarga. Essa proibição provocou uma necessidade de urinar, despertando na paciente uma intensa excitação, ele não conseguia fazê-la parar de esfregar vigorosamente a sua mucosa vaginal, confirmando a hipótese de uma masturbação ativa na infância.

A partir daí, há um novo encaminhamento da sexualidade da paciente, em direção à zona genital e a paciente, finalmente, pôde encontrar satisfação nas relações sexuais normais, que antes lhe era impedida.

O que podemos perceber é que, para Ferenczi, a eficácia do tratamento se dá quando os pacientes não sentem mais necessidade de recorrer a modos de satisfação sexual infantil, convergindo sua libido para objetos e metas sexuais adequados, e aí a vida sexual encontraria sua normalidade.

Ferenczi termina o artigo de maneira bastante entusiasmada com a psicanálise, apostando nos fundamentos metapsicológicos postulados por Freud que embasam teoricamente os procedimentos técnicos adotados no tratamento descrito.

Adverte que não faz dessa atividade um método, mas apenas um artifício destinado a provocar e acelerar as investigações do material inconsciente. De fato, as intervenções serviriam para o mesmo propósito que as interpretações, qual seja, impedir a estagnação da análise.

Ainda que a atividade seja do paciente, Ferenczi nos diz que o analista também precisa se desalojar do papel passivo que desempenhava até então. Essa medida entre o lugar do analista, o lugar do analisando e os efeitos dessa interação sobre o psiquismo de um sobre o outro fará com que Ferenczi esteja, a partir desse momento, sempre atento aos riscos contidos na relação transferencial, à medida que podem resvalar para relações de poder, obediência e admiração excessiva. Essa dimensão ética não sairá do seu horizonte, constituindo uma importante preocupação e balizando suas incursões técnicas futuras. Podemos ver isso no artigo escrito imediatamente após ao que acabamos de apreciar, que tem como título *A influência exercida sobre o paciente em análise*, em que o autor adverte para o caráter sugestivo do lugar do analista.

Ao percorrermos nosso artigo, podemos identificar como Ferenczi se afasta de um entendimento puramente intelectual da análise e, fazendo intervenções distintas da interpretação, se encaminha para privilegiar as experiências vividas no contexto analítico como constitutivas do tratamento. Na minúcia da observação, ele está atento às expressões afetivas não verbais, em particular a modos de expressão corporal, gestos e hábitos sutis, que vão ocupando o espaço analítico e chegam até nós como parte importante da escuta clínica.

Ferenczi nos ensina a ir ao encontro do paciente escutando o único e singular de cada sofrimento, ouvir o que pode estar sendo comunicado silenciosamente. Para isso, seria necessário estar em sintonia com o paciente, inventando distintas estratégias de ajuda, na tentativa de encontrar uma clínica sob medida para cada um.

Referências

Brabant-Gerö, E. (2003). Les voies de la passion. Les rapports entre Freud e Ferenczi. *Le Coq-heron*, 3(174), 100-113. Disponível em: https://www.cairn.info/revue-le-coq-heron-2003-3-page-100.htm.

Brabant, E.; Falzeder, E. (eds). (1996). Lettre 22.10.1916. *Sigmund Freud et Sándor Ferenczi: Correspondance* (t. II, p. 166). Calmann-Lévy.

Ferenczi, S. (2011). Dificuldades técnicas de uma análise de histeria. In S. Ferenczi, *Obras completas. Psicanálise II*. Martins Fontes. (Original publicado em 1919a).

Ferenczi, S. (2011). A influência exercida sobre o paciente em análise. In S. Ferenczi, *Obras completas. Psicanálise II* (pp. 09-11). Martins Fontes. (Original publicado em 1919b).

Freud, S. (2010). Os caminhos da terapia psicanalítica. In S. Freud, *Obras completas de Sigmund Freud* (v. 14, pp. 279-292). Cia das Letras. (Original publicado em 1919).

22. *Reflexões sobre o trauma.* Contribuições de Sándor Ferenczi à clínica atual

Júlia Catani
Episódio transmitido em 8 de outubro de 2021

Este capítulo fundamenta-se em Sándor Ferenczi, *Reflexões sobre o trauma* (1934) e reúne pontos importantes da obra, elaborados entre 1920 e 1932. Os conceitos permitem compreender como a psicanálise pode ser praticada hoje, para além do consultório. O artigo, publicado postumamente, como alguns outros que compõem hoje a obra de Ferenczi, chegou ao conhecimento do público um ano depois de sua morte, portanto, em 1934. Trata-se de um artigo valioso, pois reagrupa ideias trabalhadas por ele ao longo dos anos. Destaca-se que esse período inclui parte das formulações mais conhecidas e difundidas de seu legado.

O artigo divide-se em três partes: i) Da psicologia da comoção psíquica; ii) Da revisão a Interpretação dos Sonhos; iii) O trauma na técnica do relaxamento. As secções eleitas por Ferenczi correspondem ao seu entendimento da experiência do trauma no psiquismo; aos efeitos e as elaborações que esse tipo de acontecimento exige da teoria psicanalítica e as técnicas e recursos desenvolvidos pelo analista para lidar com o trauma.

Aqui, tem-se um texto breve, mas com conceitos complexos para a compreensão dos pacientes e os seus cuidados. Justamente em função disso, gostaria de mencionar o quanto o seu modo de pensar e suas formulações foram substanciais para a minha clínica. Mais do que um testemunho, aposto que essa partilha possa evidenciar o quanto suas ideias ainda podem operar de forma exemplar na atualidade, nos modos clínicos de lidar com o sofrimento psíquico e corporal.

O meu contato com a obra de Ferenczi, de modo mais sistemático, ocorreu anos depois da graduação, por sugestão de Eugênio Canesin Dal Molin que, na ocasião, propôs criar um grupo a fim de estudar o autor e a perspectiva do trauma. Ele, outros colegas e eu passamos a nos reunir semanalmente para tal empreitada. A possibilidade surgiu para aproximar-me de pares psicanalíticos, da pesquisa, mas, sobretudo ainda, da necessidade específica ligada à minha experiência na condição de analista no Ambulatório de Transtornos Somatoformes, também conhecido como SOMA, no Instituto de Psiquiatria do Hospital das Clínicas de São Paulo.

Nesse ambulatório, são assistidas pessoas cujo sofrimento psíquico é expresso no corpo. Violências físicas, abusos sexuais e/ou psicológicos são elementos presentes nas histórias destes pacientes.

E os sintomas são vivenciados em dores extremas, somatizações, paralisias, convulsões, espasmos corporais, perdas de memória etc. Confirmei que a psicanálise era um recurso fundamental para dar voz ao sofrimento, mas a proposta de um atendimento clássico analítico entre terapeuta e analisando era pouco praticável com esses sujeitos.

A justificativa consistia nos seguintes fatos: a) eram pacientes assistidos no hospital e não no consultório, o que altera a oferta de tratamento; b) eram pacientes com intensos sofrimentos psíquicos que queriam inicialmente mais ouvir soluções práticas e prescritivas do que serem acolhidos; c) eram pacientes que ao falarem a respeito do seu mal-estar, contavam apenas de modo objetivo os seus sintomas, mas não falavam sobre como esses surgiram em suas vidas; d) eram pacientes com dificuldades em apostar que os sintomas fossem de origem psíquica e não de uma causalidade orgânica; e) eram pacientes com dificuldade de construírem narrativas e rememorarem eventos passados. Aos poucos, percebi que a psicanálise e a ideia de transferência continuavam a ter importância e serventia para o desenvolvimento da relação que ali se construía, mas uma atitude mais ativa, de empatia e nomeação das experiências e dos afetos precisava ser estabelecida. Assim, Ferenczi serviu como um aliado ao afirmar que um analista deveria: sofrer *com* o paciente, partilhar de suas dores, mas de forma a nomear e auxiliar o analisando a elaborar e encontrar representações para tal sofrimento e que a condição de testemunha e os tempos do trauma eram conceitos e operadores contribuintes no processo. Assim foi como me aproximei de sua obra e reafirmei a função do analista como alguém que compartilha impressões e sensações com o paciente e função não mais vinculada a uma concepção clássica de neutralidade. Cabe assinalar que a clínica freudiana e a ferencziana partem de experiências distintas. A primeira, a de Freud, compreendia o trauma relacionado a uma fantasia de sedução e não a um evento de abuso propriamente dito. Em pacientes mais neuróticos o recurso à representação dos afetos, em geral, configura-se como possibilidade, o que concorre para uma posição mais neutra do analista. Já na segunda, a clínica de Ferenczi, o trauma é pautado pela ocorrência de um evento externo e do impacto do outro no psiquismo. Em outras palavras, do significado que é atribuído ao fenômeno. Isso exige uma participação mais ativa do analista nas sessões. Em sua prática, uma clínica composta fundamentalmente por soldados que lutaram no *front* ou por pessoas que tiveram que lidar com o contexto de guerra. Nesses casos, o sujeito experimentou, ou um choque onde ele se percebeu impedido, durante um tempo, da elaboração e da construção de representação.

Tal como aparece no texto, "O choque é equivalente à aniquilação do sentimento de si, da capacidade de resistir, agir e pensar (..)." (Ferenczi, 1934, p. 125). Ao sujeito lhe é furtada a possibilidade de adaptação e de assimilação do fato, pois ele é pego de forma totalmente desprevenida instaurando-se uma comoção psíquica. Essa situação é experimentada de modo tão violento e invasivo que produz um desmantelamento do sujeito. Na primeira parte do texto nomeada: *Da psicologia da comoção psíquica*, Ferenczi insiste na falta de preparo que se evidencia quando um evento acontece de modo súbito e como isso surpreende o sujeito. Dentre os motivos, a surpresa fundamenta-se no fato do sujeito, provavelmente, estar numa situação que até então lhe conferia segurança, confiança em si e no mundo. O evento o coloca em dúvida quanto a sua capacidade de lidar com as circunstâncias. O choque é tamanho, que não há de sua parte qualquer resistência, ao contrário, constata-se uma passividade e uma dificuldade de produzir qualquer tipo de força reativa ou representação. Nos casos em que isso é possível, a resposta é muito pequena e insuficiente. A representação, segundo Ferenczi, serve como antídoto ao desprazer provocado.

No entanto, a depender do evento e da imprevisibilidade com que ele invade o sujeito, a produção de desprazer torna-se difícil de superar. Quando o mal-estar se instaura, ele produz uma fixidez que faz com que o sujeito passe a não ter mais condições de manter um equilíbrio com o meio externo, portanto a *reação aloplástica* encontra-se impedida frente ao trauma. Nesse momento, o que se opera é uma *reação autoplástica* com efeitos desestruturantes e, assim, uma autodestruição como expectativa de melhor adaptação aos efeitos ambientais. O sujeito volta-se para si mesmo como forma de sobrevivência e autopreservação da relação com o exterior.

Para Ferenczi, o processo ocorreria mais ou menos da seguinte forma: a cada traumatismo (efeito acumulado de pequenos traumas) tem-se a angústia subsequente. A angústia consiste em uma incapacidade do sujeito de lidar e adaptar-se à situação de desprazer. Assim, o que a pessoa produz é uma subtração de si com o intuito de se ver livre do que gerou o traumatismo. Isso, em certa medida, tem um efeito momentâneo de apaziguamento e de aniquilação da força exterior, mas logo a sensação de desprazer retorna exigindo uma nova ação. Será nesse momento, que tal como assinalado, eclodem os atos de autodestruição, o que liberta o sujeito da angústia anterior, mas em contrapartida produz uma desorientação psíquica. Nos casos atendidos no serviço do SOMA os pacientes, depois de um acontecimento traumático, passam a apresentar sintomas, por exemplo, as chamadas crises dissociativas, perda de memória e regressões a um período anterior ao evento ocorrido. Por mais confuso que isso seja para o próprio paciente, opera-se uma realização de desejo e uma satisfação que o leva a não ter que enfrentar o que antes fora tão desorganizador.

Ainda no que se refere à situação traumática, há aqui uma ideia central já desenvolvida por Ferenczi, em textos anteriores a publicação desse artigo. Trata-se da constatação segundo a qual as crianças ao sofrerem situações de abusos e violência buscam acolhimento e conforto em um adulto ou em uma figura de confiança a fim de compreender o que se passou. No entanto, não é raro que essa figura eleita recuse, minimize ou puna, de algum modo, a criança pelo ocorrido. Ela se vê obrigada a lidar com a angústia sozinha e passa a duvidar de suas próprias percepções, pois o que foi experimentado por si e em seu corpo foi *desmentido* pelo adulto de confiança.

Na segunda secção do manuscrito, da revisão de *A interpretação dos sonhos,* Ferenczi retoma justamente o texto de 1900 de Freud para discutir a ideia de que o sonho teria uma função maior do que apenas a realização de um desejo. Nesse sentido, Ferenczi recupera o que o próprio pai da psicanálise já havia considerado: como ficam os sonhos de angústia e os pesadelos, eles também seriam realização de desejo? Ferenczi concorda que os sonhos se configurariam como restos diurnos, mas mais do que isso, afirma tratar-se de sintomas de repetição. Portanto, os sonhos servem como forma de aliviar o desprazer e as cargas psíquicas vividas durante o dia.

O trauma ferencziano configura-se como um evento em si ou como um conceito de traumático em que há o acúmulo de experiências que irrompem levando a um choque psíquico e ao sentimento de aniquilação de si. A passividade experimentada pelo sujeito, nesse, momento coloca em suspensão toda e qualquer atividade psíquica. Esse processo de apatia que assombra o sujeito resulta não apenas em uma falta de ação física, mas também psíquica que impede e inibe a habilidade de percepção e de pensamento. O corpo retém uma memória que se configura como o que poderíamos chamar de traço energético ou impressão sensível. Isto é, a percepção de algo, mas que não carrega em si o registro da representação. Essa energia produz um acúmulo de tensão e descarga que ocorre sob a forma de sintoma corporal (Ferenczi, 1934/1992).

Segundo Ferenczi, seria preciso que, de algum modo, o sujeito retornasse ao próprio trauma para que houvesse uma descarga motora e uma elaboração do evento. O autor reconhece que um retorno em si seria praticamente impossível, mas a sua proposta é de que a relação analista-analisando permita uma confiança tão substancial que isso faça com que o sujeito tenha a chance de regredir até experimentar uma descarga desse afeto que foi na ocasião impossibilitado de ser vivido. Trata-se da chance de reconstrução do evento e, nesse sentido, o sonho serve como forte aliado para a elaboração. Isso porque permite ao sujeito desprovido de novas defesas reviver as impressões e sensações de forma intensa e quanto maior for a sua capacidade de revisitar a cena/evento traumático maior será a possibilidade de uma resolução do trauma de forma mais efetiva e duradoura. É por essa razão que Ferenczi sugeriu que os sonhos teriam uma *função traumatofílica*, isto é, uma tentativa de ligação psíquica das impressões sensíveis que estiveram clivadas depois do traumatismo experimentado. Trata-se, portanto, de um ensaio como forma de retomar aos poucos o domínio das experiências subjetivas sem a ajuda exterior que passou a ser necessária depois do trauma (Ferenczi, 1934/1992).

Há três pontos cruciais que marcam diferenças entre as formulações freudianas e ferenczianas que destaco aqui: 1. a ideia de que o evento seria endógeno para o pai da psicanálise, enquanto, para o psicanalista húngaro, o trauma é um evento exógeno, portanto, deriva de um conflito com o ambiente; 2. a função do sintoma, em Freud, é vista como uma manifestação psíquica que deve ser elaborada e suprimida; enquanto, para o Ferenczi, o sintoma é entendido como uma potência e como um recurso fundamental para a sobrevivência. Para ele, trata-se de uma preciosidade e a expressão de uma singularidade muito rica que evita o colapso propriamente dito, mas que produz uma fragmentação e um estilhaçamento do Eu. Trata-se do melhor que o sujeito pôde fazer diante do trauma, mesmo que ainda exija elaboração; 3. em Freud, a elaboração de um sintoma corresponderia à reintegração do Eu como parte da superação, um possível retorno ao estado inicial. Já para Ferenczi, isso não seria possível, retornar a um processo prévio, pois o sujeito já não seria mais o mesmo. Deve-se buscar a superação do trauma e sua elaboração, mas não como entendimento de uma reintegração do ego.

E, por fim, encaminho-me para a última secção do texto identificada como *O trauma na técnica de relaxamento.* Ferenczi discute aqui a importância e o elo entre o paciente e o analista como recurso terapêutico. Será este vínculo que fará com que o analisando tenha condições de sentir-se confiante para reviver por meio dessa relação um momento regressivo ao evento traumático a fim de superar os afetos que naquele contexto não puderam ser descarregados. Apesar da disponibilidade que o paciente encontra em seu analista, ele ainda mantém o seu desejo insatisfeito. Desejo esse de transformar o vínculo entre eles, em algo permanente e mais real, para além da cena analítica. Assim, o terapeuta precisa ter a atenção para reconhecer as necessidades e fragilidades do paciente e se disponibilizar a cuidar desse que sofre. Essa atenção é que permitirá ao analisando reviver a situação emocional traumática trazendo à consciência tal evento, assim como outros instantes penosos da infância.

O processo é delicado, pois faz com que o sujeito, ao revisitar esses momentos, seja mais uma vez acometido pelo trauma e pelas perturbações prévias, produzindo possíveis dores, delírios, estados de violência psíquica e corporal. Nesse momento, o paciente é convidado pelo analista a conversar a respeito do que está se passando e das perturbações afetivas e sensoriais vividas por ele. Segundo Ferenczi, esse processo e o ato de falar produzem satisfação e alívio, pois envolvem ao mesmo tempo a dimensão afetiva e intelectual denominada por ele de *convicção.* No entanto, não se trata de algo que perdure por um longo período de tempo, pois logo ele será acometido novamente por seus mal-estares, principalmente nos sonhos e nos pesadelos em que o trauma ressurge, mesmo que deformado, a partir da repetição habitual. Para Ferenczi, pode existir, de um lado uma oscilação entre: 1. o sintoma carregado de desprazer e com nenhum entendimento a respeito do traumatismo; e 2. a capacidade de reconstrução experimentada no estado de vigília, mas desprovida do ato de sentir; e de outro lado, o encontro analítico em que a experiência de convicção e integração entre a capacidade afetiva e intelectual pode ocorrer.

Assim, a participação do analista consiste em possibilitar que o sujeito revisite esses lugares e instantes dolorosos, mas ao mesmo tempo oferecer contornos, entendimentos colocando em palavras as experiências ali partilhadas, de forma que o material escutado pelo paciente possa restabelecer as situações traumáticas experimentadas na infância e permitir uma ação que o tire desse acometimento psíquico e dessa sensação de choque. Por parte do analista, isso exige um manejo, uma sagacidade e uma sabedoria para descolar-se do presente, a fim de entender o que se passou com o paciente em um período extremamente precoce, antes mesmo do recalque e das defesas mais determinantes para aquele paciente tornar-se quem ele é hoje.

Trata-se, portanto, de um mergulho determinante, pois leva o paciente a tempos de vulnerabilidade. Assim, a figura do analista serve como referência ao momento presente e aquele instante tão regredido da infância. A confiança de que isso é mais do que simplesmente uma rememoração é parte essencial para entrar em contato com os afetos. Parte do que torna essa experiência terapêutica singular é o modo delicado e flexível com que o analista assume as narrativas do paciente. Foi isso o que Ferenczi chamou de *efeito contraste*, uma atitude distinta das vividas pelo analisando até então frente aos eventos dolorosos desde a infância. Esse mergulho relacional será a permissão para o paciente ressignificar o processo prévio traumático e lhe proporcionar um impulso para prosseguir com a vida. Ou seja, um momento para o paciente reintegrar e incluir as experiências e não mais uma recusa e exclusão do que aconteceu previamente em sua história, mas isso implica em poder tornar útil o que foi vivido.

Referências

Ferenczi, S. (1992). Reflexões sobre o trauma. In S. Ferenczi, *Obras completas* (v. IV, pp. 125-135). Martins Fontes. (Original publicado em 1932).

Freud, S. (2019). A interpretação dos sonhos. In S. Freud, *Obras completas* (v. 4, pp. 13-708). Companhia das Letras. (Original publicado em 1900).

23. A economia do sofrimento e o *Princípio de relaxamento e neocatarse*

Fernanda Freitas
Episódio transmitido em 14 de outubro de 2021

Princípio de relaxamento e neocatarse (Ferenczi, 1930/2011) foi apresentado pela primeira vez em 1929 no IX Congresso Internacional de Psicanálise como Progresso da técnica psicanalítica e publicado em 1930 sob o título que conhecemos hoje. Você pode encontrá-lo no volume IV das *Obras completas de Sándor Ferenczi*. Um dos últimos textos do autor publicados em vida, ele comprova que, até o fim, Ferenczi seguiu fiel à máxima de que enquanto houver desejo do paciente em continuar em análise, a nossa obrigação é encontrar ferramentas necessárias para ajudá-lo.

Além da apresentação da nova técnica, o texto é importante por diversos outros aspectos. Primeiramente, ele traz um apanhado geral dos próprios progressos da clínica psicanalítica e o autor tem a chance de justificar erros e mudanças técnicas, bem como as consequências metapsicológicas. Como bom pesquisador, Ferenczi não tinha medo de reavaliar suas descobertas teóricas ou condutas clínicas.

Além da menção especifica a Freud e Breuer quando se trata do método catártico, outros autores importantes são citados: Walter Groddeck e Elisabeth Severn. Groddeck, considerado o pai da medicina psicossomática, tinha muito em comum com Ferenczi, tanto na defesa da importância do médico ou analista de se implicar no processo de cura, quanto na tendência a infringir regras. Seus estudos contribuíram bastante para a compreensão do papel das marcas mnêmicas na etiologia das neuroses. Elisabeth Severn, além de psicanalista, foi analisanda de Ferenczi por oito anos. Descrita no *Diário clínico* como R.N. foi uma das suas chamadas pacientes difíceis. O trabalho com Severn, entre outras coisas, ajudou o analista dos casos difíceis em suas elaborações sobre a mutualidade em análise e a cunhar o conceito de Orfa. Recurso psíquico extremo e força vital, Orfa, atua para salvar do aniquilamento sujeitos severamente traumatizados. Logo após a morte de Ferenczi, ela publica *A descoberta do self: um estudo da cura psicológica* (Severn, 1933/2017). A obra detalha o percurso analítico de uma paciente severamente comprometida (ela mesma) até se tornar uma psicoterapeuta equilibrada.

Ferenczi abre sua exposição afirmando que a histeria foi descoberta comum de "uma doente genial e um médico de espírito aberto" (Ferenczi, 1930/2011, p. 62). Ainda que uma determinada técnica seja modificada ou mesmo substituída, ela não perde seu valor metapsicológico. É o que ocorrera, por exemplo, com a hipnose e o método catártico. Afinal, qualquer inovação começa com um tipo de desvio da prática vigente.

Na busca por alternativas em benefício do tratamento analítico, ele foi o primeiro discípulo de Freud a modificar a técnica em prol de seus analisandos. Certamente, sua coragem despertou muitas críticas dos pares. Em defesa própria, Ferenczi lembra que Freud em *Recomendações aos médicos que exercem a psicanálise* (1912), ofereceu exatamente isso: recomendações cujo intuito seria proteger psicanalistas menos experientes – e seus analisandos – de fracassos grosseiros. Porque, para o autor, o fundamental é que o analista seja capaz de justificar para si mesmo as consequências metapsicológicas de cada uma de suas mudanças de conduta.

Nos dez anos que antecederam esta publicação, Ferenczi apresentou diversas inovações. A mais conhecida é a técnica ativa, que realmente fornecia rico material clínico. Com essa técnica, o analista fazia algumas orientações ao analisando com o intuito de provocar aumento de tensão e, assim, promover a reorganização das forças psíquicas. Ou seja, a atividade caberia exclusivamente ao analisando. Mas a experiência demonstrou que nem todas as orientações ativas provocavam aumento de tensão. Por exemplo, um simples descruzar de pernas durante a sessão sob orientação do analista, incita aumento de tensão ou relaxamento, a depender dos conteúdos psíquicos recalcados que são mobilizados por cada analisando num determinado momento de sua análise.

Portanto, seria correto afirmar que a psicanálise trabalha com dois princípios opostos, produzindo aumento de tensão pela frustração e relaxamento em consequência do *laissez- faire*. Mas isso, em 1929, já não era nenhuma novidade. Afinal, a associação livre opera da mesma maneira: o analisando confessa verdades desagradáveis, mas tem permissão para dizer o que vier à mente, por mais banal que o conteúdo lhe pareça.

A grande novidade trazida por Ferenczi foi perceber que "ainda que a atitude observadora do analista, objetiva e reservada, continue sendo a mais segura e a única adequada ao início do tratamento" (Ferenczi, 1930/2011, p. 69), o excesso de frieza e objetividade podem causar severos danos, reeditando traumas. Mas, então, como proceder? O autor recomenda uma espécie de "economia do sofrimento" (Ferenczi, 1930/2011, p. 70), na qual o analista vai modulando o grau de tensão. Dessa forma, o analisando vai aprendendo, aos poucos, a suportar o sofrimento que o levou a recalcar afetos. Esse equilíbrio permite o manejo do que Ferenczi chamou de "resistências objetivas" (Ferenczi, 1930/2011, p. 71), que seriam resultado das modificações técnicas que facilitariam as manifestações de transferência positiva.

Com essa atmosfera de confiança e liberdade, a técnica do relaxamento fez eclodir, tanto em analisandos histéricos quanto obsessivos, paralisias, câimbras localizadas e espasmos. Também ocorriam variações de estado de consciência, seguidas de amnésia. Em alguns casos, numa espécie de transe, o analisando era capaz de efetivamente reviver os eventos traumáticos que até então ele não conseguia simbolizar na análise. Usar símbolos mnêmicos corporais na reconstrução das experiências traumáticas conferia a eles um sentimento de realidade e objetividade. E o analista, naquele momento, única testemunha e elo entre o analisando e a realidade, dispunha de elementos para investigar sobre as partes dissociadas da sua personalidade.

Já não havia dúvidas de que esses estados auto hipnóticos eram muito semelhantes às manifestações catárticas estudadas por Freud e Breuer no passado, exceto pela diferença entre o que Ferenczi chamou de paleocatarse e a sua neocatarse. Enquanto a primeira se limitava a erupções emocionais e mnêmicas muito fragmentadas, a segunda, como nos sonhos, era a confirmação do inconsciente, um sinal de que o trabalho de construção analítica havia finalmente alcançado a realidade etiológica. Essa experiência clínica demonstrou que a regressão em análise é inevitável e que é papel do analista auxiliar ou, ao menos, não atrapalhar esse processo.

Tais constatações parecem óbvias no contexto da psicanálise contemporânea. No entanto, a partir da carta 69 a Fliess (Freud, 1996, p. 309), quando o pai da psicanálise declara não acreditar mais em sua neurótica, o trauma vivido e a sedução perdem relevância na etiologia das neuroses e a fantasia adquire valor patogênico. Nessa perspectiva, sintomas histéricos estariam relacionados a fantasias de sedução e seriam um esforço frustrado do sujeito em afastar lembranças da sua própria atividade sexual. Porém, o material mnêmico produzido pela neocatarse trouxe de volta o protagonismo do trauma original na etiologia das neuroses. Ou seja, o fator ambiental recupera sua relevância na constituição subjetiva. Agora, era possível compreender que tanto "as medidas de precaução da histeria quanto as evitações da neurose obsessiva são perturbações e conflitos reais. São traumáticas e têm um efeito de choque" (Ferenczi, 1930/2011, p. 73). Estão associadas a uma etapa do desenvolvimento anterior à capacidade de simbolização e, com frequência, precedem as potências psíquicas da consciência moral. Por isso, deixam tantos registros mnêmicos.

As fantasias histéricas, especialmente, contêm uma narrativa sobre os efeitos devastadores da atitude de certos pais e cuidadores que, além de incapazes de controlar suas paixões eróticas pelas crianças, também tentam desqualificar seus efeitos traumáticos. Quanto ao impacto causado pelo complexo de Édipo, a neocatarse evidencia um interjogo. De um lado está a tendência incestuosa dos adultos, recalcada e disfarçada de ternura. No extremo oposto, está a inclinação das crianças a responder ao erotismo genital com muito mais força e muito mais cedo do que o senso comum admite.

A partir dessa descoberta, Ferenczi sugere que boa parte das perversões manifestas em crianças talvez não indique uma fixação numa fase anterior, mas a regressão a um estágio genital precoce. Mais importante que isso, as investidas eróticas dos adultos sempre terão caráter de trauma, porque o que as crianças realmente desejam é o "jogo e a ternura, não a manifestação violenta da paixão" (Ferenczi, 1930/2011, p. 74).

A neocatarse também atesta que a primeira reação a um choque vai ser algum tipo de ruptura com a realidade, seja por uma alucinação negativa, que acarreta desmaio histérico, vertigem ou por compensação alucinatória positiva, que provoca uma ilusão imediata de prazer. Ferenczi também sugere que todos os casos de amnésia neurótica e, bem como de amnésia infantil, seriam clivagens psicóticas decorrentes de um choque. E a parte clivada que sobrevive em segredo, insiste em se manifestar através de sintomas neuróticos.

As medidas de relaxamento, eliminam a diferença que havia até aquele momento, entre as análises de crianças e de adultos. Portanto, Anna Freud estava certa: Ferenczi realmente tratava analisandos adultos como ela conduzia suas análises com crianças, porque o analista precisa adotar verdadeiramente seu analisando, deixá-lo experimentar pela primeira vez as delícias de uma infância normal. Mas essa atitude amistosa e benevolente, como Ferenczi diria, deve satisfazer apenas parte infantil do sujeito, aquela que demanda ternura. A parte que conseguiu escapar das inibições do desenvolvimento e se tornar adulta deve ser tratada como tal.

Ferenczi nos alerta que tanto no relaxamento analítico em adultos quanto na análise de crianças, "cuida-se de que as árvores não cresçam até o céu" (Ferenczi, 1930/2011, p. 76). Isso significa que não devemos satisfazer desejos notadamente agressivos, sexuais ou qualquer outro tipo de excesso. É papel do analista ensinar o analisando a renunciar e a se adaptar, quando necessário.

Nesse texto, ele também traz uma metáfora interessante. Afeito a descrever processos psíquicos a partir de fenômenos de outras áreas do conhecimento, Ferenczi compara a cisão psíquica a um teratoma. É como se uma parte escondida do corpo abrigasse partes de um irmão gêmeo cujo desenvolvimento foi inibido. Ao contrário de outros tipos de tumor, a remoção cirúrgica de um teratoma pode comprometer a sobrevivência do sujeito cujo corpo o abriga. O teratoma psíquico, seria, então, um tipo específico e extremo de clivagem, resultado de trauma severo e ao qual o sujeito foi submetido por longo tempo.

Ele é produto de identificação com o agressor e pode se manter hibernando por muitos anos, até que seja ativado por um fator interno ou externo ao sujeito.

Ferenczi constatou também que o analista se mantinha frio e distante era identificado com o agressor e provocava uma atitude reativa no analisando. Por outro lado, ao se mostrar mais afetuoso e benevolente, propiciava o relaxamento e manifestações de transferência positiva.

É da experiência com a neocatarse a frase célebre de uma de suas analisandas: "Agora que o amo, posso renunciar a você". Após algumas manifestações de natureza histérica, ela pode se lembrar dos traumas sofridos na infância, diferenciar o presente do passado, e foi capaz de simbolizar a experiência. O analista, finalmente, não ocupava mais o lugar do agressor. Nas palavras do autor, "A semelhança entre a situação analítica e a situação infantil incita à repetição; o contraste entre as duas favorece a rememoração" (Ferenczi, 1930/2011, p. 76).

Mas Ferenczi alerta para o fato de que esse tipo de manejo clínico requer do analista um controle rigoroso da sua contratransferência e do que ele denomina contrarresistência. Sem atenção à própria perlaboração, o analista pode sucumbir a extremos – seja ao excesso de benevolência ou às suas tendências mais sádicas disfarçadas de exigências do enquadre. É importante ressaltar que todo esse trabalho, a partir das modificações técnicas da psicanálise, visa uma melhor redistribuição da energia entre as forças intrapsíquicas. E na neocatarse o analisando não apenas revisita a experiência traumática, ele adquire ferramentas para modificar seu mundo exterior – só que no presente.

Princípio de relaxamento e neocatarse é resultado de muitas tentativas teórico-clínicas e pode ser lido sob diversos prismas que não cabem nesta gravação. Então, se você foi apresentado recentemente ao *enfant-terrible* da psicanálise e quer saber mais, eu recomendo, outros trabalhos do mesmo período: *A adaptação da família à criança* (Ferenczi, 1928/2011); *A criança mal acolhida e sua pulsão de morte* (Ferenczi, 1929/2011); *Análises de crianças com adultos* (Ferenczi, 1931/2011) e *Confusão de língua entre os adultos e a criança* (Ferenczi, 1933/2011). Você também pode ouvi-los nesta série de podcasts.

Com essas referências, certamente o alcance do legado de Ferenczi será mais perceptível. Muitos conceitos e fenômenos discutidos atualmente na metapsicologia têm sua fonte na obra desse autor. Dentre eles, manejo da contratransferência, regressão em análise, clínica do testemunho, o papel do ambiente no psiquismo em estágios primitivos, os estados-limite, só para citar alguns.

E, como ocorreu com ele, no futuro, é possível que estes mesmos autores contemporâneos a nós sejam revisitados, talvez esquecidos e, eventualmente, redescobertos. Certamente, terão contribuído para novas construções. Afinal, nas palavras do próprio Ferenczi, "seria presunçoso imaginar que qualquer um de nós tenha a última palavra sobre as possibilidades de desenvolvimento oferecidas pela técnica ou pela teoria da análise" (Ferenczi, 2011, p. 66).

Referências

Ferenczi, S. (2011). A adaptação da família à criança. In S. Ferenczi, *Obras completas* (v. IV, p. 1-15). Martins Fontes. (Original publicado em 1928).

Ferenczi, S. (2011). A criança mal acolhida e sua pulsão de morte. In S. Ferenczi, *Obras completas* (v. IV, p. 55-60). Martins Fontes. (Original publicado em 1929).

Ferenczi, S. (2011). Princípio de relaxamento e neocatarse. In S. Ferenczi, *Obras completas* (v. IV, p. 61-78). Martins Fontes. (Original publicado em 1930).

Ferenczi, S. (2011). Análises de crianças com adultos. In S. Ferenczi, *Obras completas* (v. IV, p. 79-95). Martins Fontes. (Original publicado em 1931).

Ferenczi, S. (1933/2011). Confusão de língua entre os adultos e a criança. In S. Ferenczi, *Obras completas* (v. IV, p. 111-121). Martins Fontes. (Original publicado em 1933).

Freud, S. (1996). Carta 69. In S. Freud, *Obras Psicológicas Completas de Sigmund Freud* (v. I, p. 309-311). Imago. (Original publicado em 1867).

Freud, S. (1996). Recomendações aos médicos que exercem a psicanálise. In S. Freud, *Obras Psicológicas Completas de Sigmund Freud* (v. XII, p. 123-133). Imago. (Original publicado em 1912).

Severn, E. (1933/2017). *The Discovery of the Self: A Study in Psychological Cure.* Routledge.

24. O estado da arte da clínica de Ferenczi

Priscila Frehse-Pereira
Episódio transmitido em 22 de outubro de 2021

O texto *Contraindicações da técnica ativa* (1926/2011), que consta no terceiro volume das *Obras completas* de Ferenczi, consiste em uma espécie de retomada crítica dos experimentos da técnica ativa, sobre os quais o psicanalista vinha se debruçando nos últimos anos. O interessante desse texto é como ele opera, também como uma espécie de apreciação geral sobre o estado da arte de sua teoria da clínica. Ou seja, é um texto que toca em diversas questões sobre a clínica da psicanálise, questões que o acompanham desde o início de sua produção teórica, como veremos a seguir, e que também anunciam alguns dos pontos que serão desenvolvidos na última – e mais profícua – fase de sua produção teórica, de 1928 a 1933. Esse texto ganha em força, portanto, se posto em diálogo com outros textos clínicos de Ferenczi.

A seguir, apresentarei alguns dos cotejamentos possíveis, pois um dos aspectos mais interessantes de sua obra é justamente o fato de ele ser um autor inventivo, que não hesita em reexaminar sua teoria a partir dos impasses e das questões da clínica. É nesse contexto de experimentação sobre os caminhos possíveis da clínica psicanalítica que surgem os primeiros experimentos da chamada técnica ativa: um recurso técnico inventado para tentar colocar em movimento análises que estavam estagnadas, nas quais se percebia uma resistência aparentemente intransponível, ou alguma dificuldade especial insuperável.

A ideia que vinha sendo discutida no campo analítico, em geral, no caso da técnica ativa, especialmente por Otto Rank, com quem Ferenczi havia recentemente publicado o texto *Perspectivas da Psicanálise* (1924/2011), era como intervir de modo a superar essas resistências. Essa discussão também se encontra no texto sobre os caminhos da terapia psicanalítica de Freud, de 1919, mesmo ano no qual é publicado o primeiro texto de Ferenczi sobre a técnica ativa: *Dificuldades técnicas de uma análise de histeria* – que abre o terceiro volume de suas *Obras completas*.

Como dito, a ideia era aplicar a técnica ativa nos tratamentos que estavam estagnados, e nos quais parecia haver um limite da técnica clássica, baseada na associação livre, atenção flutuante e princípio de abstinência. Como apresenta Balint, citado em Dupont, 2011, p IX:

> *Essa técnica tinha por base a ideia de que o esgotamento e a esterilidade das associações eram frequentemente*

> *explicados por uma retirada da libido do trabalho analítico, em benefício de fantasias inconscientes e de satisfações físicas inconscientes. Naturalmente, esse deslocamento era o resultado e o indício de uma crise na relação transferencial e o analista tinha, então, como tarefa descobrir para que terreno a libido se deslocara e mobilizá-la, a fim de que ela novamente estivesse disponível para um trabalho fecundo. (..).*

Segue Balint mais adiante:

> *A intervenção ativa do analista pode assumir, então, duas formas. O analista pode convidar o paciente a não mais se entregar ao hábito em questão, em outras palavras, a renunciar à satisfação indireta de seus desejos recalcados; ou, ao contrário, pode encorajar o paciente a desfrutá-la aberta e livremente. O analista espera, assim, por sua intervenção, provocar no paciente um considerável aumento de tensão, que por sua vez, poderia acarretar em duas consequências: a irrupção na consciência de uma moção pulsional até então recalcada, transformando um sintoma fonte de desprazer numa satisfação acompanhada de prazer (uma dimensão econômica), o que leva a um reforço e a uma extensão da autoridade do ego do paciente e a reativação das associações esgotadas ou estagnantes do paciente pela supressão das resistências. (Balint, 1967* apud *Dupont, 2011, p. IX)*

Para ilustrar, trago aqui um exemplo clínico apresentado por Ferenczi em *Fantasias Provocadas* (1924b/2011). Nesse texto, Ferenczi anuncia alguns dos problemas clínicos que demandariam do analista essas modificações na técnica clássica:

> *(..). um tipo de indivíduo que dá a impressão, tanto em análise quanto na vida, de com certeza ter uma atividade fantasística, particularmente pobre, aqueles indivíduos sobre os quais as experiências mais marcantes não parecem deixar nenhum vestígio. Esses sujeitos são levados a evocar situações que despertariam em todo ser humano afetos intensos de angústia, vingança, excitação erótica, assim como as ações, os impulsos, as fantasias ou, pelo menos, os movimentos expressivos internos ou externos exigidos pela descarga desses afetos; ora, eles não experimentam nem manifestam o menor sinal de tais reações. (Ferenczi, 1924b/2011, p. 263)*

O exemplo clínico de incitação de transferência negativa, trazido por Ferenczi, é paradigmático. Trata-se de um caso no qual ele percebia uma inibição na expressão dos sentimentos em função de ideais e de uma transferência de amizade e afeição em relação ao analista – uma transferência positiva branda. Como recurso clínico, Ferenczi fixa um prazo para o fim do tratamento, um dos expedientes mais conhecidos da técnica ativa, recurso utilizado por Freud na análise de *Homem dos Lobos* (Freud, 1918[1914]/2010). Tal medida, no entanto, não gera o resultado esperado: em vez da reação de cólera esperada, há abrandamento ainda maior da transferência: ausência de trabalhos e tônus, falta de afetos e de fantasias de coloração afetiva.

Diante da ausência de reação esperada, Ferenczi vai além e incita o paciente a criar especificamente fantasias de transferência negativa. O paciente resiste, no início, mas acaba atendendo ao pedido e revivendo seu "complexo de Édipo completo" (Ferenczi, 1924b/2011). O que permitiria a Ferenczi se autorizar a utilizar a estratégia ousada de incitação de transferência negativa?

Além da ênfase no valor da repetição [*Wierderholen*], a partir da qual se justifica que o analista incite a atividade no paciente, como parte do trabalho que leva a rememoração, Ferenczi destacaria, dois anos antes da publicação de *Contraindicações da técnica ativa,* o saber excessivo do analista como fonte das dificuldades técnicas com a qual a psicanálise se deparava no início dos anos 1920.

Segundo Ferenczi, uma posição dogmática tende a menosprezar o fator individual, a singularidade da experiência analítica: aquilo que se revela do passado e que se atualiza na transferência. Trata-se aqui, ao que parece, da elaboração do argumento de seu artigo de 1913 *Fé, incredulidade e convicção no âmbito da psicologia médica*, no qual enfatiza a necessidade de viver as coisas por si mesmo, o que possibilita a emergência da convicção em uma análise. O excesso de explicações pode acabar com o trabalho analítico propriamente dito. O fanatismo da interpretação, ou, mais precisamente, o fanatismo da tradução, dificulta o trabalho.

É possível, então, afirmar que os experimentos da técnica ativa demonstram uma tentativa do campo analítico de considerar a implicação do analista no manejo transferencial. De fato, o exemplo clínico de incitação da transferência negativa é caricatural, mas revela a espécie de problemas clínicos que estavam subjacentes à técnica ativa: o problema da submissão ao analista e da adesividade transferencial. Todas essas questões clínicas estão contempladas em *Contraindicações da técnica ativa*. Vamos ao texto, que começa com tom irônico:

> *A chamada técnica ativa da qual expus o essencial no Congresso de Haia, da nossa Associação, e ilustrei com*

> *exemplos em trabalhos posteriores, recebeu dos meus colegas uma acolhida ora bastante crítica, ora um pouco amistosa demais. Alguns críticos se julgaram na obrigação de proteger a psicanálise das minhas inovações afirmando que, na medida em que eram aceitáveis, nada traziam de novo e, na medida em que ultrapassavam os limites dos conhecimentos bem estabelecidos eram perigosas e, por conseguinte, deveriam ser rejeitadas. Como veem, os argumentos são os mesmos que pretendiam justificar o incêndio na Biblioteca de Alexandria. (Ferenczi, 1926/2011, p. 401)*

É interessante a referência a esse conhecido argumento, que justificaria o fim da Biblioteca de Alexandria: se os livros da Biblioteca falam o mesmo que o Alcorão, então não precisariam existir, mas se trazem algo diferente, então, precisariam ser destruídos. Essa ironia de abertura demonstra que o autor tem um modo peculiar de dialogar com a teoria freudiana. Sua obra, de ponta a ponta, dialoga com as teorizações freudianas, mas eu arriscaria dizer que Ferenczi faz uso da teoria freudiana de uma maneira elástica, buscando aberturas e brechas para articulações teóricas que dialoguem com a experiência da clínica.

Em outras palavras, como trabalhei em meu livro (Frehse-Pereira, 2022), se tomamos a ideia de que a teoria da clínica de Freud e Ferenczi são como mapeamentos do que se passa na relação transferencial – se propusermos uma cartografia de cada uma das teorias e se fizermos uma sobreposição desses mapas, veremos que há pontos de contato nos aspectos cruciais, mas a cartografia ferencziana é outra: ele dedica-se a tentar mapear o que se passa na dimensão estética da clínica e também das relações de poder que perpassam a relação transferencial. Propõe, assim, um esboço de mapeamento cujos traçados se firmam em grande parte das discussões contemporâneas da psicanálise. Ferenczi tem, assim, na obra de Freud, importantes pontos de contato e de partida, mas também profícuos pontos de tensionamento e de diferença.

Mas ocorre que, em *Contraindicações da técnica ativa*, Ferenczi não parece estar assim tão preocupado com a crítica. Para ele, as críticas à técnica ativa foram menos desagradáveis do que um excessivo louvor: alguns analistas, segundo ele, viram na possibilidade da atividade uma esperança de encurtamento das análises, como se fosse possível cortar caminho e acabaram vendo na atividade "uma espécie de liberdade psicanalítica que se tratava, para eles, de nada menos do que suprimir a necessidade de seguir o rude caminho da teoria psicanalítica" (Ferenczi, 1926/2011, p. 401), como se "uma corajosa espadeirada ativa pudesse cortar de um só golpe todos os nós terapêuticos mais emaranhados." (Ferenczi, 1926/2011, p. 401).

Como uma resposta a esse tipo de entusiasmo, digamos assim, narcísico, Ferenczi sublinha que a "atividade" se refere ao favorecimento da atividade do paciente, não do analista. Sem o devido cuidado, muitas vezes, ela pode estar apenas em nome de um exercício de autoridade e mesmo do sadismo do psicanalista, mesmo que justificado, em última instância, pelo "bem" do paciente. Vale destacar, mais para frente em sua obra, especialmente em seu *Diário clínico* (Ferenczi, 1932/1990), ele falará da passividade, que também pode estar a serviço do masoquismo do analista, ainda que seja em nome do "bem do paciente".

Contudo, parece-me que a principal crítica à técnica ativa se refere à fixação de um prazo para o fim do tratamento, o caminho traumático do aviso prévio, proposto por Rank, também adotado por Freud, no caso do *Homens dos Lobos*.

Ferenczi então dispõe-se a compartilhar as decepções que sofreu, casos nos quais ele se enganou, casos nos quais provocou o paciente e o resultado não foi o esperado – quando chegado ao fim do tempo do tratamento, o paciente não trabalhou o que seria desejado. Em outras palavras, a atividade não foi efetiva para a superação das resistências.

Dois anos depois, após um intervalo relativamente longo de produções para o ritmo de Ferenczi, no texto *O problema do fim da análise* (1928), a aceleração do final de um processo analítico estará fora de cogitação: uma análise deve "morrer de esgotamento". "O paciente desliga-se da análise lenta, mas seguramente, enquanto o paciente quiser vir, terá ainda um lugar na análise" (Ferenczi, 1928a/2011, p. 25).

Além disso, esse é o ponto crucial: Ferenczi começa a perceber que a atividade gerava muitas vezes o efeito contrário – sua imposição levava ao aumento da resistência, assim como as explicações brutais selvagens de analistas e excesso de interpretações "selvagens" que acabavam por aumentar ainda mais a resistência; ainda com o risco adicional de, ao incitar o paciente, impor à força sua vontade ao paciente numa repetição exageradamente fiel da situação traumática original. Isso seria, a partir desse texto, expressamente contraindicado: "nossas instruções ativas não devem ser de uma intransigência estrita, mas de uma flexibilidade elástica" (Ferenczi, 1926/2011, p. 404). A partir daí, enfatiza que é preciso que o paciente esteja de acordo com as medidas, que haja uma cooperação entre analista e analisando, senão corre-se o risco do oferecimento de uma arma perigosa à resistência, cooperação que atingirá seu ápice na discussão proposta, anos depois, sobre a análise mútua e a análise pelo jogo (Ferenczi, 1931/2011). Apesar de o texto falar em contraindicações, Ferenczi caminha para a conclusão abordando justamente alguns dos prolongamentos da técnica ativa que não implicariam em prematuro encurtamento do tratamento, nem em abuso de autoridade do analista. Seriam situações clínicas nas quais seria interessante induzir o paciente ao relaxamento e intervenções, em casos de tiques, impotências, frigidez e outros sintomas que demandariam adaptações no sentido da flexibilidade da técnica. E ainda destaca que essas adaptações só seriam aplicáveis a pacientes não psicóticos. No mais, vale enfatizar, a interpretação continua, para Ferenczi, sendo a principal tarefa da análise – os artifícios técnicos são para facilitar as condições desse trabalho.

Para incitar a curiosidade da leitura do texto, gostaria de destacar um caso em que Ferenczi usou a técnica ativa e foi levado a pensar no caráter vaginal do prepúcio, o que não soa surpreendente se levarmos em conta a *Thalassa*, publicado dois anos antes, e que é um "verdadeiro poema bioanalítico" nas palavras de Judith Dupont (2011). Isso me fez pensar, e aqui me entrego à associação livre, que Ferenczi representa uma abertura para uma leitura menos falocêntrica da psicanálise.

Licença poética à parte, outro aspecto ainda a ser destacado do texto é que a atividade, diz Ferenczi, favorece o surgimento da convicção na análise, que só emerge quando o trabalho intelectual está em conformidade com a experiência afetiva.

A técnica ativa, assim, deixa uma marca indelével no campo psicanalítico. A partir desses experimentos clínicos, a percepção dos riscos e da ineficácia clínica do uso da autoridade na atividade do analista, bem como a valorização da repetição, das experiências vividas [*Erlebnisse*] no trabalho analítico e da capacidade de assumir os erros e equívocos, uma trilha de investigação clínica profícua inicia-se. Isso resulta na proposição da elasticidade da técnica analítica. (Ferenczi, 1928b/2011) e desembocará nas suas principais contribuições teóricas sobre o trauma.

O manejo clínico de Ferenczi, então, ultrapassa a dimensão interpretativa, desconstrói a exclusividade da posição transferencial vertical do analista e convida a criar um espaço lúdico de afetação mútua na análise. Que Ferenczi siga como inspiração para a necessária reinvenção da psicanálise e também para os modos de transmissão da teoria psicanalítica na atualidade.

Referências

Dupont, J. (2011). Introdução. In S. Ferenczi, *Obras completas. Psicanálise III* (pp. VII-XIII). Martins Fontes.

Ferenczi, S. (1990). *Diário clínico.* Martins Fontes. (Original publicado em 1932).

Ferenczi, S. (2011). Fantasias Provocadas. In S. Ferenczi, *Obras completas. Psicanálise III* (pp. 261-269). Martins Fontes. (Original publicado em 1924a).

Ferenczi, S. (2011). Thalassa. In S. Ferenczi, *Obras completas. Psicanálise III* (pp. 277-357). Martins Fontes. (Original publicado em 1924b).

Ferenczi, S. (2011). Contraindicações da técnica ativa. In S. Ferenczi, *Obras completas. Psicanálise III* (pp. 401-412). Martins Fontes. (Original publicado em 1926).

Ferenczi, S. (2011). O problema do fim da análise. In S. Ferenczi, *Obras completas. Psicanálise IV* (pp. 17-27). Martins Fontes. (Original publicado em 1928a).

Ferenczi, S. (2011). A elasticidade da técnica psicanalítica. In S. Ferenczi, *Obras completas. Psicanálise IV* (pp. 29-42). Martins Fontes. (Original publicado em 1928b).

Ferenczi, S. (2011). Análise de criança com adultos. In S. Ferenczi, *Obras completas. Psicanálise IV.* Martins Fontes. (Original publicado em 1931).

Frehse-Pereira, P. F. (2022). *Transferência negativa: manejo e limites na clínica psicanalítica*. Artes & Ecos.

Freud, S. (2010). História de uma neurose infantil (O Homem dos Lobos, 1918[1914]). In S. Freud, *Obras completas. História de uma neurose infantil (O homem dos lobos), Além do princípio do prazer e outros textos.* (v. 14). Companhia das Letras. (Original publicado em 1918).

Freud, S. (2010). Caminhos da terapia psicanalítica. In S. Freud, *Obras completas. História de uma neurose infantil (O homem dos lobos), Além do princípio do prazer e outros textos.* (v.14). Companhia das Letras. (Original publicado em 1919).

25. Conversando sobre *O bebê sábio*

Anette Blaya Luz
Episódio transmitido em 29 de outubro de 2021

Hoje nós vamos conversar a respeito de um artigo bastante sucinto. Ele é bem pequeninho, mesmo, pois ocupa uma página apenas, mas é um artigo muito significativo na obra do Sándor Ferenczi. *O sonho do bebê sábio* é o título do nosso artigo. Ele está publicado nas *Obras completas de Sándor Ferenczi* pela Martins Fontes, vol. III, sendo o artigo número 33, página 207. Apesar de ser um artigo muito pequeno, ele tem uma importância fundamental na obra deste autor

Nesse artigo, já é possível perceber, com bastante clareza, sementes daquilo que seria posteriormente muito bem apresentado no trabalho célebre dele, *Confusão de línguas entre os adultos e a criança*" (Ferenczi, 1932), onde Ferenczi apresenta uma nova compreensão da metapsicologia sobre o trauma, bastante diferente da metapsicologia do trauma proposta por Freud.

A principal diferença é que, ao contrário de Freud, Sándor Ferenczi, nesta visão do trauma, propõe uma importância capital ao objeto externo, ao adulto que está cuidando, orientando a criança pequena e que abusa desta.

Do que trata então este artigo *O sonho do bebê sábio*? Ferenczi descreve com nitidez que vários dos seus analisandos, com muita frequência, relatavam sonhos onde uma criança bastante pequena é capaz de ter uma sabedoria que impressiona os adultos. É assim que ele escreve:

> *Não é raro ouvir pacientes contarem sonhos em que recém-nascidos, bebês de cueiros ou crianças muito pequenas são capazes de falar ou escrever com perfeita desenvoltura, brindar seu meio com falas profundas ou sustentar conversas de erudito, proferir discursos, dar explicações científicas, e assim por diante (Ferenczi, 1923, p. 207).*

Para ilustrar esse sonho, Ferenczi se utiliza de uma pintura, que é intitulada *Menino Jesus entre os doutores*. Trata-se de uma pintura de 1500 e pouco, 1520 ou 1530. Essa pintura representa o episódio bíblico narrado no Evangelho de São Lucas, em que Jesus, ainda criança, depois da festa da Páscoa, se afasta de onde estão seus pais, José e a Virgem Maria, e se dirige ao templo onde estavam os doutores das leis religiosas. Estes fizeram inúmeras perguntas, tendo todos eles ficado muito maravilhados com as respostas de Jesus. E nessa pintura é bem salientado que está Jesus, menino de uns 7 ou

8 anos, em um púlpito e aquele grupo de doutores da lei, senhores já idosos, todos embasbacados com a sabedoria daquela criança.

Ferenczi atribui esse sonho ao desejo que as crianças pequenas têm de possuir o saber e as habilidades que os adultos têm, pois, assim, elas ficariam mais autônomas, mais independentes. Não precisariam tanto do amparo e da proteção do cuidador pai ou mãe, ou de outro adulto que poderia machucá-la. Afinal, depender de adultos enlouquecidos é muito perigoso! Numa nota de rodapé, ele também considera o significado deste sonho à possibilidade de ser uma indicação precisa que esses sonhos poderiam ilustrar o saber efetivo das crianças sobre a sexualidade.

Mas o significado mais importante que Ferenczi atribui a esse sonho está escrito da seguinte forma: "O desejo de vir a ser um sábio e suplantar os grandes em sabedoria e em conhecimentos, seria apenas, portanto, uma inversão da situação em que a criança se encontra". Dessa forma, a criança que se sente ameaçada, por estar sob os cuidados de adultos cujas atitudes ela não pode confiar, (esta criança) desenvolve um desejo muito mais intenso de vir a ser independente do que uma criança que está sendo cuidado por pais, cuidadores, professores que tenham uma atitude adequada frente a ela, criança.

Por que então esse texto de 1923 é importante na obra de Sándor Ferenczi? Ele é importante, principalmente porque já contém sementes daquilo que, posteriormente, vai ficar mais claro na obra desse analista e pesquisador da psicanálise. O que ele faz com esse sonho? É como se a criança traumatizada lançasse mão desse tipo de solução para o seu desamparo. E a semente, a que eu me refiro, diz respeito a uma nova metapsicologia proposta por Ferenczi para o estudo do trauma.

Assim como Freud, ele também entendia o trauma em dois tempos, mas diferente de Freud, ele atribuía ao objeto externo, ao adulto cuidador, ou melhor dito, ao adulto abusador, um papel muito importante, bem significativo no trauma sofrido pela criança. Essa descrição da metapsicologia do trauma fica muito clara e evidente no trabalho mais famoso dele que é o *Confusão de língua entre os adultos e a criança*, escrito em 1932.

Nesse texto, ele relata que o primeiro momento do trauma é quando a criança é pega de surpresa por um abuso, seja um abuso sexual ou uma agressão. No caso de um abuso sexual, o adulto confunde a brincadeira sedutora da criança que está usando a linguagem da ternura com a linguagem da paixão, que é própria da sexualidade adulta. No caso de uma agressão, o adulto descontrolado impõe castigos severos e desproporcionais à uma criança que só está sendo criança.

Então, esse adulto pode abusar dessa criança devido à sua própria confusão ou pode abusar por estar enlouquecido de ódio, de raiva, de culpa e não suportar as brincadeiras da criança, atacando-a sexualmente ou impondo a ela castigos desproporcionais ao gesto que a criança acaba de cometer e que o adulto não suporta. A criança, que até então brincava despreocupada, passa a carregar a culpa do adulto e a manifestar todas as caraterísticas de um quadro depressivo. Resumindo: porque é uma brincadeira, porque a criança derrubou um vaso de flores, porque, enfim, a criança fez alguma coisa que crianças fazem, os adultos rugindo de ódio, de raiva ou transtornados por sexualidade abusam dessa criança.

Frente a essa situação a criança vai, então, procurar um segundo adulto para conferir o que aconteceu com ela, para contar, para relatar, para ter um amparo nesse segundo adulto. E esse segundo adulto não suportando o relato da criança propõe a ela que nada aconteceu, que ela entendeu mal, que vai passar. É essa desmentida do adulto o que realmente traumatiza.

Vê-se aqui como é bem diferente daquilo que o Freud propõe na metapsicologia do trauma mais clássica. De qualquer forma, pode-se perceber, com clareza, com nitidez como Ferenczi é bastante freudiano nesse sonho do bebê sábio, porque ele propõe que o sonho do bebê sábio é o desejo do bebê de ser sábio – e é o que Freud descreve a respeito dos sonhos, como sendo a realização de um desejo.

Agora, por que para nós em 2021, o estudo dessa obra, particularmente desse texto, é importante. Eu penso que nós temos encontrado pacientes cada vez mais traumatizados, cada vez mais regressivos, cada vez com menos capacidades simbólicas e esses pacientes exigem de seu analista um outro tipo de compreensão e de atitude analítica, que não aquela atitude analítica da psicanálise mais clássica.

São pacientes, com muita frequência, que não podem ser classificados como neuróticos, e, em sendo não neuróticos, o tipo de diálogo que vamos desenvolver com eles fica um pouco diferente. Muitas vezes nem a palavra é tão fundamental, mas sim a atitude; exatamente a atitude de dar fé ao relato daquele paciente que abriga no seu íntimo, ainda abriga no seu íntimo, aquela criança traumatizada da sua infância, que está lá, guardadinha no fundo da personalidade aguardando por alguém com quem ela possa conversar e que esse alguém (analista) possa dar fé, dar crédito a esse relato, de maneira que a criança não precise dar uma solução do tipo "bebê sábio", que ela possa realmente se deixar cuidar, agora por um adulto que possa compreender, que possa examinar com ela os acontecidos.

Nem sempre os traumas são gritantes e são tão visíveis a olho nu. Diversas vezes, com muita frequência inclusive, a violência da identificação projetiva do adulto cuidador para dentro da mente da criança dizendo coisas por exemplo: "Assim tu me enlouqueces! Vou me matar porque não aguento mais!". Essa gritaria ou qualquer coisa s tipo, que não é tão raro de a gente perceber na nossa cultura hoje em dia, e isso, repetidas vezes, vai traumatizando e fazendo as pessoas crescerem sem acreditar que podem ser cuidadas de maneira diferente daquela. Mas isso é o que mais desejam e precisam! Então, esses pacientes nutrem em seu íntimo, mesmo que de forma inconsciente, a esperança de serem cuidados por alguém que possa compreender aquilo. E são muitas vezes bebês de fato sábios, que descobriram o que o adulto cuidador, a mãe ou o pai, esperam deles quando criança, de maneira que eles possam ter aquele amparo até o momento em que sejam, de fato, adultos e possam buscar tratamento, buscar alguém com quem conversar sobre esses acontecidos.

Enfocando novamente a questão do trauma que essas crianças sofrem, a gente pode se perguntar como é que uma criança assim traumatizada pode seguir vivendo com aqueles adultos traumatizadores de forma que ela possa confiar neles, crescer, se desenvolver, ter algum tipo de amparo apesar de todas as circunstâncias negativas que o trauma acarretou.

Então, uma solução seria a "identificação com o agressor", quando a criança busca o segundo adulto para conferir o que aconteceu e tenta "encontrar" um nexo naquilo e o adulto, com a proposta de desmentida, desvaloriza o relato da criança, ela fica de novo desamparada. Por ela não ter encontrado aquilo que buscava no primeiro adulto e, tampouco, no segundo, ela encontra uma solução, que é a identificação com o agressor, e, a partir desse momento, ela começa a carregar a culpa que os adultos sentem, particularmente o primeiro adulto, o adulto abusador. E ela começa a apresentar todos os sintomas característicos de uma depressão, mas sempre na esperança de um dia poder encontrar um terceiro, um quarto, um quinto adulto, que dê fé, que ajude a criança a entender aquele relato que até agora não encontrou credibilidade nos adultos a sua volta.

A alternativa "bebê sábio" não deixa de ser um tipo de solução como também a identificação com o agressor. Mas lá no íntimo, fica o desejo de um dia não precisar ser cuidado por aquele adulto ou por aqueles adultos que não são confiáveis. Então, o sonho, como representante de um desejo, apesar da identificação com o agressor, apesar de continuar vivendo e convivendo com aqueles adultos, porque afinal não há outra saída, informa com clareza o que se passa no inconsciente daquela criança traumatizada. O sonho ilustra bem a realização de desejo, conforme a proposta freudiana sobre sonhos. Mostra com nitidez a ânsia que essas crianças têm de um dia não serem mais dependentes, e, mesmo sendo muito pequenas, podem ser sábias e talentosas e capazes de cuidar delas próprias.

Essa onipotência que o sonho revela pode também ser encontrada e descrita em outros autores. Por exemplo, existe uma forte semelhança nas descrições que Winnicott faz do falso *self* (Winnicott, 1960, p. 128). Mesmo que as datas de instalação da patologia não coincidam, percebe-se uma coerência espantosa nas compreensões que esses autores sugerem para a solução "bebê sábio" ou patologia do falso *self*. Em ambas propostas podemos imaginar a seguinte situação:

— Já que eu não posso confiar na minha mãe ou no meu pai, ou na minha tia ou na babá ou quem quer que seja para cuidar de mim, eu faço uma cisão da minha personalidade, uma cisão do meu *self*. Uma parte fica oculta, lá no meu íntimo, e fica bem protegida, que seria o *self* verdadeiro; e a outra parte vai desempenhar toda as funções do cuidador daquele *self* que está oculto. Tudo isso de forma absolutamente inconsciente.

Essa é a hora que o bebê é, de fato, muito sábio. É quando ele dá uma solução para sua sobrevivência: através desse *split*, que é uma clivagem, a autoclivagem narcísica, como chama Ferenczi. Para poder separar uma parte sofrida, que fica escondida no íntimo da personalidade enquanto a outra parte vai dando conta das exigências da vida.

Sempre que a gente encontra essas pessoas nos nossos consultórios, quando conduzimos uma análise desse tipo de personalidade, é muito gratificante poder ver aqueles aspectos mais ocultos, lá na profundidade do *self* começarem a aparecer e a florescer dentro da relação transferencial, depois de tantos anos escondidos aguardando que alguém pudesse trabalhar aqueles assuntos de uma maneira confiável e confiante.

Por último, eu gostaria de salientar uma frase do Ferenczi, onde ele diz que somente um bebê sábio poderia descobrir, entender e compreender o sonho do bebê sábio. E o Ferenczi foi um bebê sábio, que soube tirar grande proveito do seu próprio sofrimento.

Espero ter contribuído um pouco para a compreensão desse trechinho da obra desse autor tão querido, tão importante para nós, que foi vítima de uma "confusão de línguas" entre ele (a criança) e o movimento psicanalítico (os adultos) do início dos tempos dessa ciência, a psicanálise. Sándor Ferenczi, foi e ainda hoje é, autor de imprescindível leitura, particularmente para aqueles de nós que lidamos com os pacientes da clínica psicanalítica contemporânea.

Referências

Ferenczi, S. (1993). O sonho do bebê sábio. In S. Ferenczi, *Obras completas* (v. III, p. 207). Martins Fontes. (Original publicado em 1923).

Ferenczi, S. (1992). Confusão de línguas entre os adultos e a criança. In S. Ferenczi, *Obras completas* (v. IV, pp. 97-106). Martins Fontes. (Original publicado em 1932).

Winnicott, D. (1982). Distorção do ego em termos de falso e verdadeiro *self*. In Winnicott, D. *O ambiente e os Processos de maturação* (pp. 128-139). Artes Médicas. (Original publicado em 1960).

26. Melancolias dominicais: apontamentos antropofágicos às *Neuroses do domingo*

Ângelo Giuseppe Xavier Lima
Episódio transmitido em 4 de novembro de 2021

Olá. A você que acompanha este canal, permita-me que eu me apresente, pois sei que provavelmente você não me conhece. Meu nome é Ângelo Giuseppe Xavier Lima, sou membro do Grupo Brasileiro de Pesquisas Sándor Ferenczi e trabalho como Professor Dedicação Exclusiva no Curso de Psicologia da Universidade Federal de Campina Grande (UFCG/PB). Tenho formação em Psicologia Clínica pela Universidade Estadual da Paraíba (UEPB) e mestrado em Saúde Coletiva pela mesma instituição. Atualmente, curso o Doutorado na Universidade de São Paulo (USP), sob a orientação do Professor Daniel Kupermann.

É com imensa alegria que convido você a dividir comigo algumas provocações que tenho recolhido com as leituras que faço da obra do psicanalista húngaro, Sándor Ferenczi. O que trago para você hoje é uma fala antropofágica que tenta ruminar o texto *Neuroses do domingo*, escrito por ele em 1919. Texto esse que pode ser encontrado no volume II das *Obras completas* do autor, publicadas pela editora Martins Fontes.

Sendo assim, componho ainda uma demonstração possível do que julgo ser uma perspectiva de leitura da letra ferencziana que intenta captar a atualidade e a força do referido autor em nossos dias. Na composição dessa fala, inspiro-me no chiste "As chaves" de Fulton Sheen.

Ao que se segue, dei o nome de *Melancolias dominicais: apontamentos antropofágicos às neuroses do domingo*. Sendo essa a minha humilde contribuição pretensiosamente poética, sem sombra de dúvidas de uma poética menor, ao podcast "Escutando Ferenczi: a arte da psicanálise".

Por fim, com a vívida convicção de que a repetição não impede a diferença, é que convido você a pensarmos juntos sobre as *Melancolias dominicais como apontamentos antropofágicos.*

Com quanto, segue:

Ser no presente o que foi Ferenczi no futuro talvez seja o incômodo desafio que um leitor desse psicanalista está fadado a enfrentar. Quando Lou Andreas-Salomé, referindo-se a Ferenczi, disse: "Ele não foi o presente, mas o futuro", criou um sério problema para seus contemporâneos. Ao negar ao seu tempo presente a herança ferencziana, a psicanalista russa, desfere a nós o desafio de responder se já nos tornamos os contemporâneos futuros do psicanalista desaparecido em 1933.

Ao usar o tempo verbal no pretérito perfeito para localizá-lo na história da psicanálise, Andreas-Salomé produziu a presença futura do psicanalista húngaro em nosso tempo. Será que, mais uma vez, seremos vitimados pela conjugação enigmática que por vias de um pretérito-mais-que perfeito, nos condena a um melancólico passado da psicanálise? Sabemos que o tempo verbal em língua portuguesa é trabalhoso, o que em psicanálise não é menos instigante.

Ler Ferenczi não seria, em retrospecto, uma inevitável exigência presente que ao esquentar o passado o derrete como futuro?

Vou começar essa transmissão apelando para uma história triste, história essa, que bem poderia figurar no rol dos chistes anatômicos de melancolias dominicais.

Certa feita, num desses finais de semana quente, hospedaram-se no trigésimo andar de um hotel, três aturdidos pelo álcool. Por volta das três horas da madrugada, os três amigos, ainda embriagados pelas aventuras noturnas, retornam alegres ao hotel depois de uma animada carraspana. Tão logo pisaram no hall, o recepcionista informou que o elevador estava quebrado.

Vendo o estado em que se encontravam, o funcionário do hotel, prontamente, ofereceu-lhes cadeiras, sugerindo que não subissem. Consternado diante das condições apresentadas pelos hóspedes, providenciou ainda, uma sala na qual poderiam dormir, ali mesmo, na segurança do térreo.

Antes que fosse acrescentado qualquer argumento, o primeiro hóspede disse:

— Não! Não! Iremos para o nosso quarto. Não se preocupe, durante a subida dos dez primeiros andares eu cantarei para nos distrairmos.

Já concordando com o primeiro, o segundo, depois de um soluço, antecipou:

— Deixe que durante os dez andares seguintes, nos entreteremos com as histórias felizes que há muito venho colecionando, o que seria, para mim, uma satisfação poder contá-las. O terceiro, ao se prontificar a narrar histórias tristes, prometeu dirimir o cansaço da longa jornada, recorrendo ao expediente auspicioso do contraste de narrativas.

Animados, assim seguiram os três amigos, em júbilo, rapidamente chegaram ao 10º piso.

Empolgado com suas histórias edificantes, o segundo contista fez com que todos deixassem de prestar atenção aos pavimentos vencidos, diante da tabuleta do 28º andar, se deu conta que precisava ouvir as histórias tristes que o terceiro hóspede havia prometido.

Sob risos e pedidos de desculpas, o amigo, um tanto quanto surpreso, obedecendo a convocação urgente, decide finalmente cumprir sua fatídica missão...

Ao que, imediatamente, a inicia. Entre os ecos que povoavam as solitárias, escuras e sombrias escadas do velho hotel. Um tanto quanto cabisbaixo, profere:

— É que eu esqueci as chaves.[1]

Atônitos, em coro, seus companheiros gritam espantando um gato que tentava dormir. Como se estivessem contando degraus por degraus, insistiram: "Mas por que você não nos contou isso no vigésimo andar?!"

---

1 História inspirada na *Anatomia da Melancolia – Fulton Sheen – as chaves.*

— Porque eu sabia que não deveria interromper o trabalho acordado que se cumpria tão elegantemente.

Assim, contrariando toda e qualquer previsão que o experiente recepcionista tenha elaborado, chegaram todos, sãos e salvos, a porta do trigésimo andar. Se, entorpecimento e cansaço os tornaram indiferentes ao dolorido repouso no chão frio do corredor, o esquecimento da chave, é tão somente o prenúncio da catástrofe que se repetirá como destino indelével, convocando os morfinômanos escaladores à sobriedade requerida pela exigência matinal das segundas feiras e sua ética cruel do trabalho.

O tempo ferencziano não é o da platitude de um final de tarde de domingo, se dessa conserva alguma coisa, certamente não é apenas a náusea e o ácido que a acompanha. Sua ferina lavra revolve dimensões éticas, políticas e institucionais dolorosas. É realização indômita de um trabalho que se inicia devorando as conclusões de dias anteriores, que faz da obra de Ferenczi uma urgência sempre renovada.

Como bem nos apresenta Kupermann (2017), "Ferenczi é um psicanalista cujos escritos tendem a despertar afetos díspares". Por sua letra, pode-se assistir o esforço de um trabalho permanentemente reiniciado, como marca inequívoca da verve epistemológica que dá corpo ao cultivo da psicanálise, implicando-o, fundamentalmente, com o seu tempo e sua práxis.

Se por um lado paira sobre nós a imprecisão dúbia se merecemos a consideração quanto a temporalidade requerida pela letra ferencziana, por outro, no entanto, não resta a menor dúvida sobre a atualidade de seus pensamentos. Em uma rápida leitura do *Neuroses do domingo*, texto de 1919, isso, facilmente, volta a se confirmar.

Nesses tempos de pandemia, não foram poucos os temas urgentes que passaram a povoar corações e mentes contemporâneas. Entre uma compra e outra de vacina; um experimento e outro da ciência médica; entre uma crença ou outra para encobrir rebanhos; entre uma fuga e outra das CPI´s, destacam-se as inúmeras liturgias profiláticas que prometiam os desvios à maior doença crônica dos nossos tempos: *O enforco de dia de trabalho*.

Absortos em sono profundo, os hóspedes são arrastados pela lentidão sôfrega das últimas horas de um domingo ordinário. Berço de estados patológicos que a psiquiatria do início do século XX, atentamente observava, acalantando sua curiosa periodicidade, como se ela própria fosse uma convidada ilustre às celebrações natalícias nas quais sinais e sintomas alternavam-se sob o calor das emoções. Como convivas das ciclotimias que se encena no sétimo dia cristão, as celebrações não eram apenas importantes às semiologias e diagnoses médicas, mas decisivas às operações que cabiam enquanto direção de tratamento.

Conforme nos faz ver Ferenczi, o que conduz a dança dominical, ritmando os movimentos que se alternam entre a mania e a melancolia, verte-se como celebração sintomática que se atrela à aniversários e certos eventos que foram decisivos na vida e que motivaram, em calendários específicos, datas à exacerbação de sintomas.

Sob o olhar de um sapo que os assistiam dormir, os hóspedes foram raptados por sonhos inquietantes, premonições do um terrível retorno, periodicamente vivido dos sintomas que ornam antigos transtornos. Sintomas que têm na data presente um horário marcado para aparecer. Eis a catástrofe das catástrofes, o domingo ainda não se dava por findo.

Dores de cabeça, distúrbios gastrintestinais, gritavam em seus corpos como agouros de "hábitos de vida peculiares dos domingos". Os sonos prolongados, a comilança, a bebedeira, o peso do corpo, o empachamento, embora sejam fatores puramente somáticos que apontam para etiologia das neuroses de domingo, para Ferenczi "certos fatos parecem indicar que esses fatores fisiológicos não esgotam os dados do problema". Segundo ele, há inequívocos fatos psicológicos que devem ser considerados como "adjuvantes", pois, "eventualmente, a causa única do retorno periódico desses sintomas é fornecida pelas circunstâncias que – à parte o sono prolongado e a refeição mais abundante – caracterizam o domingo" (Ferenczi, 1919/2020, p. 392).

Dies Dominica, foi assim que os romanos da Idade Média se referiram a esse que é considerado, desde então, o último dia da semana para os cristãos. Dia que Deus resolveu descansar após ter dedicado os últimos seis dias de sua vida à criação do mundo. Assim como para Ferenczi, o domingo continua sendo "o dia feriado da humanidade civilizada de hoje".

No entanto, é certo também, conforme nos chama atenção o referido autor, esse dia feriado, não se resume ao exercício do repouso físico e psíquico que promete proporcionar àqueles que o festejam a tão sonhada trégua do cotidiano que clamam. "Nesse dia somos senhores de nós mesmos", diz Ferenczi (1919/2020, p. 392); "sentimo-nos livres de todos os entraves que o dever e as repressões exteriores nos impõem", acrescenta ainda; "experimentamos uma espécie de libertação interior", proclama o húngaro.

Como se compartilhassem do mesmo sonho, os hóspedes, são assombrados por restos diurnos. As necessidades do mundo vigília lhes atravessam violentamente, ao que diante destas, lutam bravamente, debelando-as uma por uma. Tendo no mundo onírico a atenuação das censuras, experimentam no próprio corpo a onipotência daquele que como eles resolveu entregar-se ao espírito desse dia mágico, no qual, tudo lhes fora permitido por "um acordo secreto que assegura aos culpados uma impunidade provisória".

No entanto, neuróticos que são, o domingo revelar-se-á aos morfinômanos com toda a sua potência de festim. Depressões inoportunas, moções reprimidas que ganham força nos momentos de festa, comumente aliam-se às fantasias autopunitivas. O humor muda, a onipotência arrefece, o medo aparece transformando sonhos em pesadelos. Um "estado psíquico mais ou menos penoso", passa a roteirizar suas fantasias. "O tédio, carregado de tensão" ao obstruir suas distrações, acarreta "uma incapacidade para o trabalho muito penosa em si".

Assombrados pela "preguiça sem prazer", pela "má consciência", pela "nostalgia por algo indefinido", os hóspedes em agonia clamam por alguma coisa que nem mesmo suas fantasias conseguem precisar o quê. Suando frio, suas ventas ardem invadidas pela fedentina, embrulhados, suplicam, debatem-se, rolam sobre o chão duro, levantando a fuligem precipitada dos inúmeros cigarros, tragados por fantasmas de fumantes que teimam em não apagar seus rastros no carpete antigo.

No caminho da conclusão de seu texto, Ferenczi, nos arremessa às súplicas que costumam acompanhar os domingos, movendo aqueles que querem ter festas, assim como querem ter pão, o desejo de serem também, por isso punidos: "Seriam igualmente tais desejos os que se dissimulam por trás das neuroses de domingo? E, se assim for, qual é o conteúdo por trás desses desejos? De onde vem a má consciência, a tendência autopunitiva dos sintomas?" (Ferenczi, 1919/2020, p. 394).

Como que para piorar nosso domingo, Ferenczi articula às neuroses desses dias, um clamor hebdomadário de punição, como um "notável efeito terapêutico" que se constatará apenas no dia seguinte.

Sob a opaca luz que se esforça para iluminar o corredor, o coaxar de um sapo que acabara de fazer sua última refeição da noite, desperta o primeiro hóspede que aos solavancos de uma composição sincopada, pula ao sentir fremir seu próprio corpo. Espantado acorda os demais com o imperativo: "Amanheceu! É segunda-feira!".

Referências

Ferenczi, S. (2020). Neuroses de domingo. In S. Ferenczi, *Obras completas. Psicanálise II.* Martins Fontes. (Original publicado em 1919).

Kupermann, D.; Souza, R. (2010). *Alegria.* Duetto.

Kupermann, D. (2017). *Estilo do cuidado: a psicanálise e o traumático.* Zagodoni.

27. Uma ampliação sobre o conceito de identificação a partir do *Diário clínico*

André Avelar
Episódio transmitido em 11 de novembro de 2021

Meu objetivo é propor uma ampliação do conceito de identificação a partir da leitura de dois pequenos textos presentes no *Diário clínico* de Sándor Ferenczi (1932- 1933/1985). Ambos enfocam o conceito sob duas perspectivas distintas e, ao mesmo tempo, bastante originais. O conceito de identificação em Freud é bastante limitado, uma vez que se encontra ancorado na hipótese do complexo do Édipo. Tal hipótese, apesar de fundamental para a inauguração do saber psicanalítico, é bastante restrita na construção de uma prática psicanalítica sintonizada com o sofrimento contemporâneo. Penso que as contribuições de Ferenczi podem colaborar para a construção de operadores clínicos desatrelados dos tradicionais modelos binários do gênero. Detenhamo-nos agora sobre o primeiro artigo:

Projeção da psicologia dos adultos sobre as crianças (Falsun)

Ferenczi inicia o texto apresentando sua compreensão da onipotência infantil; esta produz um sentimento que, embora se inaugure na infância, se mantém vivo secretamente na vida adulta. A afirmação dessa onipotência se daria de modo alucinatório em decorrência da impossibilidade de sua satisfação. Há aqui uma clara correlação entre as ideias apresentadas no texto acerca do desenvolvimento do sentido da realidade (Ferenczi, 1913/1992) e as considerações freudianas sobre o narcisismo (Freud, 1914/1974). Veremos mais adiante que Ferenczi irá produzir sua teoria acerca da experiência narcísica, a partir de seu conceito de introjeção (Ferenczi, 1909/1992).

Todavia, ao refletir sobre a onipotência infantil, se questionará se esta teria que ser tomada como o modo inaugural da vida psíquica. Nesse sentido, irá propor uma teoria do conceito de identificação atrelada ao arcaico; não referida, portanto, ao modelo edípico, preconizado por Freud:

> *Num processo psíquico cuja importância talvez não tenha sido suficientemente apreciada, nem mesmo por Freud, a saber, o processo de identificação como etapa preliminar da relação objetal, não avaliamos até hoje de modo suficiente a força operatória de um princípio de*

> *reação já perdida para nós, mas não obstante, existente; trata-se, porém, muito possivelmente, da força operatória de um princípio de reação de natureza muito distinta, ao qual a designação de reação talvez não convenha, em absoluto; por conseguinte, um estado no qual todo ato de autoproteção e de defesa está excluído, em que toda influência externa permanece em estado de impressão, sem contrainvestimento do interior. (Ferenczi, 1932-1933/1985, p. 189)*

Ferenczi articula, então, uma incapacidade de reação originária que estaria na base de quadros relativos ao fenômeno do hospitalismo, onde as falhas ambientais influenciam de forma decisiva a afirmação da vida.

O autor apresenta uma leitura da pulsão de morte distinta da perspectiva freudiana, tomando-a não como um princípio destrutivo autônomo, mas como uma incapacidade de defesa frente a uma ação hostil oriunda do ambiente:

> *Poderia inserir-se neste ponto a minha afirmação sobre a tendência para a extinção (adoecer e morrer, nas crianças de tenra idade) e a predominância neles da pulsão de morte; a forte impressionalidade (...). (Ferenczi, 1932-1933/1985, p. 189)*

Essa "impressionalidade" remete-se a um mimetismo arcaico não referido à experiência original de satisfação, presente na mitologia freudiana do encontro com o seio (matriz da lógica desejante). Sobre esse ponto, comenta Ferenczi:

> *(..). se isso é verdadeiro e se essa espécie de mimetismo, esse modo de ser impressionado sem autoproteção, é a forma de vida original, então seria ousado, inclusive injustificado, atribuir a esse período, quase desprovido de motilidade e, é claro, também provavelmente inativo no plano intelectual, os mecanismos de autodefesa e de alucinação (moções de desejo) (...). (Ferenczi, 1932-1933/1985, p. 190)*

O que está em jogo aqui é a existência de um modelo do funcionamento psíquico anterior ao modelo da experiência primária de satisfação, marcada pela impossibilidade do contrainvestimento, condição para a vivência narcísica:

> *(..). a vida primordial é desprovida de egoísmo porque ainda não possui um ego desenvolvido. O homem egoísta, graças a seus mecanismos de defesa contra as excitações, isola-se em grande parte do mundo circundante, como que por uma pele (Ferenczi, 1932-1933/1985, p.190).*

A experiência de onipotência, para se constituir, dependeria, portanto, da constituição de uma "pele psíquica", similar ao que Freud (1920/1974) veio a preconizar como um mecanismo de "para-excitação". Trata-se da construção de uma espécie de "filtro", responsável pela instauração da experiência da onipotência, matriz do narcisismo e da constituição egóica. Em outras palavras, esse invólucro permitirá a construção da capacidade de contrainvestimento.

Mas a originalidade do pensamento ferencziano reside no fato de cogitar uma atividade psíquica a ocorrer na ausência desse invólucro, expressando-se como uma hipersensibilidade:

> *No bebê, essas medidas de proteção ainda não estão desenvolvidas, de modo que ele se comunica com o mundo circundante através de uma superfície muito mais extensa. Se tivéssemos o meio de levar tal criança a comunicar aquilo que para essa hipersensibilidade a torna apta, saberíamos muito mais sobre o mundo do que o que nos permite saber nosso estreito horizonte. (Ferenczi, 1932-1933/1985, p. 290)*

Nesse sentido, Ferenczi, ao mesmo tempo que propõe uma incapacidade de reação na origem do processo identificatório, hipotetiza em contrapartida a existência de uma percepção extremamente aguçada; afirmando-se exatamente em função da impossibilidade de uma reação frente ao mundo externo. Tal percepção, mais do que característica de um período da vida psíquica, pode ser tomada - esta é minha hipótese - como uma modalidade de apreensão do mundo que se somará a novas capacidades de percepção da realidade. Voltaremos a esse ponto ao final de nosso trabalho. Debrucemo-nos, agora, no segundo texto.

Sentimento de culpa autóctone

Ferenczi iniciará seu texto contemplando aspectos destrutivos da atividade superegoica. Baseando-se nas reflexões freudianas sobre o tema, tomará o sentimento de culpa como uma expressão da ação do superego sobre o ego, em função da relação deste com o Id:

> *Até aqui, tratou-se apenas do sentimento de culpa que se instala no lugar do medo da punição, como instituição oposta ao resto do ego e ao Id. (Ferenczi, 1932-1933/1985, p. 235)*

Ferenczi se valerá da noção da masturbação compulsiva relacionando-a com o incremento da consciência de culpa:

> *Permanece em aberto a questão de saber por que a evacuação artificial e excessiva da libido se manifesta precisamente pelo sentimento de culpa. Parece que a pessoa responsabiliza a si mesma quando as funções do Ego são perturbadas unicamente para se obter prazer. (Ferenczi, 1932-1933/1985, p. 236)*

Essa questão, todavia, não é aprofundada no texto, e sim a reflexão a respeito de uma evacuação da libido que não proviria do ego; ao contrário, seria oriunda de fora:

> *(..). passa-se algo do mesmo gênero quando o bombeamento da libido é provocado, não pelo próprio ego, mas por uma outra pessoa, o que acontece com muita frequência, quando o meio é passional e ignora tudo sobre a psicologia da criança. (Ferenczi, 1932-1933/1985, p. 236)*

Trata-se, aqui, de uma continuidade a suas *Reflexões sobre o trauma* (Ferenczi, 1934/1992), mais especificamente centradas na hipótese linguagem da paixão (Ferenczi, 1932/1992). Convém destacar aqui o sentido de passionalidade presente nessa ideia, caracterizada pelo livre exercício do desejo de um adulto sobre uma criança, sem mediação. Esse funcionamento não pode ser incluído no registro da sexualidade adulta propriamente dita, onde a dimensão superegoica – em seu aspecto positivo – regulará a relação entre princípio de prazer e realidade. Para compreender então a linguagem da paixão, cabe destacar a função do desmentido, base da teoria ferencziana do trauma: há um adulto que denega as consequências do livre exercício de seus desejos sobre a criança.

Em seguida Ferenczi irá aqui fazer uma breve sequência do desenvolvimento psíquico, compreendendo que antes do amor narcísico é necessário que a criança seja amada; e que essas duas etapas, somadas, constituirão a base do processo introjetivo: "Além de ser amado e de amar-se a si mesmo, pode-se agora introjetar também pessoas e coisas enquanto objetos de amor" (Ferenczi, 1932-1933/1985, p. 236).

Essa passagem é importante exatamente porque assinala a importância do processo introjetivo no processo de subjetivação. Diferentes autores contemporâneos, como Abraham e Torok (1995), Green (2017) e Roussillon (2006), se basearão nessa ideia para formular suas hipóteses a respeito da constituição psíquica. Em comum entre eles reside o fato de que a composição do psiquismo depende da internalização do objeto; mas para que essa se dê efetivamente é preciso que seja internalizada a capacidade amorosa do objeto, (caso essa exista). Essa, por sua vez, é a condição *sine qua non* da efetivação do processo introjetivo. E, no tocante ao trauma, Ferenczi irá tomá-lo como a experiência impeditiva à efetivação do processo introjetivo, exatamente pela objetificação infantil a partir da experiência passional traumática:

> *Impor prematuramente modos de satisfação inoportunos perturba o desenvolvimento normal do ego, que se vê assim colocado diante de tarefas para as quais ainda não estão suficientemente maduros. (Ferenczi, 1932-1933/1985, p. 236)*

Nesse momento, Ferenczi irá articular a noção de identificação ao modelo do trauma, retomando sua conhecida tese da identificação com o agressor. A consequência de um desmentido afirmado numa vida precoce irá produzir um prejuízo em sua capacidade de julgamento e avaliação da realidade:

> *A criança, profundamente perturbada pelo choque da agressão intempestiva e por seu esforço de adaptação, não possui força de julgamento suficiente para criticar a conduta dessa pessoa de autoridade. (Ferenczi, 1932-1933/1985, p. 237)*

E, logo em seguida, completa:

> *Não tardará muito para que comece a duvidar dos seus próprios sentidos ou – o que é mais frequente – trate de se subtrair a toda e qualquer situação de conflito, refugiando-se nos sonhos diurnos, devaneios, e respondendo daí por diante às exigências da vida vígil à maneira de um autômato. (Ferenczi, 1932-1933/1985, p. 237)*

O automatismo seria uma modalidade de subjetivação derivada da experiência da clivagem. Para sobreviver ao trauma, o psiquismo teria que sacrificar – via clivagem – uma parte de si: sua capacidade de pensar ou de sentir.

Ainda no que diz respeito às consequências do trauma no processo identificatório, Ferenczi assinala: "A criança precocemente seduzida adapta-se a essa tarefa difícil com a ajuda de uma identificação completa com o agressor" (Ferenczi, 1932-1933/1985, p. 237).

E, no que refere ao sentimento de culpa, Ferenczi irá tomá-lo como consequência psíquica do abrigo – na vítima – da culpa sentida pelo agressor. E a própria sexualidade infantil – precocemente estimulada – será utilizada para reforçar esse mesmo sentimento de culpa:

> *O prazer sentido quando do processo sexual, é que não podemos negar em nosso próprio íntimo, desperta em*

> *nós a tendência para nos sentirmos responsáveis ou corresponsáveis pelo que aconteceu. (Ferenczi, 1932-1933/1985, p. 238)*

Nesse sentido, o conceito de identificação em Ferenczi servirá tanto para pensar o arcaico como o traumático na vida psíquica, permitindo ampliar nossa percepção do sofrimento psíquico. Façamos agora, todavia, uma breve passagem pelo conceito no pensamento freudiano para melhor compreendermos o alcance da contribuição ferencziana

Em uma de suas principais conceituações acerca do tema da identificação, Freud (1921/1974) descreve-a como a experiência matricial do desenvolvimento egóico. Nessa caracterização, opõe o investimento edípico ao processo identificatório: é partir da ameaça de castração – e o consequente desinvestimento do objeto incestuoso –, que se inaugura a identificação. Podemos perceber que tal teorização é ancorada no complexo de Édipo – mais especificamente no Édipo masculino.

Freud apresentou, todavia, uma série de revisões ao conceito de identificação; não iremos nos debruçar sobre esse percurso, posto que desviaríamos de nosso objetivo. Cabe, contudo, nos atermos a um momento específico de sua teorização. Em suas reflexões acerca de uma nova tópica do psiquismo Freud (1923/1925), de modo bastante pontual (em uma nota de rodapé, mais especificamente) assinala que talvez seja melhor pensar em identificação "com os pais" ao invés da identificação "com o pai" (Freud, 1923/1925, p. 45). Mas que, para sintetizar seu pensamento, optou por focar na hipótese da identificação paterna.

O que podemos concluir dessa breve passagem? Fica evidenciado que Freud opta por manter seu foco na internalização do objeto paterno em sua caracterização do conceito de identificação. E, para tal, como vimos, terá de se manter ancorado à lógica edípica. A sequência então poderia ser resumida da seguinte forma: primeiramente, ocorreria a aspiração ao objeto incestuoso, seu posterior abandono via ameaça de castração e então se inauguraria o processo identificatório. Pode-se concluir então que as relações arcaicas (e suas incidências na constituição do psiquismo) não são privilegiadas por Freud no conceito em questão. Tais experiências, privilegiadas em sua reflexão acerca do ego ideal (Freud, 1914/1974), são subestimadas em etapas posteriores do desenvolvimento egóico, por exemplo, em sua acepção do ideal do ego. Para Ferenczi, em contrapartida, essa dimensão é enfatizada também no desenvolvimento posterior do psiquismo. Isso é evidenciado em seu conceito de introjeção (Ferenczi, 1909/1992). Mas, mais do que isso, o autor valoriza a incidência de uma experiência erótica anterior ao amor edípico, a atravessar a vida psíquica como um todo; tal hipótese é de grande valia também para balizar uma nova compreensão da prática psicanalítica.

Como vimos no primeiro texto Ferenczi, ao localizar o processo identificatório numa etapa anterior à vivência narcísica, inclui no centro de sua teorização a presença de primitivas relações eróticas na constituição do ego. Já no segundo texto, em contrapartida, cogita a falência dessas experiências a partir da hipótese da identificação com o agressor. Cabe assinalar, contudo, que se trata de uma forma de existência a afirmar-se mesmo na falência do processo introjetivo. Essa ideia nos concede assim uma ampliação da vida psíquica, conferindo a ela uma maior multiplicidade no que se refere às suas formas de expressão.

Veremos, agora, quais as reflexões ético-clínicas que podem ser extraídas a partir das ideias apresentadas pelo autor. A valorização de primitivas experiências de erotismo na constituição psíquica nos permite ter uma visão mais profunda da vida psíquica e, ao mesmo tempo, nos baliza em nossa prática clínica. São frequentes as situações transferenciais nas quais precisamos assumir a função de objetos primários (que muitas vezes foram precários na vida de nossos analisandos). É necessário estarmos abertos a essa precariedade; e, ao mesmo tempo, valorizar sua capacidade de sobrevivência frente a tais situações. Comumente, assumimos funções bastante primitivas tais como filtrar, organizar, atenuar etc. Tais ações são necessárias quando o transbordamento pulsional não pode, minimamente, converter-se em um circuito pulsional. Mas o exercício de tal função depende da percepção dos modos primários de erotismo de cada analisando.

Ao valorizar o arcaico, busco também estabelecer uma ética clínica sintonizada com formas de subjetividade desatreladas dos ideais heteronormativos e binários do gênero, terreno no qual se ancora o complexo de Édipo. Trata-se de um dever ético do analista na contemporaneidade.

Referências

Abraham, N.; Torok, M. (1995). *A casca e o núcleo.* Escuta.

Avelar, A. (2014). O psicanalista diante do vazio. In *Cadernos de Psicanálise - SPCRJ* (pp. 177-196). Rio de Janeiro.

Ferenczi, S. (1992). Transferência e introjeção. In S. Ferenczi, *Obras completas* (v. I). Martins Fontes. (Original publicado em 1909).

Ferenczi, S. (1992). O desenvolvimento no sentido da realidade e seus estágios. In S. Ferenczi, *Obras completas* (v. II). Martins Fontes. (Original publicado em 1913).

Ferenczi, S. (1992). Elasticidade da técnica psicanalítica. In S. Ferenczi, *Obras completas* (v. IV). Martins Fontes. (Original publicado em 1928).

Ferenczi, S. (1992). Confusão de língua entre adultos e a criança. In S. Ferenczi, *Obras completas* (v. IV). Martins Fontes. (Original publicado em 1932).

Ferenczi, S. (1992). Reflexões sobre o trauma. In S. Ferenczi, *Obras completas* (v. IV). Martins Fontes. (Original publicado em 1934).

Ferenczi, S. (1932-1933/1985). *Diário clínico.* Martins Fontes.

Freud, S. (1974). Totem e tabu e outros trabalhos. In S. Freud, *Edição standard brasileira das obras psicológicas completas de Sigmund Freud* [ESB] (v. XIII). Imago. (Original publicado em 1913/1914).

Freud, S. (1974). Sobre o narcisismo: uma introdução. In S. Freud, *Edição standard brasileira das obras psicológicas completas de Sigmund Freud* [ESB] (v. XIV). Imago. (Original publicado em 1914).

Freud, S. (1974). Além do Princípio de prazer. In S. Freud, *Edição standard brasileira das obras psicológicas completas de Sigmund Freud* [ESB] (v. XVIII). Imago. (Original publicado em 1920).

Freud, S. (1974). Psicologia de grupo e análise do ego. In S. Freud, *Edição standard brasileira das obras psicológicas completas de Sigmund Freud* [ESB] (v. XVIII). Imago. (Original publicado em 1921).

Freud, S. (1974). O Ego e o Id e outros trabalhos. In S. Freud, *Edição standard brasileira das obras psicológicas completas de Sigmund Freud* [ESB] (v. XIX). Imago. (Original publicado em 1923/1924).

Green, A. (2017). *A loucura privada. Psicanálise de casos-limite.* Escuta.

Roussillon, R. (2006). *Paradoxos e situações limites da psicanálise.* Unisinos.

28. *Thalassa*: uma nova cartografia da teoria da genitalidade

Hélia Borges

Episódio transmitido em 18 de novembro de 2021

Ferenczi escreve este texto no outono de 1914, quando se afasta da clínica psicanalítica e assume o posto de médico-chefe de um esquadrão de hussardos. A atualidade de seu texto é inegável e surpreende pela riqueza ideativa e transgressiva, característica do pensamento do homem atravessado pelas forças da natureza, retirando o humano de uma superioridade que dominou e ainda domina um *socius* constituído pela lógica colonizadora.

Esse texto é resultado da tarefa que realizava na ocasião, quando se dedicava a traduzir para o húngaro os *Três ensaios da teoria da sexualidade*, de Freud (1905). Certamente, foram as suas observações sobre as ideias expostas nesse texto de Freud que o levaram a construir um novo diálogo em relação à teoria da genitalidade.

Em 1915, recebe a visita de Freud, que depois de ler seu trabalho, insiste em sua publicação. Mas o texto só foi publicado no ano de 1924, por conta de certa resistência de Ferenczi em expressar suas ideias, aplicando conhecimentos psicanalíticos aos órgãos em seu funcionamento biológico e histológico, pois, ao provocar uma transposição de fronteiras entre campos do saber, não respeitaria a separação entre os pontos de vista próprios às ciências naturais e os pertencentes à ciência do espírito.

Em 1923 Ferenczi resolve realizar sua publicação, convencido de que, para o redimensionamento necessário e amplitude do conhecimento psicanalítico, seria fundamental transgredir os limites ofertados pelo atravessamento de outras áreas do conhecimento. Propõe à pesquisa psicanalítica o método utraquismo, a transversalidade como método para o entendimento da complexidade humana.

Desde seus primeiros textos publicados no livro *Os escritos de Budapest* (Ferenczi, 1994), Ferenczi – entre outras pertinentes questões impulsionadoras de seus achados teóricos – já se ocupava de problematizar a ideia de dualismo por onde as ciências se pautavam. No texto de 1900, *Consciência e desenvolvimento*, que se encontra nesse livro, Ferenczi irá apontar tanto a fixidez do materialismo quanto do idealismo, como entrave ao conhecimento, podendo levar até à destruição. Para ele, o imobilismo é a morte. Portanto, o abandono do dualismo é radical; a ciência deve ter como fundamento filosófico o monismo. Ainda nesse texto de 1900, Ferenczi nos diz:

> *O presente e o passado finalmente adquiriram um lugar singularmente novo no seio de um sistema de ideias que percebe uma unidade no conjunto de fenômenos naturais, sistema que chamamos monismo. (Ferenczi 1994, p. 65)*

Em *Thalassa* (Ferenczi, 1924/1992), o monismo é ocupado pelo utraquismo: consiste em ter em conta, ao mesmo tempo, a ontogênese e a filogênese. Consiste em chamar campos – específicos e fechados em construções próprias – para dialogarem entre si. A sua ideia fundamentou-se na necessidade de criar um termo que contivesse a possibilidade de compreender, ao mesmo tempo, um mesmo fato, através de dois esclarecimentos simultâneos. Para ele, "o essencial da teoria evolucionista pode ser resumido assim: para que um ser vivo possa ser representante significativo de sua espécie, ele deve encarnar todo o passado e as transformações da espécie à qual pertence... Esta regra é igualmente verdadeira para os órgãos do corpo e sistema nervoso".

Sugerindo à psiquiatria e à psicologia uma via evolucionista, rompe definitivamente com o organo-cientificismo. Corpo e alma, assim, são pensados como uma realidade única. As concepções ferenczianas sobre o universo psíquico em sua ligação com o corpo se manifestam não apenas nas suas considerações sobre a relação entre analista e analisando. Vão além.

Em *Thalassa*, Ferenczi (1924/1992) coloca em cena o homem em sua relação íntima com o cosmos, na materialização do universo psíquico realizado através do corpo; do corpo como portador de uma linguagem arcaica. Questiona a racionalidade decorrente da ruptura realizada no pensamento ocidental, revelando *o outro* que habita em nós, um *avesso* que se expressa na emanação rítmica com o universo.

Herdeiro de Freud, levando adiante sua teoria da genitalidade, irá propor em *Thalassa* a constituição do homem em seu confronto com as forças que o cercam e cercaram desde os tempos inaugurais, resgatando a teoria do símbolo associada ao prazer, em que organismo e psiquismo são a realidade total do ser vivo. Fala-nos de um *bios* desejante, pois é no corpo onde se atualizam todos os processos evolutivos: do protozoário ao homem. O homem sendo ele mesmo um *bolo mnésico* da história da evolução; e é, sem dúvida, no campo pulsional, no plano econômico, que esse psicanalista inscreverá suas ações e pesquisas.

Ao trazer suas problematizações sobre os erotismos constituintes do processo de genitalização, tinha em mente a questão da ejaculação precoce, problemas de impotência sexual. Para pensar sobre esses processos, convoca as ideias de retenção e expulsão, e encontra nos mecanismos uretrais e anais elementos para uma conversa ativa entre a fisiologia e a lógica libidinal, estabelecendo uma continuidade entre os órgãos na cooperação anal e uretral para o processo de ejaculação. Esses campos não se manifestariam isoladamente, mas num conjunto de ritmos onde um órgão *ensinaria* ao outro os processos de seus próprios movimentos: a uretra, o relaxamento; a região anal, a retenção. Desenvolve assim a teoria da anfimixia, que, como podemos acompanhar, essa perspectiva anfimíxica anda par e passo com as buscas em compreender os processos de vida e sofrimento nos dias de hoje.

Ainda em relação ao processo de genitalização, onde fusionamento, imbricação, misturas e assimilação complexa seriam modos de expressar a anfimixia dos erotismos, Ferenczi irá propor que a fusão dos erotismos – dos movimentos autoeróticos como participantes do processo, tendem, em oposição, também, para um movimento regressivo.

Sua contribuição faz valer para além da concepção freudiana que evoca a participação das zonas erógenas no encontro genital como preliminares do ato sexual. Ferenczi observa como esses processos vão estar em plena preponderância no ato sexual genital, na medida em que utiliza o coito para evocar o que denomina *regressão thalassal*, em que seria viável experienciar, momentaneamente, o desejo de fusão vivido pelo retorno ao útero materno, que se concretiza através da identificação do órgão, fantasisticamente e na realidade.

Aqui, o retorno à vida intrauterina, *o retorno thalássico* operaria um empuxo gravitacional por estar marcado onto e filogeneticamente como um lugar livre de estímulos desprazerosos. Nesse retorno, através do coito haveria duas referências básicas: uma mais alucinatória e outra mais ligada ao princípio de realidade.

Ferenczi, ao colocar o corpo na cena analítica, interfere não somente no fazer clínico, mas denuncia na própria construção do dispositivo analítico a perda da ação política que deveria daí advir, na medida em que a psicanálise, em sua produção inaugural, problematizava as organizações sociais instituídas. O corpo irá surgir, justamente, porque é nele mesmo que se inscrevem as ações dessubjetivantes oriundas dos sistemas totalitários. As manobras amortecedoras das condições sensíveis ficam assim evidenciadas, por exemplo, na denúncia que fez Hanna Arendt no caso Eichmann. Perda da capacidade de se afetar com os acontecimentos, perda da capacidade de pensar criticamente a vida e dessa forma repetir, repetir o mesmo e, portanto, impossibilitado de reinventar-se.

Outro aspecto fundamental que atravessa a obra de Ferenczi é a concepção de trauma, que reconduz nosso olhar à possibilidade de um destino afirmativo da experiência traumática, a partir de um rearranjo das condições auto e alopáticas. Do mesmo modo, esse tema se refletirá em relação à traumatogênese, a teoria das catástrofes que irá desenvolver em *Thalassa*– sua bioanálise –, em que o desenvolvimento do indivíduo e da espécie se realizaria por experiências traumáticas vividas no corpo, e que tais experiências engendrariam a instauração de uma situação nova, desencadeando, assim, uma busca por outra cartografia imaginária.

Ferenczi nos fala que os traços de todas as catástrofes estão inscritos filogeneticamente no corpo e se acumulam no plasma germinal. E nos lembra, também, como as experiências traumáticas não resolvidas permanecem em cada sujeito e irão derivar em sua vida genital, de modo a forçar a repetição de situações de desprazer. Esse acúmulo, por vezes, levaria ao processo de autotomia.

É pela observação de animais que se separam das partes doentes de seu próprio corpo a fim de preservar sua vida que Ferenczi propõe uma nova compreensão para os mecanismos de resolução dos traumas em que a autotomia serviria de modelo. A autoclivagem, como mecanismo de resolução na perda de parte de si, abre para uma concepção da vida em que vida e morte operam juntas; é a abertura contida no movimento de perda que esse autor e clínico propõe como condição afirmativa do trauma.

Cabe ainda ressaltar, na riqueza singular desse texto ferencziano, duas observações. Uma sobre a operação do campo simbólico – um diferencial muito importante, na medida em que se contrapõe ao pensamento partido em que se fundamenta a apreensão senso comum do modo de formação do simbólico que, realizada por abstração, exclui a concretude oriunda do contato com as coisas do mundo.

Ou seja, um universo semiotizado impeditivo do acesso às experiências da concretude, que se impõe a cada encontro com aquilo que nos afeta, seja o espaço, o tempo, os seres. Didi Huberman, historiador e crítico de arte, é pesquisador que vem contribuindo sobremaneira para pensar sobre processos de vida. Em seu livro *A imagem sobrevivente* (Huberman, 2013), nos alerta ao recorrer a duas concepções sobre a formação dos signos manifestas no século XIX: uma de Cassirer e outra de Warburg. A primeira, proposta por Cassirer evocando a episteme que se estabeleceu como legítima, sendo o campo simbólico contemplado pelos entrelaçamentos significante significado, *locus* da representação; a segunda, o contraponto que se obscureceu, já que Warburg propunha que o caos faria parte do campo simbólico. Por caos, entenda-se algo que foge de uma lógica racionalizada e que se implica no contato com formas e forças, com os objetos que povoam o mundo, que transitam entre mundos interior e exterior. A partir dessa concepção de Warburg, podemos entender como as experiências estéticas oferecem, por sua capacidade afetável, a chance de operar novos arranjos no simbólico.

Aqui, evoco as contribuições de *Thalassa*, que, nesse sentido, nos aportam elementos para entender o processo de simbolização operando seus fazeres através das marcas no e pelo corpo.

O projeto bioanalítico que traz para a constituição da subjetividade a produção no campo intensivo do *bios*, em sua trajetória ontológica e filogenética, pelo embate das forças, materializa-se no fazimento de um espaço para elaboração do simbólico em que as coisas não são somente agrupadas, dispostas em uma ordem diferente, mas são reinventadas. Nesse sentido, há a contribuição de Abraham sobre *Thalassa*, que nos diz em seu texto *Introduzindo Thalassa*, quando de sua publicação em território francês em 1960:

> *Os vasos dilatam-se como para absorver um objeto e tal ficção orgânica torna-se o próprio símbolo do desejo recalcado. Assim, utilizamos nosso corpo para a simbolização, como o artista se serve de seus materiais para criar a obra de arte [...] materializando como mágica desejos reprimidos [...] e se assim acontece é porque a*

> *verdade científica e a verdade poética, aqui, se revelaram da mesma essência.*[1]

Para finalizar, chamo atenção à perspectiva que nos trouxe Ferenczi sobre a permanência, em nós, do eco da trajetória existencial da vida no planeta. Essa contribuição encantou Freud de tal maneira que, em 1915, escreve um texto intitulado *Neuroses de transferência, uma síntese* (texto que não foi tornado público) e propõe uma perspectiva filogenética em que as neuroses seriam fases do estado da humanidade. Segundo Freud, o que se manifestaria patologicamente como neurose foram recursos potentes, em outros momentos, para enfrentar as catástrofes que se interpunham à vida. Uma perspectiva fundamental para se compreender melhor sobre determinadas expressões sintomáticas, revelando o modo redutor que se conduziu por um certo olhar psicanalítico que se afasta de um erotismo criativo.

E, como complemento, para terminar, cito aqui ainda Abraham (1995):

> *A visão biológica de Ferenczi [...] desperta ressonâncias profundas e indizíveis em nós. Aquele que nega a validade científica de Thalassa ainda pode reconhecer em sua poesia e mitologia um objeto de meditação. Este extraordinário épico cosmogônico – por que não considerá-lo como tal? – que emerge da psicanálise, segue linhas criativas de pensamento para produzir efeitos libertadores e terapêuticos, [...]. Isso porque revela que a verdade científica e a poética têm fundamentalmente a mesma essência. A alegria e a vitalidade de ler Thalassa é como ela expõe o colapso progressivo da partição hermética*

---

1 Este mesmo texto está traduzido em: Abraham, N. Apresentação de Thalassa. In Abraham, N.; Torok, M. *A Casca e o Núcleo.* Ed Escuta, 1995, p. 23.

que, em nosso ego, impede o contato entre aspectos "racionais" e "irracionais". (p. 26)

Referências

Abraham, N.; Torok, M. (1995). *A Casca e o Núcleo.* Escuta.

Ferenczi, S. (1992). Thalassa. In S. Ferenczi, *Obras completas.* Martins Fontes. (Original publicado em 1924).

Ferenczi, S. (1994). *Les écrits de Budapest.* EPEL.

Ferenczi, S. (1992). *Obras completas.* Martins Fontes.

Huberman, D. (2013). *A imagem sobrevivente.* Contraponto.

29. Notas póstumas de Ferenczi sobre traumatismo e seu tratamento

Daniel Delouya
Episódio transmitido em 25 de novembro de 2021

Grande parte das notas póstumas datam-se de agosto de 1930 a dezembro de 1932 e se referem de um lado ao traumatismo e de outro, à técnica de alcançá-lo e dissolvê-lo na análise. O artigo póstumo de 1934, *Sobre o traumatismo,* é talvez a organização mais consistente desses fragmentos em três partes e refletem passagens notórias de seu diário clínico. Importante ressaltar que enquanto a técnica ativa dos anos vinte buscava lidar com a fome de amor expressa pela exacerbação da introjeção, que se deve à falta de amor do entorno ou sua amputação precoce – onde o paciente recorre ao gozo masturbatório lançando mão de referências autoeróticas para se evadir da frustração e do complexo de castração – a técnica de relaxamento tem como propósito atingir os estágios mais precoces da autoconservação e autopreservação onde a necessidade do respaldo do entorno e o reconhecimento do sujeito pelo adulto é abalada seja pela indiferença e abandono, seja pela intrusão e invasão em função das carências sexuais inconscientes do adulto de então.

O que acaba sendo atingido é o substrato mais básico do sentimento de si, da identidade do ser que o faz recorrer a meios de defesa, entre os quais a divisão precoce de si, defesas bastante deletérias e destrutivas que desembocam em um colapso e em um desmantelamento, e de outro lado, a uma compulsão de repetição que almeja a autocura pela realização alucinatória, entre outros modos que procuram a reconciliação com o meio deficitário de origem. Esses *insights* de Ferenczi adquiriram alguns desdobramentos importantes nas obras de Federn, Balint, Winnicott e D'Muzan. Ferenczi, porém, utiliza conceitos de Freud e de Groddeck acerca do trauma e das origens do afeto, assim como retoma e amplia o método da associação livre e da escuta em suas noções da técnica de relaxamento, aguçando a escuta e a postura do analista mediante a autoanálise na contratransferência com os pacientes, levando a regressão no enquadre analítico às suas últimas consequências.

A questão que nos intriga, diz Ferenczi, é: como se dá, do ponto de vista econômico e dinâmico a autodestruição? "A vida amorosa do recém-nascido, afirma ele, inicia-se totalmente sob o modo de passividade completa" (Ferenczi, 1930-1932/1982, p. 269), com o pressuposto de que o entorno será disposto a ser devorado pelas necessidades vitais e libidinais do bebê. Porém, quando o ambiente não se deixa devorar e, portanto, sua agressividade solicita, no bebê, a saída do seu estado de gozo nirvânico de repouso, e a evocação de meios de defesa egoístas em função do enorme desprazer causado, a surpresa repentina, o choque e a comoção, acabam esgotando os meios de defesa e a própria libido no bebê se inverte contra si próprio com a mesma veemência que foi utilizada para defendê-lo inicialmente. Enxergamos nessa inversão uma identificação vitoriosa com "o adversário", onde nesse gênero de autodestruição, readquire-se o prazer por meio de uma submissão masoquista. É como se o gozo egoísta do estado do repouso, uma vez tornado insustentável, busca uma outra forma de repouso, virando bruscamente em um prazer de "autossacrifício", que se pode chamar de "prazer altruísta", pelo qual a criança se identifica fantasticamente com o destruidor.

Assim, ela se autodevora, se autoengolfa, diz o autor. Assiste-se aqui a uma entrega voluptuosa ao sacrifício, como se ambos, o repouso egoísta e altruísta, figurassem duas formas de um princípio geral de repouso superior, abraçando ambos. "A pulsão de repouso seria, portanto, o instinto principal, aos quais são submetidas as pulsões de vida e as de morte", afirma Ferenczi (1930-1932/1982, p. 274), mantendo-se fiel, aqui, nessa elucidação clínica, à concepção de Freud acerca do problema econômico do masoquismo. Entretanto, quero chamar atenção ao uso da palavra "adversário". Ao invés da polaridade agressor/vítima, o adversário aponta aqui a carência no adulto que falha em sua generosidade em se deixar devorar já que compete pelas mesmas necessidades da criança dos quais ele foi privado em sua própria infância.

Sigamos com o texto: o prazer de autodestruição, no entanto, não alcança completamente seus fins. A fúria do entorno se esgota e a parte não destruída do eu se engaja em reconstruir, a partir de fragmentos preservados, uma nova personalidade, porém que porta em si traços da luta da qual saiu vitoriosa, mas com perdas pesadas. Tal adaptação às circunstâncias encerra um processo de destruição cujo curso é, portanto, interrompido. Em certos casos de fragmentação e atomização que se seguem ao choque, o prazer desfeito acaba se reerguendo por uma; 1) admiração pela grandeza e força do adversário, uma estima e um reconhecimento dele sob o modo objetivo que pode se chamar de "prazer estético"; 2) satisfação com a própria inteligência e sagacidade em comparação com a brutalidade e a estupidez do adversário. A força brutal dá impressão do absurdo, da loucura e, portanto, do cômico. Surge, então, ao cabo da autodestruição, um riso irrepreensível na criança quanto ao valor insensato dessa luta, que deveria ser poupada a ambos; 3) há o reconhecimento nessa ingênua brutalidade do adulto de algo que aponta para a superioridade da feminilidade e da maternidade. Ferenczi destaca aqui uma nova comunhão de má sorte, do lado do adulto e da criança, ambas vítimas da mãe, lembrando Winnicott, onde a falha de preocupação materna primária desemboca no medo da grande mulher, lasciva, dentro da mãe.

A destruição parcial que se segue ao choque traumático, representado no fantasma e nos sonhos, mostra que a personalidade outrora unidade se cliva e a parte que restou intacta vela sobre a parte morta e assassinada e a protege como faria uma mãe com sua criança. Sobrevém em alguns casos no decorrer da vida, traumatismos secundários que destroem a grande parte do envelope exterior protetor, gerando um atomismo. A partir dessa massa pulverizada, se forma uma personalidade superficial, visível, em parte consciente e detrás da qual encontram-se camadas que a análise consegue reavivar. Antes de adentrar aspectos desse curso da análise, lembramos que a atomização serve para a dispersão da dor, e a evacuação dela, e cada parte acaba tendo vida própria, à espera de reunião com as outras, para recuperar o eu e a paz originária junto ao meio.

A análise deve seguir as coordenadas proporcionadas pelo trabalho do sonho, onde os restos diurnos, os restos de vida, figuram e se remontam aos elementos de comoção e de choque, para serem ligados, reunidos, a serviço de uma satisfação, a uma realização alucinatória que substitui a falta do trabalho do objeto, do adulto, para restaurar o gozo do repouso do sono. Entretanto, como aponta Freud, o que é ouvido serve de matéria para a fantasia, o que foi visto serve para a confecção do sonho, mas é apenas aquilo que foi experimentado, que se inscreveu no corpo, no afeto, no vivido junto ao outro que é gerador do traumatismo na criança. É o lugar que cabe ao analista que com tato e ternura, propicia em sua presença silenciosa e amigável, a transe no paciente, reeditando o trauma, para sua dissolução e a restauração da união das partes do eu dilacerado.

Para atingir isso, é preciso adentrar o estado de transe, que Ferenczi, assinala ser indistinto do transe alucinatório na histeria. Desde o caso *Caicili*, de 1895, até o fim da obra, Freud sustentava a origem do afeto e da linguagem simbólica nos ataques histéricos de conversão, traumáticos, cujos moldes remontam às origens filogenéticas do apelo da cria humana ao meio adulto, situando-os nas "expressões das emoções" descobertos por Darwin. São essas camadas na ontogenia, da história infantil do sujeito, que a técnica de relaxamento procura alcançar pela neocatarse, para despertar a inscrição traumática e permitir a sua simbolização. Normalmente, os sonhos manifestavam-se em duas etapas; na primeira o paciente parece acordar de estado comatoso, tomado de angústia e de dor corporais como se esmagado, além de sensação de partição do cérebro etc. Essa parte repete o próprio evento traumático, mas ao voltar a dormir, ele produz imagens que evidenciam o esforço de cura pela realização alucinatória. O primeiro sonho é a repetição pura do traumatismo; o segundo é a tentativa de atingir sozinho a solução, de uma forma ou de outra, com a ajuda de atenuações e de distorções, sob uma forma falsificada, e assim, poder admitir na consciência o traumatismo.

A condição anterior de uma tal falsificação parece ser aquilo que chamamos de "clivagem narcísica", ou seja, a criação de um lugar de censura com uma parte clivada do Eu, que avalia, por assim dizer – enquanto inteligência pura, como estar onisciente com cabeça de Janus –, a compreensão do dano, assim como a parte dela que a pessoa pode suportar, deixando aceder à percepção, na forma e no conteúdo, o que é suportável no sonho, tornando os belos,[1] se necessário, para fins de realização de desejo. Exemplo clínico de Ferenczi:

Uma paciente que o pai lhe confidenciava antigamente e mesmo na vida adulta declarações de amor, traz durante meses um material indicando a existência de traumatismo sexual infantil, datado de seus cinco anos de idade e, que, apesar de inúmeras repetições fantasmáticas, e mesmo em estado de transe, não podem ser rememorados, nem obter convicção qualquer. Ela acorda frequentemente de um primeiro e profundo sono sentindo esmagada, com dores violentas no baixo ventre, o sangue subindo na cabeça e sente os músculos contraídos como se fosse depois de um longo combate, ficando esgotada e paralisada. No segundo sonho, ela se encontra perseguida por animais selvagens, abatida e atacada por ladrões, e alguns pequenos traços apontam o perseguidor como sendo o pai da infância que aparece enormemente alto (Ferenczi, 1982, p. 290).

Ferenczi considera o primeiro sonho como repetição traumática nervosa, e o segundo sonho como domínio parcial do trauma, sem ajuda exterior, por meio de uma clivagem narcísica. Um outro sonho tem o seguinte conteúdo:

Uma pequena carruagem é puxada por uma longa fileira de cavalos sobre um pico de uma montanha, como se

1 A realização alucinatória adquire, aqui, o poder de reconstruir sensorialmente um ambiente belo, reparador: modo geral (objetividade estética, citada acima) aproveitado no cinema em cenas de estupro

> *fosse numa brincadeira. Um precipício se estende à direita e à esquerda, e os cavalos cavalgam em certo ritmo. Não há nenhuma relação entre o vigor dos cavalos e a facilidade infantil de se mover. Grande sentimento de prazer. Brusca mudança de cena: uma jovem menina é deitada no fundo de um barco, quase morta, muito pálida, branca, e um homem gigante se curva sobre ela, esmagando seu rosto. No barco, atrás, há um outro homem que ela conhece pessoalmente e a menina tem vergonha desta testemunha. O barco é cercado de picos montanhosos extremamente altos e abruptos de forma que não se pode enxergar nada além deles, senão um avião que voa acima em uma distância desmesurada. (Ferenczi, 1982, p. 292)*

O primeiro fragmento, nós o conhecemos em que a paciente monta sobre o corpo do pai, remonta sobre ele e desliza sobre o seu corpo em toda sorte de explorações à procura de partes escondidas enquanto os dois se divertem muito com isso. A cena do lago profundo reproduz o espetáculo do pai não podendo se conter em sua carência sexual, e ela, com a ideia vergonhosa do que o mundo dirá quando souber disso tudo, estando com o sentimento de estar morta e desamparada. O inconsciente torna esses eventos inacessíveis, e apenas Deus, ou o piloto de avião a longa distância, isto é, desconectado emocionalmente, pode espiar-saber o que se passa. Eis aqui a projeção que resulta da clivagem narcísica, deslocando os eventos sobre a menina.

A tarefa terapêutica da análise de sonhos é estabelecer um acesso direto das impressões sensíveis, com o auxílio de um estado de transe profundo, que regride, por assim dizer, e faz reviver na análise os eventos traumáticos. A análise habitual do sonho em vigília sucede uma segunda análise em estado de transe. Aqui, é preciso se esforçar em manter um contato com o paciente que requer muito tato por parte do analista. Se não correspondemos perfeitamente aquilo que o paciente espera, ele acorda esbravejando ou ele nos ensina o que devemos fazer e dizer. Nesse caso, o médico deve renunciar a sua autoridade daquele que sabe melhor das coisas. Nessa análise em transe, é preciso utilizar imagens isoladas do sonho para penetrar através delas a dimensão das profundidades da realidade traumática. Nota-se que a vergonha aqui diante de um testemunho constitui uma espécie de identificação com a exposição do pai e sua culpa inconsciente, o que é remediado pela cisão de um outro, alguém que espia e pode vir, eventualmente, de longe para oferecer socorro, suplantando a incapacidade do adulto.

Durante a análise, os pacientes estão, por vezes, sendo levados pela emoção; estados de dores violentas, de natureza psíquica e corporal, e até de delírio e comatosas, de perda de consciência mais ou menos profundos, misturam-se ao trabalho associativo e de construção puramente intelectual. Incitamos o paciente, nesse estado, a fornecer explicações das diferentes perturbações afetivas e sensoriais. A compreensão adquirida assim traz um tipo de satisfação que é, ao mesmo tempo, afetiva e intelectual e que merece ser chamada de "convicção". No entanto, essa satisfação não dura muito, por vezes, apenas algumas horas; logo, a próxima noite traz de novo, sobre a forma de pesadelo, um tipo de repetição deformada do traumatismo, ausente de sentimento de compreensão e, mais uma vez, a convicção voou, ela se desfaz continuamente e o paciente oscila, como antes, entre o sintoma no qual ressente o desprazer sem nada compreender, e a reconstrução no estado de vigília durante o qual entende tudo, mas sem sentir nada, ou apenas poucas coisas.

Uma mudança mais profunda dessa alternância, que se torna entediante e automática, é trazida pela necessidade de impor limites ao relaxamento. É assim, precisamente, que dedicamos um alto grau de atenção que o menor refúgio deste se torna extraordinariamente doloroso; o paciente sente que recebeu um golpe na cabeça, reproduz os altos graus da comoção psíquica e da resistência, sente-se traído, entretanto inibido em sua agressividade, desembocando em um estado quase de paralisia, que ele ressente como estando morrendo ou que já está morto. Se conseguimos, então, relacionar esse estado com os eventos traumáticos da infância, ocorre que o paciente capta o momento daquele tempo no qual saber e sentir trouxeram, por intermédio dos sintomas, a raiva e a impotência, a uma autodestruição, a uma rachadura dos conteúdos psíquicos em um ressentido inconsciente e em um saber sem nada sentir, portanto daquele mesmo processo postulado por Freud como recalcamento. Nossas análises almejam e podem remontar os processos de recalcamento. Tudo isso implica abandono do presente e imersão no passado traumático. O único ponto entre o mundo real e o paciente em transe é a presença do analista que, ao invés de uma simples repetição gesticular e emotiva, empurra o paciente, mergulhado no afeto, a um trabalho intelectual e o estimula infatigavelmente através de perguntas.

Um fato surpreendente de valor geral é que durante o processo de autocisão, ocorre a brusca transformação da relação de objeto que se torna impossível dando vez, por outro lado, a uma restauração narcísica. O homem que Deus abandonou escapa a realidade e cria para si um outro mundo no qual, livre do pesadelo terrestre, ele consegue alcançar tudo que quer. Se até então ele estava privado de amor, submetido e controlado, ele destaca um fragmento de si mesmo que, sob a forma de uma pessoa dispensadora de cuidados, que o assegura e que o ama, frequentemente maternal, tem pena da parte restante, aquela atormentada, da pessoa, que toma então em seu cargo, decide por ela e tudo isso com uma sagacidade extrema e uma inteligência penetrante. Ela é a inteligência e mesmo a bondade, um anjo guardião. Esse anjo enxerga do exterior a criança que sofre, ou que foi assassinada (portanto ela desliza da pessoa em um processo de desmontagem), e percorre o mundo todo para encontrar ajuda, imagina coisas para a criança que nada pode salvar. Mas quando surge um novo traumatismo, mais forte, o santo patrão deve admitir sua própria impotência e seus enganos bem-intencionados a criança; sobra então apenas o suicídio, a não ser que no último minuto se produza algo na realidade. Nesse momento de combate suicida, o paciente já não está sozinho na realidade. Não podemos lhe providenciar tudo aquilo que ele merecia na infância, mas somente nossa disposição em vir ao seu socorro que proporciona, então, uma impulsão para uma nova vida, na qual o dossiê de todas suas perdas passadas é encerrado para sempre e ele pode agora se permitir desfrutar de tudo que a vida pode lhe oferecer, apesar de tudo, de não rejeitar tudo em bloco, mas usufruir do que resta ainda para ser utilizável.

Referências

Ferenczi S. (1982). Notes et Fragments (1930 à 1932). In S. Ferenczi, *Ouevres completes* (v. IV, pp. 269-316). Editions Payot.

30. Ferenczi entre os jovens analistas

Daniel Kupermann, Eric Romero, Eugênio Canesin Dal Molin, Fernanda Fazzio, Gilberto Souza, Jô Gondar
Episódio de encerramento transmitido em 5 de dezembro 2021

Daniel Kupermann: Olá, pessoal. Este é o último episódio da primeira temporada do podcast "Escutando Ferenczi: a arte da psicanálise", realizado pelo Grupo Brasileiro de Pesquisas Sándor Ferenczi. Estamos aqui a Jô Gondar, o Eugênio Canesin Dal Molin e, eu mesmo, Daniel Kupermann, com três jovens psicanalistas também membros do Grupo Brasileiro de Pesquisas Sándor Ferenczi: a Fernanda Fazzio, o Eric Romero e o Gilberto Souza. Vamos falar com eles sobre a experiência que tiveram no contato inicial com o pensamento desse autor. Eugênio, vamos começar a conversa?

Eugênio Canesin Dal Molin: Vamos, Daniel, claro. Podemos começar perguntando para Fernanda como ela se aproximou do pensamento do Ferenczi. Como foi?

Fernanda Fazzio: É um prazer estar aqui neste encontro empático. Meu encontro com Ferenczi se deu depois da graduação. Foi durante o meu percurso no mestrado, quando estudei sobre o tempo, que eu chamo de *Era da Pre(s)sa*. E tem esse "s" entre parênteses para dar a ideia de "pressa – presa". Durante esse período, falei bastante, estudei, li sobre a questão temporal dos impactos do tempo acelerado que a gente vive. Recorrer a Ferenczi para falar sobre os impactos gerados e os seus efeitos foi crucial para poder entender e me aprofundar na importância da espera, do testemunho, do tempo de elaboração. Então, Ferenczi fez uma girada, né? Porque ele trabalha muito bem com todos esses conceitos. E me permitiu refletir sobre os efeitos do choque de um cotidiano apressado, urgente de respostas e sem esse tempo da espera para as subjetividades.

Daniel Kupermann: Onde foi o teu mestrado, Fernanda? Quem te orientou?

Fernanda Fazzio: Eu fiz na PUC-SP e fui orientada pelo professor Renato Mezan. Eu o concluí em 2019 e, desde então, sigo estudando essas questões do meu podcast "Era da Pre(s)sa: psicanálise entre esperas e extremos".

Daniel Kupermann: Renato Mezan é membro emérito do Grupo Brasileiro de Pesquisas Sándor Ferenczi.

Fernanda Fazzio: Outra pessoa muito importante para a introdução foi a professora Paula Peron, porque ela tem um percurso de longa data com Ferenczi. Paula me introduziu também na literatura, me sugeriu textos. Eu lembrava um pouco de algumas falas da Paula na graduação que fiz na PUC-SP. Ela já tecia, ali nas aulas de Freud, alguns paralelos com Ferenczi. Eu pensava: "olha, acho que tem coisas interessantes aí!". Então, falar de trauma foi inevitável no meu mestrado para cair nessa escuta empática ferencziana.

Jô Gondar: E você, Eric, como é que foi o seu encontro com o Ferenczi? Conta para a gente. **Eric Romero:** Boa noite, Jô, boa noite, pessoal. É um enorme prazer poder estar aqui, neste episódio especial do podcast. Bom, para falar um pouco da minha história com o Ferenczi, eu preciso começar dizendo que ela tem a marca do Eugênio, que foi meu professor na graduação. Durante a graduação, eu não tive quase nenhum contato com a obra do Ferenczi, e foi somente no último ano da faculdade, ao longo do bimestre de uma disciplina sobre a prática clínica em psicanálise, que o Eugênio me apresentou ao Ferenczi, começando pelos textos técnicos do autor. Meu grande interesse pelo Ferenczi veio justamente pela parte sobre a técnica, pela forma como o autor pensava, refletia e discutia essas questões. Na época, eu fazia estágio na clínica escola da Unifil, faculdade onde me graduei em psicologia, e sentia falta de um autor que debatesse mais a fundo estas questões. Na época, a leitura que tinha de Freud sobre a técnica não parecia ser suficiente, sentia falta de buscar em outros autores mais informações sobre essas questões. A obra de Ferenczi abre, então, a minha visão naquele momento, sobre a clínica e como ela poderia ser feita. Esse contato inicial despertou meu interesse e me fez buscar aprofundar meus estudos e pesquisas sobre o autor, o que me levou a fazer um mestrado estudando Ferenczi em uma interlocução com Freud. Fiz meu mestrado na Universidade Estadual de Maringá, com o Prof. Dr. Helio Honda. Essa foi uma experiência marcante para mim, da maneira mais positiva possível. Tive tempo, espaço e tranquilidade para poder estudar e debater a obra de Ferenczi de uma maneira humana, mas também muito rigorosa ao que os textos expunham e apresentavam. Assim, revelando, como sabemos, Ferenczi como um grande pensador, com ideias muito bem-vindas para a clínica psicanalítica contemporânea. Após finalizar o mestrado, organizei e coloquei em prática em 2021 um grupo de estudos sobre os textos técnicos de Ferenczi, algo que tem sido uma experiência riquíssima. Destaco que, para mim, o mais enriquecedor tem sido poder trocar com outras leitoras e leitores de Ferenczi. Poder ouvir e ver como esse autor afeta cada pessoa, tanto em sua prática clínica quanto em questões políticas, sociais e das mais amplas vertentes. De uma maneira geral, esse contato inicial com Ferenczi abriu minha mente para pensar a psicanálise de uma maneira mais ampla, mas também muito próxima daquilo que Freud trazia em suas obras. Isso, para mim, era muito importante, pois ao enveredar na investigação sobre a progressão traumática, busquei tecer reflexões metapsicológicas sobre ela. Assim, a interlocução teórica entre Freud e Ferenczi tem sido bastante enriquecedora.

Daniel Kupermann: Obrigado, Eric. Eu vou lançar então a mesma questão para o Gilberto. Gilberto, conta para a gente como foi esse seu contato inicial com o Ferenczi e o que você pode nos falar dessa experiência.

Gilberto Souza: É uma satisfação estar aqui participando do podcast do GBPSF, um grupo que tenho um carinho imenso. Meu primeiro contato com o Ferenczi veio por meio de dois professores da graduação pelos quais tenho grande estima, o Eniel Sabino e a Luciana Vieira, professores da UFPE. O primeiro contato com a obra se deu por meio dos escritos técnicos. Durante a minha passagem pelo CPPL (Centro de Pesquisa em Psicanálise e Linguagem), tive a oportunidade de entrar em contato com uma prática clínica que tinha a obra ferencziana como um dos seus pilares. Lá, também pude conhecer meu supervisor Marcelo Bouwman, que também faz parte do GBPSF. Daí em diante, fui desenvolvendo um estudo mais aprofundado com ele e outros pares. Um dos aspectos que mais me interessam na obra do Ferenczi é o seu caráter político e provocador. O texto do Ferenczi tem uma textura que não se encontra em outros textos. Tem humor, um caráter crítico, sarcástico e, em muitos momentos, bélico. Em sua obra, uma das figuras que mais me interessa e que me provoca a pensar na minha prática clínica é a figura do João Teimoso. Na minha leitura, o Ferenczi ao longo de toda sua obra faz um grande elogio aos analistas teimosos. E, particularmente, o que me fez construir uma relação encarnada com sua obra foi a arquitetura da sua prática clínica, nada dócil, e comprometida com a história e o sofrimento dos pacientes. Isso é algo que me inquieta. Atualmente, faço mestrado no Programa de Pós-graduação em Teoria Psicanalítica – UFRJ (PPGTP- UFRJ), sob a orientação do professor Julio Verztman. Tenho me concentrado em pesquisar aspectos do sofrimento psíquico da população brasileira, a partir da dimensão étnico-racial, e o Ferenczi é um dos meus interlocutores privilegiados.

A sua noção de desmentido, por exemplo, assim como foi cunhada inicialmente pela Jô Gondar (2018) em seu texto *Um racismo desmentido*,[1] nos ajuda a pensar como a sociedade brasileira sofre por não poder se reconhecer a partir do seu lugar racial, provocando uma série de confusões de línguas que se reverberam em violências e em um desconhecimento de si.

Eugênio Canesin Dal Molin: Me digam uma coisa, continuando a conversa. Vocês três encontraram o Ferenczi na vida acadêmica, ou então foram se dedicar ao estudo da obra dele em mestrados. Estou aqui perguntando se a academia dá o espaço para o estudo da obra de um autor como o Ferenczi, se a gente encontra isso também nas sociedades e nas instituições psicanalíticas ou se é só uma coincidência que vocês três tenham seguido por esse caminho, enveredado por pesquisas mais organizadas ou estejam fazendo isso sobre a obra do autor.

1 O artigo da Jô Gondar, citado acima, está contido no livro *Racismo, capitalismo e subjetividade: leituras psicanalíticas e filosóficas* (2018).

Eric Romero: Bom, Eugênio, tentando responder um pouco sua pergunta, eu penso, partindo exclusivamente da minha experiência, que ainda falta uma maior abertura de espaço nas universidades principalmente, onde tive maior contato. Não posso falar por outras instituições e sociedades, mas nas universidades eu particularmente sinto a ausência do Ferenczi. Penso que a presença dele poderia ser maior em algumas áreas e com maiores aplicações de sua teoria, de seu pensamento, de suas críticas. Eu, particularmente, tive certa dificuldade em encontrar um programa no qual houvesse um orientador em Ferenczi. Tive uma boa dose de sorte em encontrar, na cidade de Maringá, a figura do Prof. Helio Honda, muito dedicado e rigoroso em sua leitura de Ferenczi.[2] De todo modo, penso que o espaço das universidades públicas poderia ser mais bem ocupado, mas, é claro que viabilizar isto é uma questão muito mais ampla, mas que precisa ser apreciada, dada a riqueza da obra de Ferenczi.

Jô Gondar: E você, Fernanda, o que você acha?

Fernanda Fazzio: Às vezes eu dou algumas aulas na monitoria da PUC-SP e tenho percebido que os alunos têm perguntado mais sobre Ferenczi em pesquisas de TCC, por exemplo. Quando eu fazia graduação, tinha muito menos circulação desse pensamento. Eu não cheguei a ter disciplinas específicas no mestrado sobre Ferenczi, mas tive algumas aulas sobre trauma em que chamaram professores convidados estudiosos de Ferenczi. Concordo muito com Eric que tem ainda um longo caminho aí, que tem espaços a serem abertos e desbravados na academia. Mas acho também que aos pouquinhos está ficando mais poroso. Eu tenho sentido um pouco isso.

Jô Gondar: Gilberto, qual é a diferença que o Ferenczi fez na sua vida?

---

2 Para uma leitura sobre os aspectos metodológicos do pensamento de Ferenczi, conferir *Sándor Ferenczi e as perspectivas da psicanálise: elementos para uma metapsicologia freudo-ferencziana* (Honda, 2018).

Gilberto Souza: Ao longo da minha formação, embora tivesse desenvolvido um encanto, um apaixonamento pela teoria psicanalítica, não conseguia me ver nos textos, não conseguia sentir que aquilo que eu via na teoria e na clínica tinha uma harmonia com o que eu pensava sobre o que era a psicanálise ou com aquilo que me levou à psicanálise. Um dos meus primeiros contatos com a psicanálise, além da figura do Freud, foi com a figura do Lacan. A história da psicanálise e da formação psicanalítica no Brasil é fortemente atravessada pelo movimento lacaniano, tanto dentro das sociedades psicanalíticas como nas universidades. Então, os cursos que se ofertavam, os grupos de estudos, os psicanalistas que tinham um destaque dentro do meu campo de conhecimento quando comecei a estudar psicanálise, eram analistas lacanianos. E, embora houvesse um encanto da minha parte pela psicanálise e toda teoria psicanalítica, aquilo ainda não representava o que eu sentia. Eu não vibrava com aquele estilo e, quando eu entrei em contato com a obra do Ferenczi, pude experimentar uma psicanálise empática, que era o que fazia mais sentido para mim naquela época. Lembro-me que ia ter uma jornada do Círculo Psicanalítico de Pernambuco (CPP-PE) e eu não tinha dinheiro para ir para a jornada e comprar as *Obras completas de Sándor Ferenczi*, que na época, pelo que lembro, custava cerca de R$ 400,00. Então, eu tinha que escolher, ou iria para a jornada ou comprava os livros do Ferenczi. Sendo assim, resolvi comprar as *Obras completas* do Ferenczi e foi uma escolha que mudou minha trajetória de estudos. Essa escolha reorientou meu trajeto de pesquisas e escuta clínica. Desde então, venho me dedicando a escutar a obra do Ferenczi com seu caráter político. Caráter político este que é inerente à minha formação e eu acho que deve ser inerente à formação de qualquer psicanalista no Brasil. Foi esse estilo político da obra que me encantou e é o que me convoca ainda hoje a pesquisar e pensar, de forma criativa, como a clínica pode se reinventar. Isso não implica dizer que se deva ler o Ferenczi como quem lê a bíblia ou qualquer tipo de manual técnico que deva ser seguido de uma forma dócil. Compreendo o Ferenczi como um autor que está tentando a todo momento nos provocar a criar o nosso próprio estilo na escuta e escrita. Sinto que a obra do Ferenczi nos convida a formular as seguintes perguntas: Como nosso corpo pode estar no mundo? Como esse corpo político pode atuar na clínica psicanalítica? Acredito que foram a partir de questões dessa ordem que a obra do Ferenczi me atravessou.

Daniel Kupermann: Muito legal teu testemunho, não é, Gilberto? Eric, qual diferença você pensa que o Ferenczi imprimiu na sua vida, na sua experiência como psicanalista.

Eric Romero: Ferenczi chamou minha atenção para algo que tenho entendido como certas políticas de exclusão. Ele nos permite pensar esse tipo de coisa, e, em um primeiro momento, notar o fato de que este tipo de situação de exclusão se deu com o próprio Ferenczi dentro do movimento psicanalítico. Esse é um dado histórico que sempre volta a aparecer e me parece que a teoria do Ferenczi reflete e explora muito estas situações de exclusão. É possível pensar isso dentro do movimento psicanalítico, mas também dentro da clínica. Como pensar as questões hierárquicas, as relações que possuem, às vezes inevitavelmente, uma relação de poder, como essas questões impactaram e ainda impactam a clínica psicanalítica. Usando o termo que o Gilberto disse, o Ferenczi é um autor que vem muito bem armado para criticar esse tipo de questão, revelando não só as dificuldades, mas também o sofrimento psíquico presente tanto na clínica quanto no social derivado destas questões.

Eugênio Canesin Dal Molin: Fernanda, a mesma pergunta para você, também já adianto uma próxima. Seria legal se você pudesse contar como conheceu o GBPSF. Também pode ser importante saber disso.

Fernanda Fazzio: Eu me aproximei bastante de uma escuta clínica mais empática, mais relacional com o Ferenczi. Acho que quando me formei, eu estava muito apressada. Então, eu fazia interpretações, às vezes, antes do tempo ou ficava muito preocupada com o lugar do analista de "acertar". Esses eram fantasmas, assim, que me perseguiam muito. Eu acho que é bastante comum quando a gente sai da faculdade e está com aquela ânsia de atender e de ter consultório. O Ferenczi me permitiu transpor aquilo que eu estava estudando no mestrado e no teatro, objeto de estudo da minha pesquisa, que tinha relações ali com a arte e questões que estavam acontecendo na minha clínica. Então, eu percebo que a questão da "espera" foi muito importante porque há uma aposta na relação e uma autorização do analista de se permear muito mais pelos afetos, pelos assombros. Acho que eu aprendi a escutar mais os ritmos, os sons, perceber mais o corpo, mesmo com os atendimentos on-line. Claro que, nos atendimentos on-line, a gente perde uma certa dimensão, que a gente estava acostumado antes e teve que se adaptar nesse corpo virtual, mas que, ainda assim, me ajudou. Até porque, muitas vezes, a gente atende só por voz e tem toda essa questão de escutar com o fone de ouvido e uma intimidade também ali que acontece. Para mim, o Ferenczi permitiu essa autorização até de fazer algumas intervenções que eu achava necessárias, mas sem racionalizar tanto. Sempre, claro, com critério. Entendendo o porquê de estar fazendo tal intervenção, acompanhada de supervisões. Isso eu acho que fez uma virada na minha clínica. A minha história com o Grupo Brasileiro de Pesquisas Sándor Ferenczi se deu através do Daniel Kupermann quando eu comecei a frequentar as aulas da USP na busca por aproximação das questões que estão me inquietando no momento: negacionismo, humor. Questões que quero levar, quem sabe, para um doutorado? Quando o podcast "Escutando Ferenczi" estava nascendo, eu fui convidada a participar das conversas iniciais, que também me ajudaram a ficar mais perto do grupo em que eu ajudei a pensar uma concepção de podcast, formatos, estratégias de produção. E foi um processo muito, muito prazeroso. Assim, é um prazer, agora, estar participando do último episódio, justamente, por ter colaborado lá no comecinho dessa ideia que foi ganhando forma até ter uma personalidade própria. Então, é muito bacana participar de tudo isso.

Jô Gondar: Gilberto, como você entrou para o grupo, como foi seu contato com o GBPSF?

Gilberto Souza: Acompanhando a produção ferencziana no Brasil, por meio de autores de referência como você (Jô), o Daniel, Eugênio, Júlio, Teresa, pude me manter situado onde estavam sendo publicados livros e a realização de eventos. Foi daí que tomei conhecimento do congresso internacional Sándor Ferenczi em Portugal, que, particularmente, não pude estar presente. Mas quando tomei conhecimento do Segundo Encontro Brasileiro Sándor Ferenczi, no Rio, pensei em participar do evento. Contudo, dado o sucesso do GBPSF as inscrições acabaram logo na madrugada seguinte à abertura das inscrições para o evento. Então, não pude fazer a inscrição. Só que ainda mantive a esperança de fazer a inscrição e participar do evento. Comprei as passagens para o Rio de Janeiro. Mesmo não conseguindo fazer a inscrição, pensei "Vou lá, vai que me deixam entrar de alguma forma, nem que seja para ficar sentado num cantinho...". O importante era assistir às exposições.

Daniel Kupermann: Gilberto é teimoso mesmo, né? Ele foi barrado no baile e ainda foi lá ver se conseguia entrar.

Gilberto Souza: Exatamente, Daniel. No dia do evento, me dirigi até a PUC – local onde foi sediado o evento -, mas não pude entrar porque uma das regras do auditório é que não poderia ficar ninguém fora das poltronas. Como não pude entrar, decidi aproveitar o dia no Rio, senti o primeiro gostinho dessas bandas, antes de vir residir aqui de vez. Meses depois, eclodiu a pandemia, então o GBPSF catalogou todos os grupos de estudos ofertados pelos membros do GBPSF. Na ocasião, entrei no grupo do Diário Clínico, que era ofertado pela Thais Klein. A partir das trocas tidas no grupo, fui convidado pela Thais para participar do GBPSF. Desde então, passei a acompanhar as reuniões quinzenais do GBPSF e estar mais perto das pessoas que eu já lia. Foi um momento bem interessante para mim. A experiência de passar a se relacionar diretamente com pessoas que antes só se tinha contato pela via da escrita oferece outro tipo de sensorialidade com os textos e os autores. Me refiro, nesse momento, aos comentadores da obra do Ferenczi. Sendo assim, desde então, venho acompanhando e participando das atividades e me sinto muito lisonjeado participar desse espaço.

Daniel Kupermann: Legal, Gilberto. Eric, conta para a gente como você entrou para o GBPSF e o que você achou dessa experiência inaugural de um podcast com trinta episódios como este que nós tivemos sucesso em fazer com a ajuda e o auxílio luxuoso da comissão do podcast.

Eric Romero: Bom, Daniel, meu convite para participar do grupo veio por intermédio do Eugênio, que participou da minha banca de mestrado. Eu já sabia do grupo e tinha todo o interesse em participar, pois sempre admirei o trabalho feito na divulgação do pensamento e das obras de Ferenczi. Sem dúvida, o grupo vem fazendo isso de uma forma esplêndida, e o podcast ajudou muito nesse trabalho, democratizando o acesso às obras de Ferenczi por meio das leituras e dos comentários feitos ao longo dos episódios. Também organizando e aproximando os pesquisadores e interessados na obra do autor, estabelecendo trocas e diálogos, o que é fundamental para enriquecer o pensamento ferencziano. Logo que entrei no grupo, me dispus a ajudar de alguma forma nesse trabalho, e, hoje em dia, atuo com a manutenção do site do grupo. Considero de suma importância o trabalho feito pela Comissão de Comunicação e de cada membro do grupo em levar o pensamento de Ferenczi até os recônditos do pensamento psicanalítico, trazendo o autor de volta para o centro das discussões.

Daniel Kupermann: Bom, pessoal, foi muito legal estar com vocês, fazendo esse encontro de gerações, neste último episódio do podcast. Esperamos que em breve possamos estar todos juntos, presencialmente, no 3º Encontro do Grupo Brasileiro de Pesquisas Sándor Ferenczi, que não sabemos ainda onde será, mas em breve, em 2024, nós teremos a *International Sándor Ferenczi Conference*, em São Paulo, que foi adiada devido a pandemia da Covid-19.

Eugênio Canesin Dal Molin: Acho importante, neste encerramento, nomear a comissão que cuidou e que trabalhou nos episódios e que se dedicou a este projeto com tanto afinco. Essa comissão tem como membros: Rita Hentz, Bartholomeu Vieira, Denise Salomão Goldfajn, Diane Viana e Renata Mello, que contaram com o precioso trabalho do Arthur Chagas, editando, cortando e ouvindo do além.

Referências

Gondar, J. (2018) Um racismo desmentido. In Arreguy, M. E.; Coelho, M. B.; Cabral, S. *Racismo, capitalismo e subjetividade: leituras psicanalíticas e filosóficas*. Eduff.

Honda, H. (2018). *Sándor Ferenczi e as perspectivas da psicanálise: elementos para uma metapsicologia freudo-ferencziana*. Appris.

Sobre os autores

Alexandre Abranches Jordão – Psicanalista, presidente da Sociedade de Psicanálise da Cidade do Rio de Janeiro (SPCRJ), doutor em Teoria Psicanalítica pela Universidade Federal do Rio de Janeiro (UFRJ), autor do livro *Narcisismo: do ressentimento à certeza de si* (Juruá, 2009) e membro do Grupo Brasileiro de Pesquisas Sándor Ferenczi (GBPSF).

André Avelar – Psicanalista, doutor em Teoria Psicanalítica pela UFRJ. Membro da Sociedade de Psicanálise Iracy Doyle (SPID) e mebro do Grupo Brasileiro de Pesquisas Sándor Ferenczi (GBPSF).

Anette Blaya Luz – Médica, psiquiatra, psicanalista, membro efetivo e analista didata da Sociedade Psicanalítica de Porto Alegre (SPPA) (2012-2013), ex-editora da *Revista de Psicanálise da SPPA* (2004), ex-presidente da SPPA e ex-presidente da Federação Psicanalítica Brasileira (Febrapsi), gestão 2017-2019. Membro do board da International Psychoanalytic Association (IPA), membro do conselho editorial do Instituto Jacques Perissat (IJP) e membro do Grupo Brasileiro de Pesquisas Sándor Ferenczi (GBPSF).

Ângelo Giuseppe Xavier Lima – Psicólogo clínico pela Universidade Estadual da Paraíba (UEPB), professor do curso de psicologia da Universidade Federal de Campina Grande (UFCG) e mestre em Saúde Coletiva. Atualmente, cursa doutorado em Psicologia Clínica na Universidade de São Paulo (USP), sob orientação do professor Daniel Kupermann. Membro do Grupo Brasileiro de Pesquisas Sándor Ferenczi (GBPSF).

Auterives Maciel Júnior – Mestre em Filosofia pela Universidade Estadual do Rio de Janeiro (UERJ) e doutor em Teoria Psicanalítica pela UFRJ. Trabalha no Programa de Pós-Graduação – mestrado e doutorado – em Psicanálise, Saúde e Sociedade da Universidade Veiga de Almeida. Membro analista da Sociedade de Psicanálise Iracy Doyle (SPID) e mebro do Grupo Brasileiro de Pesquisas Sándor Ferenczi (GBPSF).

Bartholomeu de Aguiar Vieira – Psicólogo e psicanalista. Especialista em psicoterapia psicodinâmica dos transtornos de personalidade borderline pela Universidade Federal de São Paulo (Unifesp). Mestre e doutorando pela USP. Membro do Grupo Brasileiro de Pesquisas Sándor Ferenczi (GBPSF).

Cassandra Pereira França – Professora titular da Universidade Federal de Minas Gerais (UFMG). Doutora, com pesquisa de pós-doutorado em Psicologia Clínica pela PUC-SP. Orientadora de pesquisas do Programa de Pós-Graduação em Psicologia da UFMG. Coordenadora do Núcleo de Pesquisas CAVAS/UFMG: estudos psicanalíticos sobre violência sexual contra crianças e adolescentes. Membro do Grupo Brasileiro de Pesquisas Sándor Ferenczi (GBPSF). Autora dos livros: *Ejaculação precoce e disfunção erétil: uma abordagem psicanalítica* (Casa do Psicólogo, 2004); *Disfunções sexuais* (Casa do Psicólogo, 2005); *Nem sapo, nem princesa: terror e fascínio pelo feminino* (Blucher, 2017). Organizadora de diversas coletâneas.

Clarice Tesch: – Psicóloga e psicanalista. Membro pleno do Centro de Estudos Psicanalíticos de Porto Alegre e membro do Grupo Brasileiro de Pesquisas Sándor Ferenczi (GBPSF).

Daniel Delouya – Membro do Grupo Brasileiro de Pesquisas Sándor Ferenczi (GBPSF) e membro efetivo, com funções didáticas, na Sociedade Brasileira de Psicanálise de São Paulo. Autor de vários livros, capítulos e artigos em psicanálise, sendo o último livro *Análise, teimosia do sintoma e migração* (Blucher, 2021).

Daniel Kupermann – Psicanalista e professor livre-docente do Instituto de Psicologia da USP. Atualmente, é presidente do Grupo Brasileiro de Pesquisas Sándor Ferenczi (GBPSF) e membro do board da International Sándor Ferenczi Network (ISFN). É autor de diversos livros, com destaque para *Por que Ferenczi?* (Zagodoni, 2019), e de artigos publicados em francês, inglês, espanhol, italiano e português.

Daniela Romão-Dias – Psicóloga, psicanalista, doutora em Psicologia Clínica pela PUC-Rio, professora agregada do Departamento de Psicologia da PUC-Rio e membro do Grupo Brasileiro de Pesquisas Sándor Ferenczi (GBPSF).

Denise Salomão Goldfajn – Psicanalista da Sociedade Brasileira do Rio de Janeiro e de São Paulo, doutora em Psicologia Clínica (Psy.D). pelo William James College, com pesquisa de pós-doutorado pela USP. Membro da Associação Internacional de Psicanálise e Psicoterapia Relacional (IARPP), membro do Comitê Executivo do Grupo Brasileiro de Pesquisas Sándor Ferenczi (GBPSF). Atua em prática privada de adultos e crianças, é supervisora clínica e docente em cursos de psicanálise.

Diane Viana – Psicanalista, mestre e doutora em Teoria Psicanalítica pela UFRJ. Membro do Núcleo de Estudos em Psicanálise e Clínica da Contemporaneidade – NEPECC/UFRJ e membro do Grupo Brasileiro de Pesquisas Sándor Ferenczi (GBPSF).

Eliana Schueler Reis – Psicanalista. Mestre em Teoria Psicanalítica pela UFRJ e doutora em Saúde da Mulher e da Criança pelo IFF/FIOCRUZ. Autora dos livros *Da análise na infância ao infantil na análise* (Contra Capa, 1997), em coautoria com Eliza Santa Roza; *De corpos e afetos – transferências e clínica psicanalítica* (2004); *Com Ferenczi. Clínica, subjetivação, política* (7letras, 2017), em coautoria com Jô Gondar; *Com Ferenczi. O coletivo na clínica – racismo, fragmentações, trânsitos* (Zagodoni, 2022) em coautoria com Jô Gondar. Membro do Espaço Brasileiro de Estudos Psicanalíticos do Rio de Janeiro – EBEP-RJ e membro do Grupo Brasileiro de Pesquisas Sándor Ferenczi (GBPSF).

Eric Rossendo Romero – Mestre em Psicologia pela Universidade Estadual de Maringá (UEM) e especialista em Saúde Mental pela Universidade Estadual de Londrina (UEL). Atua como psicólogo clínico e coordena grupos de estudo sobre o pensamento de Sándor Ferenczi. Membro do Grupo Brasileiro de Pesquisas Sándor Ferenczi (GBPSF)

Eugênio Canesin Dal Molin – Psicanalista, doutor pelo Instituto de Psicologia da USP (IPUSP). É professor das especializações em Psicopatologia e Saúde Pública da Faculdade de Ciências Médicas (FCM) da Santa Casa de São Paulo e em Teoria Psicanalítica do Coordenadoria Geral de Especialização, Aperfeiçoamento e Extensão (COGEAE) PUC-SP. Autor de *O terceiro tempo do trauma: Freud, Ferenczi e o desenho de um conceito* (Perspectiva, 2016 – finalista do prêmio Jabuti) e coorganizador de *Ferenczi: inquietações clínico-políticas* (Zagodoni, 2020). Membro do Departamento de Psicanálise do Instituto Sedes Sapientiae e do board da ISFN, pesquisador do Lipsic e membro fundador do Grupo Brasileiro de Pesquisas Sándor Ferenczi (GBPSF).

Fábio Belo - Professor da UFMG, psicanalista e coordenador do projeto "Conversas virtuais sobre Psicanálise" (podcast e canal youtube.com/fabiobelo76). É autor de diversos livros e artigos sobre psicanálise a partir de autores como Laplanche, Winnicott e Ferenczi.

Fernanda Fazzio - Psicanalista, doutoranda da USP com orientação do prof. Dr. Daniel Kupermann, mestre em Psicologia Clínica pela PUC-SP, especialista em Semiótica Psicanalítica pela PUC-SP, idealizadora, roteirista e apresentadora do podcast "Era da pressa: psicanálise entre esperas e extremos". Membro do Grupo Brasileiro de Pesquisas Sándor Ferenczi (GBPSF).

Fernanda Freitas - Psicanalista e professora. Membro do Grupo Brasileiro de Pesquisas Sándor Ferenczi (GBPSF) e membro efetivo do Círculo Brasileiro de Psicanálise - Seção Rio de Janeiro (CBP-RJ), onde também ministra seminários na formação psicanalítica.

Fernanda Pacheco-Ferreira - Psicanalista, professora adjunta do Instituto de Psicologia da UFRJ e do Programa de Pós-Graduação em Teoria Psicanalítica da UFRJ. Membro do Márginália - Laboratório de Psicanálise e Estudos Sobre o Contemporâneo, e membro do Grupo Brasileiro de Pesquisas Sándor Ferenczi (GBPSF).

Flora Tucci - Psicanalista, mestre e doutora em Filosofia pela PUC-Rio. Membro do Fórum do Círculo Psicanalítico do Rio de Janeiro (CPRJ) e membro do Grupo Brasileiro de Pesquisas Sándor Ferenczi (GBPSF). Autora do livro *Jogo de linguagem e a ética ferencziana* (7letras, 2020) e coorganizadora do livro *Diário de bordo. Ano 1 na pandemia* (7letras, 2021).

Gilberto Souza - Psicanalista, mestrando em Teoria Psicanalítica pela UFRJ, pós-graduando em história da África e diáspora atlântica. Membro do grupo de pesquisa e extensão Ocupação Psicanalítica Rio de Janeiro e membro do Grupo Brasileiro de Pesquisas Sándor Ferenczi (GBPSF).

Gustavo Dean-Gomes – Psicanalista, mestre em Psicologia Clínica pelo Núcleo de Método Psicanalítico e Formações da Cultura da PUC-SP, doutor pelo Departamento de Psicologia Clínica do Instituto de Psicologia da USP, professor do Centro de Estudos Psicanalíticos de São Paulo e autor de *Budapeste, Viena e Wiesbaden – O percurso do pensamento clínico-teórico de Sándor Ferenczi* (Blucher, 2019). Membro do Grupo Brasileiro de Pesquisas Sándor Ferenczi (GBPSF).

Hélia Borges – Psicanalista, doutora pelo Instituto de Medicina Social (IMS) UERJ, com pesquisa de pós-doutorado pela PUC-SP. Professora da graduação e do Programa de Pós-Graduação da Faculdade de Dança Angel Vianna (PPGPDAN). Autora dos livros: *O movimento, o corpo e a clínica* (Cia. do Ebook, 2016), A *clínica contemporânea e o abismo do sentido* (7letras, 2019) e *Sopros da pele, murmúrios do mundo*. Membro do Grupo Brasileiro de Pesquisas Sándor Ferenczi (GBPSF).

Jô Gondar – Psicanalista, doutora em psicologia clínica pela PUC-Rio e pós-doutorado em psicologia pela Universidad de Deusto (Espanha) e pela USP. É membro efetivo do Círculo Psicanalítico do Rio de Janeiro. Seus livros mais recentes são: coautora em *Com Ferenczi: clínica, subjetivação, política* (7Letras, 2017) e *Com Ferenczi: o coletivo na clínica – racismo, fragmentações, trânsitos* (Zagodoni, 2021). Coorganizadora de *Ferenczi: inquietações clínico-políticas* (Zagodoni, 2020) e *Diário de bordo. Ano 1 na pandemia* (7Letras, 2021). Vice-presidente do Grupo Brasileiro de Pesquisas Sándor Ferenczi (GBPSF).

Julia Catani – Psicóloga e psicanalista. Desenvolve pesquisa de pós-doutorado pela FAPESP (Processo: 2019/26703-4) pela Faculdade de Educação da USP. Mestre e doutora em Psicologia Clínica pela USP. Autora do livro: *Sofrimentos psíquicos: as lutas científicas da psicanálise e da psiquiatria pela nomeação, diagnóstico e tratamento*

(Zagodoni, 2015). Membro do Grupo Brasileiro de Pesquisas Sándor Ferenczi (GBPSF).

Julio Verztman - Psicanalista, psiquiatra, professor do Programa de Pós-Graduação em Teoria Psicanalítica (PPGTP) da UFRJ e do Mestrado Profissional em Atenção Psicossocial (MEPPSO) no IPUB-UFRJ. Coordenador do Núcleo de Estudos em Psicanálise e Clínica da Contemporaneidade (NEPECC), psiquiatra do IPUB-UFRJ, membro do Grupo Brasileiro de Pesquisas Sándor Ferenczi (GBPSF). Autor do livro *Tristeza e depressão: pensando nos problemas da vida* (Vozes, 1995), e organizador das coletâneas *Sofrimentos narcísicos* (Cia de Freud, 2012) e *O público na psicanálise* (Appris, 2021).

Lizana Dallazen - Psicanalista, doutora em Psicologia Clínica pelo IPUSP. Membro do Grupo Brasileiro de Pesquisas Sándor Ferenczi (GBPSF). Autora do livro *A perlaboração da contratransferência* (Blucher, 2020).

Marcelo Wanderley Bouwman - Psicanalista do Círculo Psicanalítico de Pernambuco (CPP), médico da Clínica de Psicossomática e Saúde Mental do Hospital Barão de Lucena (SUS-PE), coordenador do Grupo Balint do HBL, preceptor da Residência de Psiquiatria do Hospital Ulysses Pernambucano (HUP) e membro do Grupo Brasileiro de Pesquisas Sándor Ferenczi (GBPSF).

Maria Manuela Assunção Moreno - Psicanalista, mestre e doutora pelo IPUSP e membro do Grupo Brasileiro de Pesquisas Sándor Ferenczi (GBPSF).

Maria Nilza Mendes Campos - Psicanalista. Membro associado da Sociedade de Psicanálise de Brasília e do Grupo Brasileiro de Pesquisas Sándor Ferenczi (GBPSF).

Priscila Frehse-Pereira - Psicanalista, doutora em psicologia pelo Instituto de Psicologia da USP, mestra em Letras pela UFPR e psicóloga. Membro do Grupo Brasileiro de Pesquisas Sándor Ferenczi (GBPSF).

Renata Mello – Professora agregada ao Departamento de Psicologia da PUC-Rio, com pesquisa de pós-doutorado em Psicologia Clínica pela PUC-Rio, doutora em Teoria Psicanalítica pela UFRJ, com período sanduíche na Université Paris Diderot (Paris 7). Membro do Grupo Brasileiro de Pesquisas Sándor Ferenczi (GBPSF) e membro da Associação Brasileira de Psicanálise de Casal e Família.

Rita Hentz – Psicanalista, mestre em psicologia clínica pela USP e psicóloga pela PUC-RS. É aluna do curso Psicanálise no Instituto Sedes Sapientiae, membro do Laboratório de Pesquisas e Intervenções em Psicanálise e membro do Grupo Brasileiro de Pesquisas Sándor Ferenczi (GBPSF).